木村俊道著

顧問官の政治学

―フランシス・ベイコンとルネサンス期イングランド―

木鐸社

目次

凡　例

一、本文中、ベイコンの著作集

The Works of Francis Bacon, eds., James Spedding, R. L. Ellis, and D. D. Heath, 14 vols (London, 1857-74; Stuttgart, 1963) からの引用は、すべて本文中に括弧で示した。たとえば（8:332）の場合、著作集第八巻、三三二頁の引用を指す。

二、『学問の進歩（*The Advancement of Learning*）』および『政治道徳論集（*The Essays and Counsels*）』からの引用に関しては、オックスフォード大学出版局から刊行中の *The Oxford Francis Bacon*, general ed., Graham Rees and Lisa Jardine, 15 vols (Oxford, 1996-) を参照した。それぞれ、O4（*The Advancement of Learning*）、O15 (*The Essays and Counsels*）と略記した。

訳文は原則として木村によるが、服部英次郎、多田英次訳『学問の進歩』（岩波文庫、一九七四年。また、『世界の大思想六　ベーコン』河出書房、一九六六年所収）、渡辺義雄訳『ベーコン随想集』（岩波文庫、一九八三年）を参考にした。

三、『ヘンリ七世治世史』およびベイコンのブリテン史関連の草稿（The History of the Reign of K. Henry the Eigth, K. Edward, Q. Mary, and Part of the Reign of Q. Elizabeth; The Beginning of the History of Great Britain; The Beginning of the History of the Reign of King Henry the Eigth）からの引用は、*The History of the Reign of King Henry VII,* ed., Brian Vickers (Cambridge, 1998) に依った（V98と略記）。

四、右記を除くベイコンの主要な英語作品に関しては、*Francis Bacon*, ed., Brian Vickers (Oxford, 1996) を併せて参考にした（V96と略記）。

五、引用文献で邦訳がある場合にはそれを参照したが、訳文は適宜改めた。引用文中の［　］は木村による補足である。

六、一次資料を参照した際には、とくに新たに編集された現代の版がない場合、書名、引用文の綴りを当時のままで表記した。なお、これに該当する資料は主に、マイクロフィルム *Early English Books 1475-1640*、もしくは、リプリント版 *The English Experience* から収集されたものである。

七、本書では旧暦を用いるが、新年は三月二五日ではなく、一月一日に始まるものとした。

はじめに

大英図書館の貴重書室には、イングランド国王チャールズ一世（在位1625-49）が所有していた一冊の書物が残されている。[1] のちに処刑されるチャールズが、この一六四〇年版のベイコン『学問の進歩（*Advancement of Learning*）』の余白部分に、いつ、どの時点において書き込みを加えたのかは明らかでない。しかし、「迷信」や「嫉妬」、「残酷」、「虚栄」、「疑心」といった陰惨な主題に付されたチャールズの走り書きに目を通せば、「内乱（Civil War）」の危機に直面するなかで、チャールズがどのような思いを抱いて『学問の進歩』の頁をめくり、あるいはまた、過去のテクストからどのような助言と教訓を得ようとしていたのかが理解できる。たとえば彼は「革新」の是非について、それが「新たな病弊」を防ぐために必要であることを強調しながら、その一方で、次のような警告を欄外に明記することも忘れなかった。「革新を行う者はきわめて賢明であることを要する。というのも彼はすべての無知な者を相手にするからである」。[2]

「最上の助言者は死者である」という。にも拘わらず、チャールズが着手した一連の「イノヴェーション」は悲劇に終わった。とはいえ、これらの書き込みから「専制君主」チャールズという従来のイメージを直ちに修正することや、「内乱」の原因を改めて彼の「賢明さ」如何に求めることは無論ここでの主題ではない。政治思想史の観点から本書が関心を抱くのはむしろ、彼が政治の教訓を求めた『学問の進歩』という一冊のテクストである。しかし、このような政治学の「古典」や「歴史」に対する関心は、『学問の進歩』の著者ベイコンがまた、チャールズの父ジェイムズ一世の枢密顧問官であったことを想起すれば、ただ「死者」としてのテクストを繙くだけでは決して満たされることはない。

言うまでもなく、フランシス・ベイコン（Francis Bacon, 1561-1626）はこれまで、デカルトと並ぶヨーロッパ近代哲学の創始者として称賛と非難をともに浴びてきた。しかし、本書では、何よりもまず、ベイコンを彼が生きた歴史の舞台に呼び戻すことを目指す。すなわち、本書の目的は、彼を「近代」の「哲学者」として偶像化するのではなく、ルネサンス期のイングランドの「顧問官」として歴史内在的に理解することにある。そのうえで彼のテクストを改めて読み直せば、ともすれば「近代」の「市民革命」に至る前史として単線的に理解されがちなルネサンス期において、むしろ逆に、豊かな人文主義的教養と人間の作為によって「内乱」を回避することを試みた一人の「助言者」の物語が浮かび上がるのではないか。以下に示すように、この物語はまた、政治学の可能性を指し示す一つの歴史的事例として読むことも出来よう。

政治学における実践可能性の問題は、プラトンの『国家』におけるソクラテスとグラウコンの対話（471C-473B）以来、デモクラシーの理念が世界に浸透した現代に至ってもなお、ヨーロッパ政治思想の歴史のなかで不断に問い返されてきた中心的な主題の一つであると言ってよい。そして、おそらくこのことは、「政治」に内在する一つの本質に由来する。すなわち、プラトンの理想国家を「不可能」（1265a）として厳しく批判したアリストテレスの『政治学』を繙くまでもなく、歴史的アクターとしての人間が、所与の現実と不断に対峙しながら複数の価値観を有する他者との共同生活を主体的に目指す限り、政治学の課題は人間の作為を通じた価値と理論の実践可能性の問題と不可分となる。[3]アリストテレスやプラトンの原典が再び読まれ出したルネサンス期のイングランドにおいて、ベイコンが例外なく直面したのも、まさにこの古典古代以来の伝統的なアポリアであったのではないか。おそらくチャールズも目を通したであろう『学問の進歩』の一節によれば、「われわれは、人間が何をなすべきかではなく、人間は何をするかを記したマキアヴェッリやその他の人々に多くを負っている」（O4:144）。だとすれば、顧問官ベイコンの課題は、フィレンツェ共和国の書記官マキアヴェッリと同様、少なくとも第一義的には唯一絶対のユートピアを提示することにはない。ベイコンの意図は、君主制国家イングランドという所与の現実を不可避の前提としたうえで「政治的に可能である事柄[4]」を模索することにあったのではないか。さらに視点を変えて言えば、このような顧問官の政治学を分析する作業を通じて、われわれは、「政治」の実践と運営に必要な人間の意識と言語の「型」を思想史的な観点から明らかにすることができるのではないか。本書の特徴は、これらの関心に基づいて、「可能性の技術」としてのベイコン政治学の意義を剔抉するために以下のような具体的な課題を設定したことにある。

本書の課題は第一に、ベイコン政治学をルネサンス期イングランドの知的伝統に即して歴史内在的に理解することにある。この作業過程においては、同時代における数多くの一次資料を踏査したうえで、彼の政治学を「人文主義（humanism）」に特徴的な思考の型との関連において分析することが目指される。また、とくに「活動的生活（vita activa）」や「政治的思慮（prudentia politica）」といった語彙や主題に着目することによって、ベイコンをはじめとする同時代の政治エリートたちが共有していた役割認識や規範意識が明らかになろう。なお、これに付随して、近年の政治思想史研究において活況を呈している「リパブリカニズム（republicanism）」研究に加え、とくに比較の観点から「プロテスタンティズム」や「騎士道」、あるいは「古来の国制（ancient constitution）」論等に関する諸業績が参照される。とはいえ、次章以下で明らかになるように、本書の立場はむしろ、個別研究を通じて以上の解釈枠組みの有効性を改めて問い直すことにある。

本書は第二に、ベイコン政治学を同時代の政治的背景と関連づけて動態的に理解することを目指す。このために、近年の政治史および文化史研究の成果を受け、とくにベイコンの活動の舞台となった「宮廷（court）」や「枢密院（privy council）」の政治的役割と思想的意義が強調される。このような視点は、「国王」と「議会」の対立図式を前提にした旧来の研究では必ずしも充分に活かされてこなかった。他方で、たとえばスコットランド統合問題を一つの契機とする「ブリテン問題（British problem）」や宮廷の「腐敗（corruption）」の問題に着目することによって、顧問官ベイコンの政治学が具体的な政治論争や政策決定過程のなかでいかに洗練され、実践されたのかが明らかになろう。

本書では、これらの作業を通じて新たなベイコン解釈の提示を試み、彼の政治学がルネサンス期イングランドにおける人文主義の伝統と実際の政治経験に育まれた「顧問官の政治学」として理解できることを主張したい。

序章では、以上の分析に必要な舞台の設定を行う。第一に、ルネサンス期の時代情況を物語る劇場的世界観を一つの手掛かりとしながら、ベイコンをはじめとするイングランドの人文主義者がどのような思想的および政治的課題に直面していたのかを素描する。そのうえで、とくに一六世紀後半以降における人文主義の政治思想の型を形成する要素として、すでに触れた「政治的思慮」「活動的生活」「宮廷」という三つの連関する思想的主題を抽出したい。第二に、近年におけるベイコン研究の動向に検討を加えながら、以上で示した本書の方法論的立場をより明確なものとしてみたい。

（1） Francis Bacon, *Of the Advancement and Proficience of Learning* (Oxford, 1640). British Library, C. 46. i. 1.

（2） *Ibid*., p. 320.

（3） このような政治的価値と可能性との矛盾を描いた、現代における問題提起の書として、ジョン・ダン『政治思想の未来』半澤孝麿訳、みすず書房、一九八三年。

（4） 同、一二頁。

顧問官の政治学

——フランシス・ベイコンとルネサンス期イングランド——

序章　フランシス・ベイコンとルネサンス期イングランド

一　ルネサンス期イングランドという舞台

一五九五年一月三日、グレイ法学院におけるクリスマスの祝祭行事の一環として、国王と六人の顧問官を登場人物とする政治劇が上演された。「グレイ法学院の催事（Gesta Grayorum）」と総称されるこの祝祭のなかで、六人の顧問官は、「われわれの統治の船が係留されるべき港は何か」（8:332, V96:52）を主題に、複数の異なる君主制国家のヴィジョン、すなわち、一、戦争、二、哲学、三、名声、四、統治、五、徳、六、娯楽に関する政治的助言を国王に上奏した。当時「第三の大学」とも呼ばれた法学院の劇は、たんなる余興に留まるものではなく、政治エリート教育の最終的な仕上げの行事として催された[①]。したがって、開演当日に数人の枢密顧問官が実際に観覧したこの劇は[②]、同時代の政治エリートに広く共有されていた思考様式や政治認識、あるいはまた、複数の他者に対する政治的コミュニケーションの在り方を理解するうえで、重要な手掛かりを提供すると考えられる[③]。そして、この戯曲の作者こそ、シェイクスピアの同時代人であり、のちに枢密顧問官の一員となるフランシス・ベイコンであった。

本書ではとくに第二章以下において、この顧問官劇を中心に、ベイコンの政治学を同時代の人文主義や政治的背景に即して歴史内在的に理解しようと試みる。だが、この作業を進める前にまず指摘しておくべきは、この顧問官劇が上演されたルネサンスという時代において、「劇場」や「舞台」というシンボルやイメージそのものが、同時代の人文主義者たちの役割認識や世界観の形成に重要な役割を果たしていたことであろう。

ルネサンス期イングランドにおいて、世界は舞台と観じられていた。「この世」は、たとえばアウグスティヌスが想起した「神の国」とは異なる人間の世界であり、「すべて」は舞台の上の仮構にすぎない[4]。このような劇場的世界観は、中世の普遍的キリスト教共同体の規範が崩壊した価値喪失の時代、あるいは新たに近代の世俗的主権国家がヨーロッパ史に姿を現してくる揺籃の時代、すなわち錯雑した「ルネサンス」の時代情況を象徴する一つの共通認識であった[5]。当時の史料を繙けば、一五九九年に完成した「グローブ座」の舞台はもとより、この「世界劇場（Theatrum Mundi）」の主題があたかも執拗低音のように繰り返し出現していたことを容易に観察できる[6]。たとえば、エリザベス一世の寵臣ウォルター・ローリ（Walter Ralegh, 1554-1618）は、ロンドン塔の獄中で執筆した『世界史（*The History of the World*, 1614）』において、天地創造以来の人間の歴史を悲劇に譬え、次のように書き記した。

「神はすべての悲劇の作者であり、われわれが演じるべきすべての役割を残らず定め、世界でもっとも強大な君主たちといえども配役に不公平はなかった。たとえば神は、ダリウスにもっとも偉大な皇帝の役割とともにもっとも悲惨な乞食の役割、すなわち死に至る乾きを癒すため、敵に飲み水を求める哀れな乞食の役割を与えたのである。……たしかに、広大な劇場で演じられた運命の転変も、芝居小屋の衣装替えに過ぎないというのが、この滑稽な世界の実情なのである」[7]。

また、ジェイムズ一世期の劇作家ベン・ジョンソン（Ben Jonson, 1572-1637）は、同時代の「人間の生活（vita humana）」に蔓延していた存在の不安を鋭く観察して、死後に出版された『人間と本質の発見（*Timber or Discoveries, Made upon Men and Matter*, 1641）』のなかに次のようなアフォリズムを書き残した。

「わたしは、われわれの人生をすべて芝居のようであると考えてきた。そこでは、あらゆる人々が我を忘れ、あくせくしながら他者の顔色を窺っている。それどころか、われわれは他者の模倣をし過ぎるあまり、いざ必要な時にも我に帰ることが出来なくなっている。まるで、吃音を口真似している子供が、悪癖を決して拭い去れないもう一つの自然に変えてしまい、ついに本物のどもりになってしまうかのようである」[8]。

北方ヨーロッパの人文主義者は、たとえば『痴愚神礼賛（*Encomiun Moriae*, 1511）』を著したエラスムス（Erasmus, 1466?-1536）をはじめ、以上のような時代の悲喜劇性を冷静な眼で観察し、ときには鋭い批判とユーモアの対象とした。彼らはまた、中世以来のスコラ哲学の煩瑣な体系を峻拒し、アリストテレスやプラトン、キケロやタキトゥスをはじめとする「古典」を読み直す作業を通じて、ギリシャ・ローマという古代の異教世界に新たな学問の指針を求めた。しかし、この人文主義者もまた、「芝居小屋の衣装替え」に過ぎない時代の有為転変に翻弄され、やがて「我を見失う」運命を免れた訳ではない。ルネサンス研究の泰斗ブルクハルトによれば、人文主義者は、あくまでも信仰を生活の支えとした同時代の托鉢修道士とは異なり、「解き放たれた主体性の、もっとも顕著な実例であり、犠牲であ」った。[9] たしかに、以上のローリやジョンソンの言明にも窺われるように、「運命（Fortuna）」の転変や「デ・ファクト（de facto）」な実力世界を前にした人文主義者の内面にもまた、新ストア主義的な諦観や、あるいはデューラーの「メランコリア・I」に象徴される新プラトン主義的な厭世観が常に潜在していた。ルネサンスの時代は、「世界と人間の発見」（ブルクハルト）とともに生じた深刻なペシミズムの時代でもあったのである。[10] しかしながら、本書の主題は、『イタリア・ルネサンスの文化』以後の研究でより強調されるようになった、人間性の解放と現世賛美の裏側に隠されたルネサンス人の精神的な動揺や存在の不安を改めて剔出することには必ずしもない。

ここで政治思想史の観点から特筆すべきは、この人文主義者たちが、ルネサンス期の政治世界を「虚構の劇場」と認識しながらも、常にその舞台に立ち続けた政治エリートでもあったことであろう。ウェーバーの言葉を借りて問題を言い換えれば、イングランドの人文主義者たちは、このような時代情況に直面しながら、〈にも拘わらず〉、いかなる言語や意識を媒介にして政治的営為の実践を持続的に試み得たのであろうか。

たとえばベイコンは、政治的な義務の遂行を目的とする「活動的生活（vita activa）」が、孤独な知的営為としての「観想的生活（vita contemplativa）」に優越することを強く主張して、次のように明言した。

「ところで、この人間が生活する劇場では、観客はただ神と天使たちだけであることを人々は知らねばならない」（3:421）。[11]

人文主義者にとって「この世」はまた、活動的生活の舞台でもあった。世界は擬制であるがゆえに、逆に、人間による作為の領域になり得るのである。[12]

とはいえ、次章で改めて論じるように、この活動的生活の是非をめぐっては、人文主義者の間で、彼らの実存に関わる大きな論争が巻き起こった。たとえば、ミシェル・ド・モンテーニュ（Michel de Montaigne, 1533-92）は、逆に失われた自己を「われわれに取り戻そう[13]」として観想的生活の擁護にまわり、政治的な義務よりもストア的な精神の安定を優先させたのである。むろん、人文主義者たちは、この問題を単純な二項対立の問題として捉えたのではない。しかしながら、以下に引用する『エセー（*Essais*, 1580）』の箴言が示すように、彼らは所与の世界と人間の本性に対する深いペシミズムのゆえに、あくまでも「借りものの」仮面を被り、役割演技を貫徹することによってのみ、虚構の劇場のなかで政治の実践を試みることができたのではないか。この意味で、観想的生活という「非政治」的な契機を内包した人文主義者の両義性は、実際に「政治」に関与するか否かを問わず、彼らが自己の役割演技に関していかに〈自覚的〉であらざるを得なかったのかを物語っていよう[14]。

「われわれの職業の大部分は、道化芝居のようなものである。『全世界は喜劇を演じている（Mundus universus exercet historioniam）』。われわれは立派にわれわれの役を演じなければならない。けれども、借りものの人物の役を演じているのである。仮面や外観を、真の本質たらしめてはいけない。他人のものを自分のものたらしめてはいけない[15]」。

このルネサンス期イングランドという劇場的世界のなかで、古典古代の教養やレトリックの能力を背景に人文主義者が演じた役割は多岐に亘る。たとえば、ジョン・コレット（John Colet, 1467?-1519）やエラスムスを筆頭に、聖書の歴史的解釈を通じて信仰の再生と純化を目指した一六世紀初期のキリスト教人文主義者や[16]、ジョン・リリー（John Lily, 1554?-1606）やエドマンド・スペンサー（Edmund Spenser, 1552?-99）、フィリップ・シドニー（Philip Sidney, 1554-86）など、一六世紀後半におけるエリザベス朝文学の「黄金時代」を担った宮廷詩人たちはその一例である。[17] なかでも、ジョン・チーク（John Cheke, 1514-57）やロジャー・アスカム（Roger Ascham, 1515-68）をはじめとして、人文主義者は、グラマースクールや大学の教師、あるいは国王や貴族の子弟の家庭教師として、文法、修辞、歴史、道徳哲学を基礎とする「人文学（studia humanitatis）」の浸透と「教養ある」ジェントルマンの再生産に寄与した。ベイコンの認識によれば、彼が生きた時代は一方で、これらの人文主義者の活躍によって「あらゆる活動」を産み出す「人間の知性」が、ヨーロッパ各地で「以前にまして蓄えられ改善された」時代でもあったのである（6:19）。

以上のような知的復興運動のなかで、とくに政治学の観点から注目すべきは、人文主義者が、活動的生活と観想的生活との矛盾と緊張を踏まえたうえでなお、政治における学問の実践に強い関心を抱いたことである。[18] たとえば、「善い考えは（たとえ神が嘉せられても）、人々にとっては実行に移されねば善き夢想とあまり異ならない」（O15:34）というベイコンの言明は、人文主義者による学問改革の気運と方向性を鮮やかに示したものといえよう。こうして、アリストテレスの『政治学』を嚆矢として、ローマの執政官キケロによって具体化された「実践学（praktike）」としての政治学の伝統が、イングランドを舞台に再び甦ることになる。本章では以下、とくに一六世紀後半から一七世紀前半にかけての時期を対象に、人文主義の政治思想の型を、とくにベイコン政治学との関連から「政治的思慮」「活動的生活」「宮廷」という三つの主題に即して抽出してみたい。

二　人文主義の政治思想——政治的思慮・活動的生活・宮廷

ルネサンス期イングランドの政治思想はかつて、たとえばC・モリスの『宗教改革時代のイギリス政治思想（*Political Thought in England: Tyndal to Hooker*, 1953）』やG・P・グーチの『イギリス政治思想I——ベーコンからハリファックス（*Political Thought in England: Bacon to Halifax*, 1914）』が端的に示すように、宗教改革によるプロテスタンティズムの伸張が見られる一方、人文主義が一六世紀半ばまでの短期間で後退し、「永遠の真理」をめぐる国王と議会の闘争が次第に激化していく過程としてもっぱら説明されてきた。すなわち、ルネサンス期はあくまでも、王権神授説に基づく絶対主義と議会の自由を求める立憲主義という原理的な対立枠組みを前提に、一七世紀中葉の「ピューリタン革命」に至る過渡期として論じられるに過ぎなかったのである[19]。

これに対して本書では、後の時代に顕著となる「主権」や「自由」をめぐる原理論とは思考様式を異にする人文主義の政治思想が、一六世紀後半以降もなお、持続的に展開されていたことを指摘したい。北方ヨーロッパの一辺境国家に過ぎなかったイングランドは当時、大陸のフランスやスペインといった強国の脅威や「真の宗教」をめぐる宗派対立のみならず、スコットランド統合およびアイルランド植民を契機とした、いわゆる「ブリテン問題[20]」や、寵臣および党派に象徴される宮廷の「腐敗」をはじめ、君主制国家の運営基盤を根底から脅かす政治的危機に遭遇していた。とくに一六〇三年にエリザベス一世からジェイムズ一世に王位が継承され、テューダー家からステュアート家に王朝が移行する過程で顕在化したこれらの諸問題は、後の一九世紀に「日の沈まない」帝国として繁栄と栄華を極めるイングランドの国家運営の方向が当時、いかに不透明であったのかを端的に象徴していよう。ベイコンの歴史認識によれば、この時代を特徴づけるのは「偉大な戦争や征服」ではなく、「政治」の「洗練」であった。すなわち、同時代の「舞台」では、「王位の簒奪」や「偉大な首謀者による反乱」、「民衆の騒乱」、「絶望的な陰謀」そして「あらゆる種類の対外戦争」など、「洗練」された政治的技術が新たに必要とされる「過去に例を見ない多種多様な事態と変転」が続々と発生していたのである（V98:211）。

このような荒波の航海にも譬えられた時代情況を前に、人文主義者の課題は、「グレイ法学院の劇」における六つの助言が示唆するように、唯一絶対の「ユートピア」や「リヴァイアサン」を求めることではなく、歴史や経験が指し示した複数の価値と可能性のなかから所与の現実に適合した政治的ヴィジョンを模索することにあった。このような情況的な思考様式に立脚した彼らの政治学は、たとえばマキアヴェッリの『君主論（*Il Principe*, 1532）』や『ディスコルシ（*Discorsi*, 1531）』、リプシウスの『政治学六巻（*Politicorum sive Civilis Doctrinae*, 1589）』、そしてベイコンの『政治道徳論集（*Essays or Counsels, Civil and Moral*, 1597, 1612, 25）』が典型的に示すように、抽象的な教義や権利論ではなく、タキトゥスやリウィウス、プルタルコスらが描いた歴史的事例と教訓を踏まえた実践的な政治技術論を中心に構成される。したがって、彼らはまた、同時代の「暴君弑逆」論や「抵抗」論のように、政治的争点を抽象的な原理問題に転化することには努めて懐疑的であり、「真の宗教」を標榜する宗派間の熾烈な神学論争や、あるいは「古来の国制」論を掲げる議会の法律家に対しては、常に一定の距離を置いていたと考えられる。この時代、ドーヴァー海峡を越えたフランスやオランダに目を向ければ、ルターやカルヴァンの改革に起因する宗教戦争が猖獗を極めていた。この点に限って敢えて言えば、人文主義者はのちの時代のヒュームやバークとあるいは同様に、政治的カタストロフィーを招来しかねない原理論争の危険性を看取し、一七世紀の「内乱」や「革命」に至る過程をむしろ逆に、政治的技術を駆使して事前に回避しようと試みていたのだともいえよう。

以上のような人文主義の政治思想は、マキアヴェッリを重要な例外として、ホッブズやヘーゲルに代表される体系的哲学者や、「主権」や「自由」に関する国家構成の原理問題を主題にしてきた通史の枠組みのなかでは充分な分析対象として扱われてこなかった。しかしながら、ここで「政治」の本質を仮に、有限の目的と手段のなかから実現可能な最適の選択をなす「可能性の技術」とするならば、人文主義者の知的営為をヨーロッパ政治思想史研究において決して看過し得ない一つの重要な学問的遺産であると主張することは、あながち不当とは言えないのではないだろうか。このような彼らの政治論は、以下本論のなかで、ルネサンス期イングランドにおける「政治的思慮」の議論として改めてその思想的意義が論じられることになろう。

この人文主義者たちがまた、「活動的生活」論に内在した緊張を踏まえたうえで、政治エリートとしての「自覚的」な役割意識を有していたことはすでに指摘した。アリストテレスの『政治学』やキケロの『義務論(*De Officiis*)』を主要な典拠としたこの活動的生活論は、ルネサンス期において再び活発に議論され、「哲学者の生活」に対比された「政治家の生活」[21]、すなわち教養と徳を備えた人物の政治的義務が盛んに提唱されるようになった。キケロによれば、「政務の才能があるものは、あらゆる躊躇を排して公職を獲得し、公共の事柄(res publica)に携わるべき」(1-72)であった。[22] こうして、たとえば一四〇〇年代(quattorocento)のフィレンツェ共和国では、コルッチョ・サルターティやレオナルド・ブルーニをはじめとする人文主義者によって「レス・プブリカ」の運営が試みられたのである。[23]

このような古典的な議論がルネサンス期イングランドに受容された制度的な背景として、とくに「枢密院」の存在に触れておきたい。中世の封建社会から中央集権国家への移行に伴い、この枢密院はとくに一五三〇年代の「テューダー行政革命」以降、それまでの「大評議会(Great Council)」に代わり、顧問官の人数の固定化(二〇人前後)と会議の常態化によって制度化が進行した。[24] 枢密院はまた、幼少君主(エドワード六世)と女性君主(メアリ、エリザベス一世)の時代を経て[25]、国王に対して国家事項に関する助言を行うだけでなく、行政的および司法的機能をも兼ね備える強力な補弼機関に成長したのである。[26] こうしたなか、たとえば本論に登場するトマス・モア（Thomas More, 1478-1535）やトマス・エリオット（Thomas Elyot, 1490?-1546）、トマス・スミス（Thomas Smith, 1513-77）やトマス・ウィルソン（Thomas Wilson, 1523 or 4-81）たちは国王の顧問官や枢密院の書記として活動的生活の実践を試みた。彼らが自己に課した役割は、「グレイ法学院の劇」に描かれたような顧問官として「統治の秘密（arcana imperii）」に携わり、政治的思慮に立脚した実践可能な諸政策を国王に助言することにあったのである。

ところが、以上のような活動的生活の実践を試みるなかで、人文主義者は新たな困難に遭遇した。すなわち、君主制国家における「宮廷」の存在である。詳しい検討は次章以下で行うが、ここではまず、彼らの活動の舞台となった「宮廷」の政治的役割と思想的意義を理解することがルネサンス期の政治思想を説明するうえで必要不可欠であることを指摘しておきたい。産業化以前のヨーロッパ社会における宮廷の政治的および文化的重要性は、言うまでもなくN・エリアスの古典的名著『文明化の過程』および『宮廷社会』のなかで主張されてきた。[27]ところが、ヨーロッパ社会の「文明化」を推進した宮廷の思想的契機は、少なくとも「議会」や「国家」などに比べて充分に検討されてこなかったように思える。まれに言及される場合でも、「宮廷」は、たとえば「議会」や「民衆」、あるいは「カントリ」と対立する絶対主義的なイデオロギーの象徴として扱われるに過ぎなかったという印象は拭えない。

しかしながら、当時の宮廷は、中世の封建領主や教会に代わる「ヨーロッパ文明」の「人間の行動様式のモデルを鋳造する場所」[28]であった。だとすれば、このような「普遍」的な「文明」の発信源としての宮廷を中心に、二〇世紀的な「国民国家」の枠組みや「自律的主体」としての近代的人間像を前提としない、独自の思想的営為が各国の宮廷で展開されていた可能性は見出せないだろうか。さらに言えば、ルネサンス期における宮廷は、都市と同様に、異質な他者が相互に対面する人間関係の結節点であるにとどまらず、君主や顧問官を中心とする国家意思を安定的に決定し運営するための中心的な「囲われた場（court）」であった。このことを考え併せれば、少なくとも定例議会や近代政党が存在しない当時、いかなる思想的前提のもとに政治が営まれていたかを知るうえでも、政治思想史の側面から宮廷を研究する作業は必要不可欠であるといえよう。[29]

ベイコン政治学の理解にあたっては、以上のような「政治的思慮」「活動的生活」「宮廷」という三つの主題を中心としたルネサンス期イングランドにおける人文主義の政治思想の型を参照することが不可欠である。なぜなら、ベイコンは冒頭に引用した同時代人ローリやジョンソンから、古代ギリシャ・ローマの学問に「優るとも劣らない[30]」、「卓越した学識あるジェントルマン[31]」と絶賛された人文主義者であっただけでなく、その生涯を通じて政治と学問の実践に持続的な関心を注いだ「顧問官」の一人であったからである。

ベイコンは一五六一年、エリザベス一世の顧問官であった国璽尚書ニコラス・ベイコンの末子として生まれ、ケンブリッジ大学トリニティ・カレッジ、グレイ法学院を経て、一五八一年の議会から一六二一年まで議員を務めた。他方でまた、学識顧問官（Learned Counsellor）としてエリザベスの宮廷に出仕するようになった彼は、とくにジェイムズ一世期になると騎士叙勲（1603）と学識顧問官の再任（1604）を皮切りに、法務次官（Solicitor General, 1607-12）、法務長官（Attorney General, 1613-16）を歴任して枢密顧問官（Privy Counsellor, 1616-21）となり、国璽尚書（Lord Keeper, 1617）を経て、一六一八年には政務の最高役職である大法官（Lord Chancellor, 1618-21）に就任した。同年には、ヴェルラム男爵（Baron of Verulam）、二一年にはセント・オールバンズ子爵（Viscount of St. Albans）に叙せられた。幼少の頃、エリザベスから父ニコラスに擬して「小国璽尚書」（1:4）と呼ばれ、ジェイムズによって「九度に亘る昇進」（14:383）を遂げたうえで失脚し、みずからデモステネスやキケロ、セネカといった古典古代の賢人に自らの「運命」（372）を譬えたベイコンの活動的生活は、このように四〇年に及ぶ。「この世」を「舞台」と観じたベイコンは、「役者よりは観客になろうと努め㉜」た同時代の知的エリートたち、たとえばボルドー近郊の城館に「ひとりで生き、仲間なしで済まそうと企て㉝」たモンテーニュや、オランダに「隠れ住む決心をした㉞」デカルトとは異なり、顧問官として常に宮廷の舞台に立ち、国政の枢機に携わる政治的アクターであったのである。そして、以下で述べるように、このような「顧問官」ベイコンという視点の導入によって㉟、デカルトと並ぶ「近代」の「哲学者」という、啓蒙主義の時代から現代に至るまで長く信奉されてきたヨーロッパ近代の「偶像」とは異なる、新たなベイコン解釈の提示が不可避となろう㊱。

三 「顧問官」ベイコンという視点

従来のベイコン研究には、大きく分けて二つの方向性があった。まず第一に、ベイコンをデカルトと並ぶ「近代ヨーロッパ」の「偶像」に掲げ、とくに『ノヴム・オルガヌム（*Novum Organum*, 1620）』のテクスト解釈を中心に、ベイコン哲学の現代的意義を批判する研究である。とくに二〇世紀に至るヨーロッパ精神の在り方を問い直した、フランクフルト学派に代表される戦後の近代理性批判のなかで、ベイコンは「啓蒙神話」の祖として手厳しい非難を浴びた㊲。また、同様の視点から政治学における近代理性の功罪を指摘する議論として、たとえばオークショットやウォリンは、ベイコンに「政治的合理主義」もしくは「デカルト的方法主義」の生誕を看取した㊳。

第二に、ベイコンをトマス・モアやカンパネッラとともにルネサンス期の「ユートピア」思想の系譜に位置づける解釈である。とりわけ、ベイコン晩年のユートピア作品『ニュー・アトランティス（*New Atlantis*, 1627）』のなかで部分的に描かれた科学技術社会に、彼の「最終決定的な（difinitive）」理想国家の青写真を読みとることは、ホワイトやマーチンなど現代のベイコン研究者にとって自明の共通了解になっている。(39)

このように、既存の研究における最大の論点は『ノヴム・オルガヌム』と『ニュー・アトランティス』のテクスト解釈を中心とした「近代」と「ユートピア」、および両作品の「一貫性」の問題にあった。すなわち、多くの研究者の課題は、ベイコン政治学に「近代」的な自然哲学との連関を認め、そのうえで学問の「大革新（Instauratio Magna）」を目指したベイコンの理想社会像を「ニュー・アトランティス」という科学技術に立脚した「ユートピア」に求め、あくまでもテクストの内部でベイコン解釈の円環を閉じることにあったのである。(40)

ところが、近年になり、Q・スキナーやJ・G・A・ポーコックを中心とした思想史研究の「リヴィジョン」の成果を受け、本書が目指すベイコンの歴史内在的な理解を試み、いわゆる「リパブリカニズム」の文脈に彼の政治思想を位置づける研究が提出された。M・ペルトネンによる諸研究、とりわけ『イングランド政治思想における古典的人文主義とリパブリカニズム 1570-1640（*Classical Humanism and Republicanism in English Political Thought 1570-1640*, 1995）』である。(41)この「リパブリカニズム」、あるいは「政治的人文主義（civic humanism）」の研究は、言うまでもなくH・バロンやポーコック、スキナーらの諸業績に由来し、一四〇〇年代のイタリア都市共和国からアメリカ独立革命期に至る環大西洋地域の思想史研究に大幅な修正を迫った。(42)

しかし、少なくともルネサンス期イングランドの政治思想に関する限り、このようなリヴィジョンは必ずしも充分な成果を収めてこなかった。たとえば、『マキャヴェリアン・モーメント（*The Machiavellian Moment*, 1975）』をはじめとするポーコックの諸研究は、一七世紀の内乱期を、マキアヴェッリを思想的動因とするリパブリカニズムの議論が西欧世界に「再浮上[43]」した時期として高く評価した。しかしながら、その一方で、伝統的な君主制国家のもとで「市民意識（civic consciousness）の充分な発展を欠いた」ルネサンス期のイングランドには立ち入った検討を加えることはなかった[44]。また、スキナーの『近代政治思想の基礎（*The Foundations of Modern Political Thought*, 1977）』でも、北方ヨーロッパに伝播したルネサンス期の人文主義に関する考察は、モアが活躍した一六世紀前半までで実質的に打ち切られていたのである[45]。

このようなルネサンス期、とくに一六世紀後半から一七世紀前半にかけての研究史上の間隙を埋めたのがペルトネンの研究であった。彼は四〇〇タイトルを優に越す一次資料の踏査を通じて、「活動的生活」や「徳（virtue）」、「混合政体」などの政治的語彙と課題の共有を根拠として、内乱期以前からすでにリパブリカニズムの「衝撃」がイングランドにもたらされていたことを強く印象づけた[46]。さらに注目すべきことに、この作業を進めるなかでペルトネンは、ベイコンをイングランドにおけるリパブリカニズムの「創始者」と高く評価し、マキアヴェッリからハリントンに連なる言説史の「主脈」に位置づけたのである[47]。

ペルトネンの研究は同時に、伝統的なベイコン解釈にも「リヴィジョン」を迫った。彼は、欧米における既存のベイコン研究を「記時錯誤的な（anachronistic）」試みであると厳しく批判した。とりわけペルトネンは、ベイコンがエッセイ「王国と国家の真の偉大さについて（Of the True Greatness of Kingdoms and Estates）」を中心に提示した「偉大」な拡大国家ブリテンのヴィジョンに着目した。ペルトネンは、古代ローマ帝国を模範としたベイコンの「ブリテン」統合構想が、近代的な科学技術に立脚した（と解釈された）「ニュー・アトランティス」とはまったく異質であることを指摘して、彼の政治思想の「一貫性」および「近代性」を共に否定したのである[48]。

しかしながら、このような言説研究の成果を踏まえながらも、筆者はそれでもなお、ペルトネンの作業もまた解釈上の難点を抱え、「記時錯誤的」であるとの批判を必ずしも免れ得ないことを指摘したい。

第一に、ペルトネンはリパブリカニズムの歴史的連続性を主張する際に、その論拠を政治的語彙と課題の共有に求めている。ところが、このような政治的言説の静態的な共有（あるいは相違）を指摘するのみでは、個々のアクターによる知的営為を歴史内在的に理解することはできないのではないだろうか。とりわけ、のちにも改めて強調するように、活動的生活の実践と不可分であるベイコンの政治学を理解する場合、ルネサンス期の時代情況や政治的課題を解明する作業や、リパブリカニズムとは別個の思想的伝統との比較検討を通じて、実際に彼が生きた歴史的世界を個別具体的に描き出すことが新たに必要とされよう。

第二に、このような視点から検討を加えた場合、ペルトネンの議論の最大の問題点は、イタリアの都市共和国や内乱期以降のイングランドで展開された（とされる）リパブリカニズムの枠組みを、ルネサンスという異なる時代に、いわば「記時錯誤的」に遡及適用している点に求められる。改めて確認するまでもなく、ベイコンは、ブルーニやサルターティのような、一四〇〇年代のフィレンツェ共和国における「市民」あるいは「書記官」ではなかった。彼はまた、ハリントンやアルジャーノン・シドニーのように一七世紀中葉の内乱期以降の時代に共和政の樹立を新たに目指したわけでもなかった。活動的生活の実践を試みるベイコンは、あくまでも君主制国家イングランドの「顧問官」であったのではないだろうか[49]。

このような問題は、「リパブリカニズム」が分析概念として曖昧であり、とくに「人文主義」と相互互換的に用いられていることにも起因している。ここで仮にB・ウォードンが試みた定義に従って、「リパブリカニズム」を「近代ヨーロッパにおける、ルネサンス的およびバロック的君主による権勢拡大に反対した知的抗議運動」[50]と理解した場合、国王の補佐を役割とする顧問官ベイコンは、「リパブリカニズム」の「創始者」と呼ばれることに強い抵抗を示すのではないか。また、これとは逆に、内乱期以降の共和主義者からは、国王の顧問官や宮廷に対する不信感が絶えず表明されていたことも併せて注目されるべきであろう[51]。いずれにせよ、たとえリパブリカニズムの語彙と課題の共有が部分的に看取されるとしても、ベイコンが「共和主義者」でない限り、彼が何者であったのかを理解することは、依然残された課題であるといってよい。

これに対して本書では、「人文主義」を、文法、修辞、歴史、道徳哲学を基礎とした古典古代の教養を修得した人文主義者によって展開され、政治学に関しては歴史の教訓と学問の実践を重要視した知的運動として理解する[52]。したがって、それは特定の教養を共有する学派を意味しないが、とくにまた、同時代の知的集団である法律家の「古来の国制」論、あるいは「プロテスタンティズム」や「騎士道」などの思想的伝統と対比させて用いたい[53]。以上のように本書では、ベイコンを近代哲学やリパブリカニズムの創始者としてではなく、人文主義の伝統に育まれた君主制国家イングランドの顧問官として捉え、ルネサンス期の時代情況に即した歴史的理解を試みたい[54]。

最後にまた、以上のような本書の視点を、ベイコン自身の「言葉」を通じて強調しておく[55]。彼の見解を敷衍すれば、政治学の議論には、まさしく彼のような「活動的人間（active man）」こそが「望ましい」（O4:143, 1:792）。なぜなら、「人々は自分自身の職業に関して、最良の、実際に即した中身ある著述ができる」（O4:143）からである。たしかに「最上の助言者は死者である」が、とくに政治的事柄に関する助言を得るためには「自ら舞台のアクターであった人々の書物に親しむことがよい」（O15:67）。これに対して、経験が伴わない「観想的人間（speculative man）」の議論は逆に「空想か戯言に過ぎない」（O4:143）。これらの発言が示唆するように、ベイコン政治学は、現実の政治経験から帰納された「実践知」の議論として理解すべきではないか。実際に彼は「政治の劇場

（theatro rerum civilium）」から引退した際に、自己の新たな役割を「アクターの指導」（14:285）に求めたのである。

このように、ベイコンの政治学は、政治的アクターとしての活動的生活と不可分であったと考えられる。したがって、本書では、従来の研究が取り組んできた『ノヴム・オルガヌム』や『ニュー・アトランティス』のテクスト解釈ではなく、むしろ宮廷や枢密院、あるいは議会での活動的生活に焦点を絞り、『学問の進歩』や『政治道徳論集』などの著作と併せて、彼が政治的アクターとして残した演説や書簡を駆使しながらベイコン政治学の全貌を解明してみたい。彼によれば、とくに歴史的アクターの「言葉（words）」が記された書簡は「何よりも優る」歴史的史料であり、「それを精読する者にとってはそれ自体が最高の歴史」なのである（O4:72-3）。それゆえ、このような彼の「言葉」をつぶさに追跡する作業を通じてこそ、たとえば『リヴァイアサン』のような政治学の「正典（canon）」としておよそ体系化され得ない、「可能性の技術」としての「顧問官の政治学」の本質が、むしろより鮮明に理解できるのではないか。

以下本論では、ベイコン政治学を歴史内在的に理解するために、議論の縦軸として、世紀の転換と王朝の交代を経験した彼の約四〇年間に亘る活動的生活の軌跡を、エリザベス期からジェイムズ期にかけて追跡していく。このような行程のなかで、ベイコン政治学を、以上で示したような、人文主義の思想的主題や同時代の政治的課題との関連、および他の思想的伝統との比較検討の三つの観点から浮き彫りにしていきたい。

第一章では、ルネサンス期イングランドの人文主義者による「活動的生活」論の展開を、とくに「観想的生活」論と「ユートピア」論に対する緊張関係を踏まえて概観する。また、エリザベス期におけるベイコンの活動的生活の諸相を追いながら、宗教や王権、貴族の名誉をめぐる政治的諸問題と格闘した彼の思想的営為の特質を、プロテスタンティズムの「天職」や、貴族的な「騎士道」の理念との比較検討を通じて示したい。さらに、次章以下とも関連して、他の人文主義者と同様にベイコンもまた、君主制国家と活動的生活との本質的な矛盾に直面したことを、とくにモンテーニュに代表される新ストア主義の浸透と対比させながら指摘する。

ルネサンス期イングランドの「顧問官」は、このような人文主義者が、君主制国家においてなお、活動的生活を実践するために新たに提示した政治的人間像であった。第二章では、「グレイ法学院の劇」を手掛かりに、ベイコン政治学の基本的な枠組みを提示する。この章ではとくに、歴史や寓話、アフォリズムによって構成される彼の政治学が、マキアヴェッリやリプシウスをはじめとする他の人文主義者と同様、「政治的思慮」に立脚していたことを明らかにする。同時に、「コモンウェルス」「ステイト」「帝国」といった三つの国家観の併存と分岐を指摘しながら、流動的な政治情況を前に、彼らが強度の知的緊張を強いられていたことを強調したい。

政治的思慮の特徴はまた、具体的な政治問題に対する動態的な取り組みの過程でこそ観察が可能となる。第三章以下では、一六〇三年におけるスコットランド王ジェイムズの即位に伴って新たに発生した政治問題を事例に挙げ、ベイコン政治学の展開を、「法律家」をはじめとする他の知的集団の議論と比較しながら検証してみたい。第三章では、一六〇〇年代初頭の統合問題に際して彼が提示した「ブリテン」統合構想が、顧問官の政治経験と人文主義的な帝国のヴィジョンに立脚した実践知の議論であったことを指摘する。第四章では、この統合問題や課税問題をめぐる政治論争を通じて顕著になった顧問官と法律家との思考様式の相違を、とくに「古来の国制」論に依拠したコモン・ローヤーやクックとの論争過程の考察を通じて際立たせてみたい。

第五章では、「宮廷」の思想的契機に焦点をあてる。ここではとくに「作法書」の存在に新たに着目して、ベイコンをはじめとする人文主義者が、宮廷を文明的な社会として新たに意味づけただけでなく、顧問官としての役割演技を通じて、いかに活動的生活の実践を試みたのかを「洗練された交際」論を手掛かりに明らかにする。そのうえで、実際に枢密顧問官に任命されたベイコンが、一六一〇年代に顕著となった「宮廷」の「腐敗」に対して、どのような政治的作法を駆使して枢密院の意思決定機能の回復を試みたのかを考察してみたい。

以上の議論を踏まえ、終章では、宮廷という政治の舞台から退場した晩年のベイコンの作品『ヘンリ七世治世史』および『ニュー・アトランティス』を題材に、「顧問官の政治学」の思想史的な意義を明らかにする。

（1）小山貞夫「シェイクスピア時代のインズ・オヴ・コート―貴紳子弟教育機関としての―」同『絶対王制期イングランド法制史抄説』創文社、一九九二年、三二三―五一頁。W. R. Prest, *The Inns of Court under Elizabeth I and the Early Stuarts 1590-1640* (London, 1972), ch. 7. 当時のグレイ法学院はとくに、他の三つの法学院（Lincoln, Middle Temple, Inner Temple）に比べて人気が高かったが、その理由の一つとして、エリザベスの重臣ウィリアム・セシルをはじめとする同窓生を通じた政治的人脈の強さが指摘されている。*Ibid.*, p. 38. なお、グレイ法学院では、同じクリスマスの祝宴のなかでシェイクスピアの『間違いの喜劇』が、またミドル・テンプルでは一六〇二年に『十二夜』が上演された。

（2）観客のなかには、財務長官（当時）セシルやその息子ロバート、エセックス伯をはじめ、国璽尚書 Puckering, Shrewsbury, Cumberland, Northumberland, Southampton, Buckhurt, Windsor, Mountjoy, Sheffield, Compton, Rich, Mounteagle, Thomas Howard, Thomas Heneage らが含まれていた。W. Canning, *Gesta Grayorum 1688* (The Malone Society, 1914), p. 25. なお、「グレイ法学院の催事」のテクストとしては別に、Desmond Bland の版（Liverpool, 1968）がある。

（3）同時代における演劇の政治的重要性については、J. R. Mulryne and Margaret Shewring eds., *Theatre and*

Government under the Early Stuarts (Cambridge, 1993); Fritz Levy, 'The Theatre and the Court in the 1590s', in John Guy ed., *The Reign of Elizabeth I: Court and Culture in the Last Decade* (Cambridge, 1995), pp. 274-300.

（4） William Shakespeare, *As You Like It*, 2-7.

（5） たとえば、T. B. Stroup, *Microcosmos: The Shape of the Elizabethan Play* (Lexington, 1965), ch. 1; Juria Briggs, *This Stage-Play World: English Literature and its Background 1580-1625* (Oxford, 1983). 劇場的世界における自己成型という観点から、同時代における文化体系の解読を試みた研究としては、言うまでもなく、*Stephen Greenblatt, Renaissance Self-Fashioning: From More to Shakespeare* (Chicago, 1980)（高田茂樹訳『ルネサンスの自己成型：モアからシェイクスピアまで』みすず書房、一九九二年）.

（6） この「世界劇場」を主題にして人間の悲惨と偉大を執拗に描いた典型的なテクストとして、Pierre Boaistuau, *Theatrum Mundi*, trans., John Alday (London, 1566?, 74, 81).

（7） Walter Ralegh, *The History of the World*, in Oldys and Birch eds., *The Works of Walter Ralegh*, vol. 2 (New York, 1965), pp. xlii-iii. ローリにおける強烈な役割意識については、Greenblatt, *Sir Walter Ralegh: The Renaissance Man and His Roles* (New Heaven, 1973).

（8） Ben Jonson, *Timber, or, Discoveries, made upon Men and Matter*, in Ian Donaldson ed., *Ben Jonson* (Oxford, 1985), p. 551.

（9） ブルクハルト『イタリア・ルネサンスの文化（上）』柴田治三郎訳（中公文庫、一九七四年）二八二―三、二八六頁。

（10） ルネサンス期の思想的な基調をペシミズムと捉え、そのなかに懐疑的保守主義の契機を看取する議論として、半澤孝麿「ヨーロッパ保守主義政治思想の三類型（上）」『思想』八八九号（一九九八年）四―三三頁。

（11） 「劇場」の比喩がベイコンの言語行為のなかで多彩に用いられ、世界認識の枠組みを構成していたことは、ヴィッカーズによって明らかにされている。Brian Vickers, 'Bacon's Use of Theatrical Imagery', in W. A. Sessions ed., *Francis Bacon's Legacy of Texts* (New York, 1990), pp. 171-213. エリザベス朝の演劇性豊かな文化を享受したベイコンは、グレイ法学院を拠点として様々な上演活動に携わった。これらの演劇活動が有した思想的意義は近年見直されつつある。Vickers ed., *Francis Bacon* (Oxford, 1996), pp. xxiv-xxx.

(12) したがって、たとえば、ジェイムズ期の宮廷人トマス・オヴァベリを中心とする当時の「学識ある」ジェントルマンたちが共同執筆した文書のなかに、次のような見解が記されていたこともおそらく偶然ではない。すなわち、当時のベストセラー書の付録として収録された「世界からの便り（Newes from Anywhence）」によれば、たしかに「神は本質的なもの（substances）から世界を創造した」。しかし、これに対して「人間は作為（art）と意見（opinion）によってもう一つ別の世界を創った」と理解されたのである Thomas Overbury, *A Wife. Now the Widow of Sir Tho: Overburie* (London, 1614), G1^{v}.

(13) モンテーニュ『随想録〈上〉』松浪信三郎訳（河出書房、世界の大思想四、一九六六年）一〇六頁。

(14) ヨーロッパ政治思想史の「非政治」的伝統に関する「物語」叙述の試みとして、半澤「西洋政治思想史における『非政治的なるもの』について—東京都立大学最終講義—」『東京都立大学法学会雑誌』第三八巻第一号（一九九七年）一三—七六頁。

(15) モンテーニュ『随想録〈下〉』松浪信三郎訳（河出書房、世界の大思想四、一九六七年）五三一—二頁。

(16) エラスムスやトマス・モアを中心にした一六世紀前半期における人文主義の政治思想に関しては、すでに多くの研究の蓄積がある。邦語文献では、たとえば、本書と同様に「演技者」の観点からモアの政治思想を活写した研究として、塚田富治『トマス・モアの政治思想—イギリス・ルネッサンス期政治思想研究序説—』木鐸社、一九七八年。教育を通じたキリスト教人文主義の浸透と、それがピューリタニズムの社会思想に与えた影響を強調した最近の文献として、Margo Todd, *Christian Humanism and Puritan Social Order* (Cambridge, 1987).

(17) たとえば、Fritz Caspari, *Humanism and the Social Order in Tudor England* (Chicago, 1954); G. K. Hunter, *John Lily, The Humanist as Courtier* (Cambridge, Mass., 1962); Daniel Javitch, *Poetry and Courtliness in Renaissance England* (Princeton,1978); Blair Worden, *The Sound of Virtue: Philip Sidney's Arcadia and Elizabethan Politics* (New Heaven, 1996).

(18) Quentin Skinner, *The Foundations Modern Political Thought*, vol. 1 (Cambridge, 1978), pp. 106-8, 218-21.

（19） Christopher Morris, *Political Thought in England: Tyndal to Hooker* (Oxford, 1953)（平井正樹訳『宗教改革時代のイギリス政治思想』刀水書房、一九八一年）; G. P. Gooch, *Political Thought in England: Bacon to Halifax* (Oxford,1914)（堀豊彦、升味準之輔訳『イギリス政治思想Ⅰ—ベーコンからハリファックス』岩波書店、一九五二年）.

（20） 第三章註（4）を参照。

（21） アリストテレス『政治学』（山本光雄訳、岩波文庫、一九六一年）第七巻第二章。

（22） キケロ『義務について』（泉井久之助訳、岩波文庫、一九六一年）、四四頁。

（23） 本章註（42）参照。

（24） G. R. Elton, *Tudor Revolution in Government: Administrate Changes in the Reign of Henry VIII* (Cambridge, 1953), ch. 5. なお、ガイはエルトンの「テューダー行政革命」のテーゼの多くを妥当としながらも、枢密院の組織化の要因をクロムウェル個人のリーダーシップよりも、むしろ前任者ウルジーの構想との連続性や、恩寵の巡礼という政治的危機への対応といった側面から、「革命」がより漸進的、プラグマティックな性格を有していたことを強調している。John Guy, 'The Privy Council: Revolution or Evolution?', in Christopher Coleman and David Starkey eds., *Revolution Reassessed* (Oxford, 1986), pp. 59-86.

（25） この「幼少（minor）」君主、あるいは「女性（female）」君主の時代に枢密院の役割が高まったことを指摘した議論として、たとえば、Guy, 'Tudor Monarchy and its Critiques', in idem, ed., *The Tudor Monarchy* (London, 1997), pp. 78-109. また、とくに「女性」支配の観点からエリザベス期の政治思想を分析した研究として、A. N. McLaren, *Political Culture in the Reign of Elizabeth I: Queen and Commonwealth 1558-1585* (Cambridge, 1999).

（26） Guy, *Tudor England* (Oxford, 1988), ch. 11; M. B. Pulman, *The Elizabethan Privy Council in the Fifteen-Seventies* (Berkeley, 1971).

（27） ノルベルト・エリアス『文明化の過程（上）』赤井慧爾、中村元保、吉田正勝訳（法政大学出版会、一九七七年）。同『文明化の過程（下）』波田節夫、溝辺敬一、羽田洋、藤平浩之訳（同、一九七八年）。同『宮廷社会』波田節夫、中埜芳之、吉田正勝訳（同、一九八一年）。

(28) エリアス『文明化の過程（下）』六頁。
(29) 「宮廷」の研究史に関しては、第五章註（1）を参照。
(30) Jonson, *Timber, or, Discoveries*, p. 546.
(31) Ralegh, *The History of the World*, in *The Works*, vol. 2, p. lxi.
(32) デカルト『方法序説』（谷川多佳子訳、岩波文庫、一九九七年）四一頁。
(33) モンテーニュ『随想録〈上〉』二〇四頁。
(34) デカルト『方法序説』四四頁。
(35) この視点の獲得に際しては、以下の先行業績から大きな示唆を受けた。塚田富治『カメレオン精神の誕生—徳の政治からマキャヴェリズムへ—』平凡社、一九九一年。また、菊池理夫「メティスの知—顧問官としてのF・ベーコンの思想」『松阪政経研究』第七巻第一号（一九八九年）七七—九〇頁。なお、本書では充分に扱えなかった人文主義の「レトリック」および「魔術」の伝統とベイコン政治学の関連については、同氏の『ユートピアの政治学：レトリック・トピカ・魔術』新曜社、一九八七年を参照。
(36) このことはむろん、「哲学者」ベイコンを歴史内在的に再評価する作業を妨げない。拙稿「フランシス・ベイコン研究の現在」『イギリス哲学研究』第二一号、一九九八年、九六—九頁。
(37) ホルクハイマー、アドルノ『啓蒙の弁証法』徳永恂訳（岩波書店、一九九〇年）。
(38) オークショット『政治における合理主義』嶋津格、森村進他訳（勁草書房、一九八八年）。ウォリン『政治学批判』千葉眞、中村孝文、斉藤眞編訳（みすず書房、一九八八年）。ただし、オークショットは知的起源の探究が、彼の言う「歴史家の営為」に反することには自覚的である（邦訳一八八、一四頁）。また、ベイコンやデカルトも「技術知の限界に気付いて」おり、「許せる歴史の要約としては、合理主義的性格は、ベーコンの希望の誇張とデカルトの懐疑の無視とから生じていると見てよいかも知れない」という重要な留保が付されている（二六、一八頁）。
　また、逆にベイコン政治学の近代性を積極的に評価する議論として、たとえば、その経験主義的側面に着眼したW・H・グリーンリーフによれば、ベイコンは「この国が生んだ近代的な様式における最初の偉大な科学と政治の哲学者」であった。W. H. Greenleaf, *Order, Empiricism and Politics: Two Traditions of English Political Thought 1500-1700* (1964; Westport, 1980), pp. 207, 231-2. コリンズによれば「近代」とは「人間がみずからを救済の歴史的文化的媒体と見做すようになる過程」であり、「神の宇宙」から「主権国家」への移行における「自己意識」の発展のなかで、ベイコンは「政治と仕事を理解するもっとも優れた手段として、人間の性格や習慣、予想される行動についての慎重で明確な観察を主張した」人物として位置づけられる。S. L. Collins, *From Divine Cosmos to Sovereign State: An Intellectual History of Consciousness and the Idea of Order in Renaissance England* (Oxford, 1989), pp. 5, 120. フォークナーは、ベイコンの構想を「文明の進歩した新しい国家」、すなわち「経済や産業の成長を目的とし、共和的であるが実効的な政府によって統轄される、行政や司法の整った、われわれが近代的と呼ぶところの形態の国民国家」であったと解釈した。R. K. Faulkner, *Francis Bacon and the Project of Progress* (Maryland, 1993), p. 145. さらにワインバーガーもまた、「偉大な天才」の無謬性を前提に、「近代の真の定礎者」であるベイコンの『ヘンリ七世治世史』を、「近代共和主義、民主主義および進歩の政治の興隆」を示す、「本質からして近代的な」作品と絶賛した。Jerry Weinberger, 'Introduction' and 'Interpretive Essay' in Bacon, *The History of the Reign of King Henry the Seventh*, ed., Weinberger (Ithaca, 1996), pp. 1-18, 213-52. 引用は、pp. 217, 3, 5, 10。さらに、本書が多くを負う塚田富治氏の『カメレオン精神の誕生』は、ルネサンス期イングランドにおける「政治」観の変遷を一次資料を駆使して丹念に追跡しながら、ベイコンにおける現実主義的な政治思考の「誕生」を明らかにした。しかしながら、ベイコン解釈に関する限り、その評価基準はあくまでも近代性に求められ、ベイコンは「カメレオン精神」と形容される「近代」的政治思考に立脚して「政治学の革命」を遂行した人物として顕彰されたのである。塚田『カメレオン精神の誕生』一九八―二一六頁。

(39) H. B. White, *Peace among the Willows: The Political Philosophy of Francis Bacon* (The Hague, 1968); Julian Martin, *Francis Bacon, the State, and the Reform of Natural Philosophy* (Cambridge, 1992). 他の研究例として、Weinberger, *Science, Faith, and Politics: Francis Bacon and the Utopian Roots of the Modern Age* (Ithaca, 1985). 菊池『ユートピアの政治学』、とくに二一一―四頁。同「『ニュー・アトランティス』とルネサンス・ユートピア」花田圭介編『フランシ

ス・ベイコン研究』御茶の水書房、一九九三年所収、二二七―五四頁。

(40)　このような解釈の典型例として、ホワイトの研究が挙げられる。彼の解釈によれば、「近代科学の興隆に多大な貢献を果たした」ベイコンは、「科学が発展するような社会に関してもやはり、並々ならぬ関心を寄せていた」。このように近代性と一貫性をともに想定したうえで、ホワイトは「ニュー・アトランティス」をベイコンの「最終決定的な」政治学と評価したのである。White, *Peace among the Willows*, pp. 11-2。また、マーチンによれば、ベイコンによる法と統治機構の改革の主張と、自然哲学改革の提唱はともに「君主国家の国力増強」を目的としていた。そのうえでマーチンは『ニュー・アトランティス』を「自然哲学に立脚した君主帝国のヴィジョン」を示す作品と解釈した。Martin, *Francis Bacon*, pp. 3, 172-5, 135. 逆に、ベイコンの政治活動を「学問の進歩」の阻害要因とした伝統的解釈の一例として、F. H. Anderson, *The Philosophy of Francis Bacon* (Chicago, 1948). もっとも、マーチンをはじめとして、近年では「哲学者」ベイコンと「政治家」ベイコンを統一的に解釈する研究が相次いで提出されている。たとえば、彼の自然哲学とイングランド法改革計画を「架橋」する試みとして、M. S. Neustadt, 'The Making of the Instauration: Science, Politics, and Law in the Career of Francis Bacon', Ph. D. diss., The John Hopkins University (1987). また、J. E. Leary, Jr. は、*Francis Bacon and the Politics of Science* (Ames, Iowa, 1994) において、ベイコン哲学の「組織化」志向に彼の政治思想との「本質的な連関」を見出す (pp. 12, 20)。同様に「一貫性」を前提にした研究として、B. H. G. Wormald, *Francis Bacon: History, Politics and Science, 1561-1626* (Cambridge, 1993); William Sessions, *Francis Bacon Revisited* (New York, 1996). 塚田富治『ベイコン』研究社、一九九六年。これに対してザゴリンは、両者の重要性を等しく認めたうえで、自然哲学と人間哲学をあくまでも別個の原理に基づく「独立した」議論として処理している。Perez Zagorin, *Francis Bacon* (Princeton, 1998), p. 129. なお、ベイコンの多面な「マスクを引き剥がし」、自己イメージという観点から、統一的な把握を試みた独自の研究として、平石直昭「知者・鳩・建築家―F・ベーコンの人と思想」『千葉大学法経研究』、第九号（一九八〇年）、一九―五二頁。

(41)　Markku Peltonen, *Classical Humanism and Republicanism in English Political Thought 1570-1640* (Cambridge, 1995); idem, 'Politics and Science: Francis Bacon and the True Greatness of States', *The Historical Journal* 35 (1992), pp.

279-305; idem, 'Bacon's Political Philosophy', in idem ed., *Cambridge Companion to Bacon* (Cambridge, 1996), pp. 283-310. Cf. Vickers, 'Introduction', in Francis Bacon, *The History of the Reign of King Henry VII*, ed., idem (Cambridge, 1998), pp.xxxi-v.

（42） Hans Baron, *The Crisis of Early Italian Renaissance: Civic Humanism and Republican Liberty in an Age of Classicism and Tyrany* (Princeton, 1966); J. G. A. Pocock, *The Machiavellian Moment: Florentine Political Thought and the Atlantic Republican Tradition* (Princeton, 1975); idem, 'Civic Humanism and Its Role in Anglo-American Thought', in idem, *Politics Language and Time: Essays on Political Thought and History* (1971; Chicago, 1989), pp. 80-103; idem, 'Virtue, Rights and Manners: A Model for Historians of Political Thought', in idem, *Virtue, Commerce, and History* (Cambridge, 1985), pp. 37-50（田中秀夫訳「徳、権利、作法―政治思想史家のための一つのモデル」同訳『徳・商業・歴史』みすず書房、一九九三年所収、七一―九八頁）; Skinner, *The Foundations*, vol. 1; Martin van Gelderen and Quentin Skinner eds. *Republicanism: A Shared European Heritage*, 2 vols (Cambridge, 2002).

（43） Pocock, 'Virtue, Rights and Manners', p. 46.

（44） Pocock, *The Machiavellian Moment*, pp. 348, 334, 357. もっとも、ポーコックは他方でまた、内乱期以前から共和主義的な語彙と概念が流通していたことに気付いていた。*Ibid.*, pp. 349, 55; idem, 'The Sense of History in Renaissance England', in J. F. Andrews ed., *William Shakespeare: His World·His Work His Influence*, vol. 1 (New York, 1985), pp. 143-57. とくに、pp. 148-51.

（45） 第一巻に続き、一六世紀後半までを射程に含めた『近代政治思想の基礎』第二巻では「宗教改革」の政治思想が論じられている。ポーコックによれば、スキナーは第二巻で共和主義的言説から「法 - 中心のパラダイム」に「キーを入れ替えた」とされる。Pocock, 'Virtue, Rights and Manners', p. 45. なお、スキナーは近年、これまでの「共和主義的自由」の概念に代わって「新ローマ理論（Neo-Roman theory）」という分析概念を新たに採用し、「共和主義（者）」を反君主制論（者）に限定して用いるようになった。Skinner, *Liberty before Liberalism* (Cambridge, 1998).

（46） Peltonen, *Classical Humanism*, pp. 7, 11-2. また、ペルトネンとは別に、コリンソンは八〇年代後半にすでに、とくにトマス・スミスのコモンウェルス論やセシルを中心とした枢密院の役割を強調して、エリザベス期のイングランドが共和政的な性格を併せ持っていたことを主張していた。Patrick Collinson, 'De Republica Anglorum: Or, Histo-ry with the Politics Put Back', Inaugural Lecture as Regius Professor of History in the University of Cambridge, deliverd on 9 November 1989; idem, 'The Monarchical Republic of Queen Elizabeth I', *Bulletin of the John Rylands Library* 69 (1987), pp. 394-424. 両論文はともにCollinson, *Elizabethan Essays* (London, 1994) のなかに、また後者はさらにGuy ed., *The Tudor Monarchy* に再録されている。

(47) Peltonen, *Classical Humanism*, p. 196. もっとも、『君主論』を中心とした「マキャベリズム」の受容に関しては、すでに多くの指摘がある。たとえば、J. W. Allen, *English Political Thought 1603-1660* (London, 1938), pp. 50-62; Vincent Luciani, 'Bacon and Machiavelli', *Italica* 24 (1947), pp. 26-40; Felix Rabb, *The English Face of Machiavelli: A Changing Interpretation* (London, 1964), pp. 73-6; 塚田『カメレオン精神の誕生』。

(48) Peltonen, *Classical Humanism*, pp. 194-5.

(49) ザゴリンも同様に、ベイコンが君主制論者であることを指摘して、ペルトネンの議論を「全くのミス・リーディング」として厳しく批判した。Zagorin, *Francis Bacon*, p. 149. しかし、ベイコンを立憲主義の伝統に位置づける従来の解釈を踏襲したザゴリンの議論は、ペルトネンの功績をむしろ見逃している。

(50) Blair Worden, 'Milton's Republicanism and the Tyrany of Heaven', in G. Bock, Q. Skinner and M. Viroli eds., *Machiavelli and Republicanism* (Cambridge, 1990), pp. 225-45. 引用は、p. 225. ウォードンは、さらに続けて「反対意見を明確にするにあたって、古典古代の政治的著作や政治的実践に広範に依拠した」運動であると規定している。

(51) James Harrington, *The Commonwealth of Oceana*, in idem, *The Political Works of James Harrington*, ed., Pocock (Cambridge, 1977), pp. 158, 258; Algernon Sidney, *Discourses Concerning Government*, ed., T. G. West (Indianapolis, 1990), p. 14, ch. 2-19, 25; Cf. Skinner, *Liberty before Liberalism*, pp. 87-96.

(52) Cf. Skinner, *The Foundations*, vol. 1, pp. xxiii-iv.

(53) このような、法律家や聖職者などの知的集団を単位とした政治思想史叙述の試みとして、Glenn Burgess, *The*

Politics of the Ancient Constitution: An Introduction to English Political Thought, 1603-1642 (London, 1992), ch. 5. 他方でまた「名誉」「法」「摂理」「人文主義」という緩やかな指標を用いた政治文化史研究として、R. M. Smuts, *Culture and Power in England, 1585-1685* (New York, 1999), ch. 1.

（54） ペルトネンや塚田氏、菊池氏の研究の他に、ベイコンをルネサンス期の知的文脈のなかで理解を試みた研究例として、たとえばタックは、一六世紀後半以降の懐疑主義や新ストア主義といった、彼の言う「新人文主義（New humanism）」の流れにベイコンを位置づけた。Richard Tuck, *Philosophy and Government 1572-1651* (Cambridge, 1993), pp. 108-15. また、『政治道徳論集』初版を中心に人文主義的な主題の展開を探った論稿として、F. J. Levy, 'Francis Bacon and the Style of Politics', *English Literary Renaissance* 16 (1986), pp. 101-22.

（55） ベイコンの政治経歴に着目した伝記的研究として、塚田『ベイコン』の他に、J. J. Epstein, *Francis Bacon: A Political Biography* (Athens, Ohio, 1977).

第一章　ルネサンス期イングランドにおける「活動的生活」論

第一節　活動的生活論と観想的生活論（一）――コモンウェルスとユートピア

一六世紀に花開いた北方ヨーロッパのルネサンスは、南方のイタリアで再生した古典古代の文化との接触と受容に始まる。これに伴い、フィレンツェやヴェネツィアなどイタリアの都市共和国を中心に育まれた人文主義の政治思想もまた、交通手段や印刷技術の発達とともにアルプスを越え、北方のキリスト教文化圏に次第に浸透していった。もっとも、スキナーの指摘にもあるように、中世のキリスト教共同体に代わる新たな政治的理念が模索されるなかで、都市共和国の「自由」や「共和政」の理念までもが、中央集権化が進行しつつあった北方の君主制諸国家に直ちに受け入れられた訳ではない。[1]しかしながら、とりわけイングランドでは、「レス・プブリカ（res publica）」の概念が伝統的な「コモンウェルス（commonwealth）」や「コモンウィール（commonweal）」の概念に読み替えられ、それとともに、数多くの社会経済改革の主張が新たに喚起された。[2]

「活動的生活」論は、このような人文主義の受容に伴って活性化された古典古代以来の伝統的な議論であった。もっとも、序章でも指摘したように、この活動的生活の理念は古典古代からすでに、「哲学者の生活」としての「観想的生活」という伝統的な対抗理念によって、その倫理的な価値の優位性を常に問い直されてきた。たとえば、アリストテレスは『ニコマコス倫理学』のなかで実際に、知性に即した自足的な観想的生活を、政治や軍事に優る人間の究極的な幸福であると判断したのである。[3]

このような倫理的な価値の選択問題に加え、ルネサンス期イングランドの人文主義者は、さらに新たな「ディレンマ」[4]に直面した。すなわち、活動的生活の実践可能性の問題である。都市共和国の「広場」とは異なり、国王が主宰する「宮廷」が政治の中心的な舞台となる君主制国家において、「自由な市民」としての活動的生活の実践は事実上不可能であった。それゆえ、ルネサンス期に再演された活動的生活と観想的生活の是非をめぐる彼らの論争は、トマス・モアの『ユートピア（*Utopia*, 1516）』に端的に象徴されるように、コモンウェルス改革の実践可能性の問題とも絡んだ内在的な緊張を併せ持つことになったのである。

本章では、以上の論争過程を詳しく検討し、同時代の人文主義者が直面した思想的課題をより具体的に剔出してみたい。そのために本節ではまず、モアの『ユートピア』に加え、トマス・スターキ、トマス・スミス、ロバート・バートンの作品を併せて検討する。本節では、以上の作業を通じて、ルネサンス期イングランドにおける活動的生活論の意義を、コモンウェルス論とユートピア論との関連において明らかにする。同時にまた、とくにユートピア論について、それが観想的生活を理想とする心的態度が生み出した一つの思想的変奏ではなかったか、という仮説を提示したい。そのうえで、活動的生活をめぐる古典古代以来の論争史のなかでベイコンが示した判断の思想的意義が理解されるであろう。

ところで、モアとベイコンは約一世紀という時間を隔てながらも、ともにイングランドを代表する人文主義者であった。のみならず、両者は法学院で培った専門知識を背景に公職を歴任し、最終的には大法官を務めるに至った。さらに、二人はともに『ユートピア』と『ニュー・アトランティス』という、ルネサンス・ユートピア思想を代表する（と評価されてきた）作品を残した。このように、両者はまさに歴史的な比較の対象として相応しい⑸。しかし、それだけになお、二部構成で描かれたモアの『ユートピア』のなかに、以下のような活動的生活と観想的生活をめぐる深刻な緊張が内在していたことは無視できない⑹。

『ユートピア』第一部において登場人物モアは、対話相手であるラファエル・ヒュトロダエウスの学識を高く評価し、公共の利益のために国王の顧問官となりコモンウェルスの改革に尽力すること、すなわち、活動的生活の実践を次のように薦めた。

「……わたしは、もし貴方が君主達の宮廷を嫌悪すまいという気持ちになれば、貴方の助言を通じて、公共のために多大な善を為すことができるという、この確信を変えることはできません。貴方に課せられた義務、そして善人の義務のなかで、これほど重要なものはありません。事実、貴方が評価するプラトンは、コモンウェルスは哲学者たちが統治するか、または国王たちが哲学を修得するときに初めて幸福がもたらされるであろうと考えています。もし、哲学者たちが国王に助言を与えることの意義を僅かなりとも認めないならば、幸福はどれほど遠く離れてしまうでしょうか⑺」。

これに対してギリシャ哲学に通暁したヒュトロダエウスは、プラトンの権威を逆に利用し、観想的生活を支持する立場から反論を加えた。彼によれば、ディオニュシウスの教育に失敗したプラトンの例が示すように、仮に宮廷の顧問官に就任したとしても、国王がみずから助言を聞き入れる用意がない場合、どんなに賢明な諫言も「たちまち放り出されるか、嘲りの的にされる」[8]。コモンウェルスの繁栄を目的とする理想論は、友人同士の私的な会話のなかでこそ楽しく語られる「観念的な哲学（philosophia scholastica）」なのである。ところが、登場人物モアは、このような批判に対して、実践可能性のある「演技の哲学」を新たに提案した。それは「自分の登場する幕を知っていて上演中の作品に自分を合わせ、自分の配役を型どおりに立派に演じる哲学」、すなわち「洗練された政治哲学（philosophia ciuilior）」であった。

「どんな芝居が上演されていても、貴方はとにかく自分の役割を最高に演じなければなりません……コモンウェルスや君主たちの会議においても同様です。間違った意見を根こそぎにできなくとも、習慣で根付いた諸悪を貴方の思い通りに治療できなくても、コモンウェルスを見捨ててはいけません。風を鎮めることができないからといって、暴風雨のなかで船を放棄してはなりません。他方でまた、正反対の信念を抱く人々を説得する力がないと解っているにも拘わらず、聞き慣れない新奇な説教を押し売りしてはいけません。むしろ紆余曲折しながら全力を尽くしてすべての物事を適切に捌くように、また改善できないものは少なくとも悪化させないように努力しなければなりません。というのも、万事がうまくいくことは、すべての人々が善人でない限り不可能ですし、わたしは長年待てばそのような状態が実現するなどとは期待してはおりません」[9]。

しかしながら、ヒュトロダエウスはあくまでもこの提案を拒否した。彼によれば、このような役割演技を続ければ、他人の狂気と接するうちに自分も「一緒に発狂してしまう」。そのうえで彼は、プラトン『国家』の一節を参照しながら、「暴風雨」を避けて「家に籠もる」ことを改めて主張し、あくまでも現実の宮廷社会とは距離を置いた[10]。ここで注目すべきは、『ユートピア』の第一部がついに、このような活動的生活と観想的生活との緊張が解消されないまま幕を閉じたことであろう。こうして、場面の転換とともに第二部で明らかとなるユートピア物語は、作者の名を冠した登場人物モアではなく、観想的生活を支持して「コモンウェルスという船」を「放棄」した、哲学者ヒュトロダエウスによって語られたのである[11]。

ルネサンス期のイングランドでは、このような『ユートピア』における顧問官論争を典型とした、活動的生活と観想的生活の是非をめぐる議論が数多く再生産された[12]。なかでも、パードヴァをはじめとする海外生活を通じてイタリア人文主義の影響を受けたトマス・スターキ（Thomas Starkey, c. 1499-1538）[13]が、一五三〇年代初期に執筆したと考えられる『プールとラプセットの対話（*A Dialogue between Pole and Lupset*）』は注目に値する。なぜなら、スターキはこの作品のなかで、モアにおいては未解決であったこの問題に対して活動的生活の優位を結論づけ、そのうえで逆に、プラトンからヒュトロダエウスに継承されたユートピア論の系譜を強く批判したからである。

『ユートピア』と同様の主題と形式を有したこの作品のなかで、登場人物プールは観想的生活の側に立ち、「人間の完成」を「理性」と「知性」の働きに求め、「神や自然、そしてあらゆる創造物に関する知識こそが人間生活の目的であるべき」と主張した[14]。これに対して、相手役のラプセットは「観想」の価値を認めながらも、「コモンウィールのためとなる事柄に関与することはより必要であり、まず第一に選ばれるべきものである」と反論を加え、「人間の完成」は、「他者の役に立つ」ような「あらゆる徳と誠実さの実行と実践にある」として活動的生活の理念を支持した[15]。ところが、スターキは、このような伝統的な議論の型を踏襲したうえで、モアの『ユートピア』とは異なる結論を提出した。すなわち、プールはヒュトロダエウスとは異なり、ラプセットの説得に同意してコモンウェルスの改革に尽力することをついに約束したのである。

ここでさらに注目すべきは、この結論を受け、ラプセットが直ちにユートピア批判を開始したことであろう。彼によれば、プラトンのコモンウェルスは「今日では、地上の民衆はどうしても獲得することができない」国家であり、多くの人物から「決して実現することのない夢物語か虚しい想像」と批判されている。同様にまた、ストア哲学者もラプセットの批判を免れない。彼によれば、ストア哲学者が理想に掲げる厳格な徳と知恵は、「誰であれ死を逃れられない人間のなかには見出すことができない」[16]。それゆえ、スターキが続けて提示した課題は、おのずと『ユートピア』第二部とは鮮やかな対照を示した。すなわち、プールとラプセットは「虚しい想像」としてのユートピアを描くのではなく、たとえば、人口の減少や都市の荒廃という現実の社会問題に対する具体的なコモンウェルス改革案の検討に着手したのである。

こうしてルネサンス期のイングランドでは、活動的生活の理念が、スターキをはじめとする多くの人文主義者の支持を獲得することになった[17]。本節冒頭でも述べたように、彼らの議論を活性化させたのは、「レス・プブリカ」の訳語として定着した「コモンウェルス」の概念であった。G・R・エルトンによれば、「コモンウェルス」は当時、君主を頂点とする階層社会を前提にしながらも、「共通の利益に関する事柄」、もしくは「国民に利益をもたらすことを目的とする王国」の意味を含み[18]、政治的共同体の全構成員がともに利益を享受して繁栄するという、一つの理想的なヴィジョンを提示するものであった。たとえばスターキは、「真のコモンウィール」を、「カントリや都市や町に人々がともに集まり、人間の本性と尊厳に従いながら有徳な統治を通じて文明的な生活を営む、繁栄したもっとも完全な政体[19]」であると説明した。以下で紹介するトマス・スミスは、一五六〇年代に執筆された『イングランド人のコモンウェルス（*De Republica Anglorum*, 1583）』のなかで、それを「戦時や平時においても自らを守るために、共同の意思と誓約によって集まり結合した自由な人々の社会、あるいは共同の活動である」と定義した。[20]このようなコモンウェルスのヴィジョンに導かれて、テューダー期のイングランドでは「改革と刷新」の気運が盛り上がった。[21]たとえば、ヘンリ八世期にトマス・クロムウェルが主導した「テューダー行政革命」は、その代表的な成果であった。[22]人文主義者の活動的生活論は、コモンウェルスの改革を実現するために、エンクロージャーや都市の荒廃、物価騰貴などの諸問題に対する様々な社会経済政策の実践を促した議論であったのである。

この活動的生活論の隆盛はまた、キケロの『義務論』が学校教育等を通じて広く普及していた事実からも窺い知ることができよう。ロジャー・アスカムの『スクールマスター（*The Scholemaster*, 1570）』によれば、「今日のイングランド」ではキケロの著作は「よく読まれ」、彼の雄弁は「よく愛好され、確かに支持されてい」た。[23]なかでも『義務論』の出版は、その英訳が一五三四年から一六二九年までの間に一二版、『義務論』を含むラテン語版の『全集』は、一五七三年から一六三九年の間に二九版を重ねた。[24]その流通は、のちに『完全なるジェントルマン（*The Compleat Gentleman*, 1622）』を著したヘンリ・ピーチャム（Henry Peacham）が、『義務論』は「どの学校でも破り捨てられているが、だからといって軽視してはいけない」と記したほどであった。[25]

このような議論の浸透を背景に、活動的生活論は実際に、イングランドにおける為政者の義務意識の形成にも寄与したと考えられる。[26]人文主義者は『義務論』の一節「われわれは自分のためだけに生まれたのではなく、祖国もわれわれの生命の一部をみずから要求する（non nobis solum nati sumus ortusque nostri partem patria vindicat）」（1-22）[27]を頻繁に引用した。たとえば、匿名作者による『ジェントルマン教育論（*The Institution of Gentleman*, 1555）』のなかで、この文言は、コモンウェルスの「利益」や「維持」を目的とする為政者の義務を示す教則として用いられたのである。[28] また、ピーチャムによれば、エリザベス期の秘書長官ウィリアム・セシル（William Cecil）は実際に、『義務論』を「死の当日までずっと、懐中かポケットに入れて常に携行していた」[29]。ベイコンによって「コモンウェルスのアトラス」（8:108）と称えられたセシルに関するこの挿話は、活動的生活の理念が同時代の政治エリートにいかに浸透していたのかをよく物語っていよう。

エドワード六世期、およびエリザベス期に秘書長官を務めたトマス・スミスも、セシルやベイコンの父ニコラスと同様に、コモンウェルスを支えた顧問官の一人であった。スミスはまた、ケンブリッジ大学でローマ法欽定講座の初代担当教授を務めるなどして「ケンブリッジの華」と呼ばれた人物でもあった。このスミスの議論を通じても同様に、すでに指摘した活動的生活論の諸特徴が確認されるであろう。たとえば、一五四九年にスミスによって執筆されたと考えられる『このイングランド王国のコモンウィール論（*A Discourse of the Commonweal of This Realm of England*, 1581）』において、彼は前述のキケロの一節を引用しつつ、コモンウェルスの経済混乱の原因分析を行った[30]。のみならず、イングランドの国制を叙述して為政者による職務遂行の手引書となった『イングランド人のコモンウェルス』にも、スターキと同様に「ユートピア」論の系譜を拒否する姿勢と、コモンウェルス改革に対する持続的な関心と意欲を窺うことができる。スミスによれば、この作品は「プラトンが彼のコモンウェルスについて、クセノフォンが彼のペルシャ王国について、サー・トマス・モアが彼の仮構せるユートピアについて、それぞれ創作した作品とは種類を異にする。それらの国々は、過去において存在したことが決してなく、未来においても実現することはない。それらは哲学者たちの心を占め、彼らの機知が産み出した虚しい想像、空想である」。代わりにスミスが提示したのは、現実のイングランドの国制に関する「貴兄の目の前に正しく置かれたコモンウェルスの計画あるいは見取図」であった。したがって、彼によれば、この著作は「より良き業務の遂行のために助言を与え、君主とコモンウェルスに対する奉仕を果たそうとする善き意思を抱き、それを実践する者にとって無益ではない」のである[31]。

以上のようにルネサンス期イングランドの人文主義者は、活動的生活論を支持してコモンウェルスに対する政治的義務の実践を試みながら、他方でまた、観想的なユートピア論を「虚しい想像」として拒否した。もっとも、彼らは学問を軽視した伝統的な封建貴族とは異なり[32]、純粋な知的営為としての観想的生活の意義を必ずしも否定した訳ではない。たとえば、スターキによれば、あくまでも「高次の哲学や自然の観想はそれ自体、人間精神の偉大な完成[33]」であった。しかしながら、ユートピアの構想があくまでも、ヒュトロダエウスのように「コモンウェルスという船」を「放置」して、純粋な観想的生活だけを理想とする心的態度が生み出した一つの思想的変奏であったことは、ベイコンの同時代人ロバート・バートン（Robert Burton, 1577-1639）の『メランコリーの解剖（*The Anatomy of Melancholy*, 1621）』によって確認することができよう。

オックスフォード大学におけるバートンの生涯は、スミスとは対照的に「静謐で、机に向かった、孤独で私的な人生[34]」であった。バートンは『メランコリーの解剖』のなかでも同様に、観想的生活を過ごしたギリシャのデモクリトスの継承者を自称しながら、「宮廷の虚栄」や「広場の野心」に代表される「劇場」的な世界の喧噪を前に、「ストア哲学者」のような傍観者の態度を見せた[35]。バートンによれば「この世はすべてメランコリー、あるいは狂気と痴呆の勢揃い[36]」である。すなわち、現実の世界は「賢く誠実な人間が白痴と見做され」、「徳と知恵が席を譲り」、「痴愚と運命の気まぐれが称賛される[37]」転倒した世界なのである。このようなコモンウェルスの退廃を、バートンは他の人文主義者と同様に、次のように訴えた。「貴兄は、数多くの不和や民衆の不平、不満や貧困、蛮行、乞食、疫病と戦争、反逆や反乱、暴動、反目、怠惰、騒擾、放埒を目の当りにすることでしょう。その一方で、土地は耕作されないまま荒れ放題となり、湿地や沼地、荒れ地やそんな場所ばかりで、都市は衰退し、町は荒んで貧窮にあえぎ、村落はうら寂れ、民衆は薄汚れて醜く、洗練に欠けています[38]」。

ところが、観想的生活を支持するバートンは、スターキやスミスとは異なり、これらの病弊に対してコモンウェルスの改革案を提示することはなく、代わりにユートピアのヴィジョンを提示した。彼によれば、コモンウェルスの改革は「ヘラクレスの偉業をはるかに越え」ており、「人間が人間であることを止めない限り」不可能である。それゆえ、彼は現実世界に対する諦念から、「コモンウェルスが風邪を引いて苦しみ、世界が腐敗するのをそのまま放置しよう」と述べ、ついに活動的生活を放棄した。こうして観想的生活に閉じ籠もることを選択した彼には、架空のユートピアを構想して精神を癒すことだけが残された。曰く「わたしは、思いのまま自由に支配し、都市を建設し、律法や法令を制定するであろう自分自身のユートピア、ニュー・アトランティス、詩的なコモンウェルスを作りあげて、愉悦に浸りたいのです[39]」。

このバートンを襲った「メランコリー」は、ルネサンス期の人文主義者に蔓延した精神的不安の典型的な表れであった[40]。一六〇八年に書かれたベイコンの「手記（Comentarus Solutus）」には、彼も同様の症状に見舞われていたことが記されている（11:54, 57）。しかしながら、以上の論争のなかでベイコンは、ヒュトロダエウスやバートンが選択した観想的生活ではなく、登場人物モアやスターキ、スミスと同様に活動的生活の理念を支持した。ベイコンは、ルネサンス期における諸学の現状を検討した『学問の進歩』のなかで、観想的生活の至高性を説いたアリストテレスを名指しで批判し、全体の善は個別の善に優るとして、活動的生活の優越を結論づけたのである[41]。ベイコンによれば「人間にとって、公共の義務の遵守は、生活や生命の保持よりもずっと大切でなければならない」（O4:136）。こうして彼は、徳の実践を説いたソクラテスやゼノンを称賛しながら、他方でまた、政治的な義務よりも「個人的な安息や満足」を優先させたキレナイ派やエピクロス派、再洗礼派、エピクテトスなど、「あまりにも簡単に世事から隠退した」哲学者たちを厳しく批判した。ベイコンによる以下の言明は、「劇場」的世界の傍観者を自認したバートンとは鮮やかな対照をなしていよう。

　「ところで、この人生という劇場においては、観客はただ神と天使たちだけだということを、人々は知らなければならない」(O4:137)。

　もっとも、すでに指摘したように、ベイコンは「観想」それ自体を否定した訳ではない。それどころか、彼の認識ではむしろ「観想」こそが自分の「本領」であった(8:109, 13:27)。その意味で、登場人物モアとヒュトロダエウス、ラプセットとプールの間に発生した緊張関係は、ベイコンの内面にも常に潜在していたといえよう。ベイコンによれば、憂鬱質を象徴する「観想の惑星」(土星)は幾度となく彼を「遠くに連れ去って」(8:108)しまい、その度に彼は、自分の適性が「役割を演じること」よりも「書物を抱えること」(10:253)にあることを想起したのである[42]。

　しかし、人文主義の教養と学問は逆に、彼に活動的生活を支持することを促した。すなわち、人文主義者は、たとえば人間理性の限界を強調したピューリタンや[43]、騎士道的な武勇を重んじた中世的な封建貴族とは異なり、政治の実践に学問が不可欠であることを繰り返し強調したのである。ベイコンによれば、知識の目的はまさに「神から授かった理性を人間の利益になり、役立つように用いるため」(O4:31)にあった[44]。それゆえ、「観想」と「活動」の統合を理想に掲げた彼は、学問が人間の精神を「軟弱」にさせ「統治や政治に関わる事柄に向かなくさせる」(9)という「政治家(politiques)」からの根強い批判に反駁を加え、「国家という船」の操縦に学問が不可欠であることを次のように強調した。

「ところが、腐敗が進行した単なる政治家は、学問を通じて彼らの思考が確立され、義務を愛し理解するようになっておらず、あるいはまた、世界全体に目を向けることも決してないので、何事も自分本位に考え、自分自身とその運命が万事の中心であるかのように世界の中心に押し進む。そして、どんな暴風雨に遭っても国家という船（ship of estates）がどうなろうと構わずに、自分自身の運命の小舟にのって生き延びるのである。ところが、義務の重責と自己愛の限界を知る人々は、危険が伴っても彼らの地位を全うし、義務を果たすのが常である」（O4:18）。

さらにベイコンは、他の人文主義者と同様にコモンウェルスの改革を訴え、他方でまた、ユートピア的な発想を峻拒した。たとえば彼は『学問の進歩』のなかでイングランド法の改革を提唱したが、ここで注目すべきことは、彼が登場人物モアと同様に、哲学者による法律論の空想的な性格を強く批判したことであろう。彼によれば、哲学者は「架空のコモンウェルス」のための「架空の法律」を論じており、したがって「かれらの議論はあまりにも夜空に高くありすぎるために、僅かな光しか送ってこない星に似ている」（O4:180）。ベイコンはまた、思弁的な理想論が逆に、実践の足枷となることを強調するために、次のようなキケロのアフォリズムを繰り返し参照した。「カトーの意見は立派であるが、時としてコモンウェルスに害を与えることがある。なぜなら、彼は頽廃したローマではなく、あたかもプラトンのコモンウェルスにいるかのような意見を吐くからである」。ベイコンは、このアフォリズムを哲学者の「極端な」理想主義に対する警告（O4:17）として、あるいはまた、賢明な助言も「時と場合を弁える」（6:630）べきことの教訓として引用したのである。

以上述べてきたように、ルネサンス期イングランドにおける活動的生活と観想的生活の是非をめぐる論争のなかで、「学問の進歩」を目指したベイコンは、活動的生活論を擁護し、政治における学問の必要を強調した。他方でまた、このことを敷衍すれば、伝統的なベイコン解釈に対する大きな疑問が新たに湧いてこよう。すなわち、コモンウェルスに対する政治的義務を主張した人文主義的なベイコンの政治学は、プラトンの『国家』を起源とするユートピア思想の系譜のなかに還元できるのであろうか、という疑問である。終章で改めて検討するように、ベイコンが少なくとも活動的生活の実践を試みる限り、みずから批判の対象としたユートピア作品を執筆する蓋然性は極めて低かったのではないだろうか。

もっとも、この時代の活動的生活論に内在していた実践可能性の問題は、ベイコンをはじめとする人文主義者にとって依然残された課題であり続けた。次節では、エリザベス期におけるベイコンの活動的生活と思想形成の過程を具体的に追跡する。政治と学問の実践を目指した彼が、のちの『学問の進歩』において伝統的な政治学の枠組みを組み直す以前に、どのような思想的課題や政治的諸問題との格闘を迫られたのかを明らかにしたい。

第二節　エリザベス一世期におけるベイコンの活動的生活　一五八一―一六〇三

一五六一年、国璽尚書ニコラスの末子として生まれたベイコンは、ケンブリッジ大学やグレイ法学院で修得した古典古代の教養と法的な専門知識を武器にしながら、他の人文主義者と同様に活動的生活の実践を試みた。彼はまた、七六年から在フランス大使エイミアス・ポーレット（Amias Paulet）の随員となり、父ニコラスが突然死去するまでの二年半、宗教戦争による混乱の最中にあったフランスを実際に観察する機会を得た。帰国の後、八一年にはコーンウォールのボシニ選出の議員として初当選を果たす。彼によれば「わたしの生まれや教育は、わたしを国政に馴染ませた」のであり、この時期の彼は、まさにキケロの『義務論』が指し示した通りに「故国というものは、他の世界よりも当人に特別な要求をするものと考えていた」のである（8:85）。

しかしながら、コモンウェルスに対する義務と役割の実践を試みるなかでベイコンは、活動的生活の理念を脅かす諸問題に次々と直面することになる。本節では、君主制国家イングランドという所与の現実のなかで、エリザベス期のベイコンが実際に遭遇した政治的諸問題、すなわち、宗教、王権、貴族に関連した三つの問題に即しながら、彼の思想的な格闘の過程を剔出する。同時にまた、プロテスタンティスムの「天職」や中世的な「騎士道」の理念との比較を通じて、人文主義的な活動的生活論の特徴をより明らかにしてみたい。さらに、次節以降への展望として、ベイコンをはじめとする人文主義者が活動的生活論を擁護しながらも、都市共和国とは異なる君主制国家の宮廷社会のなかで、その内容の読み替えを迫られたことも重ねて指摘されるであろう。

一　ベイコンと宗教問題

周知のように、イングランドはヘンリ八世の離婚問題に端を発した宗教改革を経て、エリザベスによる一五五九年の国王至上法および礼拝統一法、六三年の三八ヶ条の信仰箇条（七一年に三九ヶ条となる）および審査令の制定によって国教会体制を確立した。しかしながら、大陸のような内乱を惹起しないまでも、急進的な教会改革を求めた「ピューリタン」[45]やカトリックの党派活動によって、依然として国内の政情は大きな不安要因を抱えていた。このような情況下で、エリザベスをはじめ、秘書長官ウィリアム・セシルや国璽尚書ニコラス・ベイコンらは、コモンウェルスの維持を優先課題とし、内面における信仰と外面のそれを区別して、実際の行動に現れた宗教活動のみを取り締まる政治的な寛容政策を採用した。[46]この立場から、たとえばセシルは『イングランドにおける正義の執行（*The Execution of Justice in England*, 1583）』のなかで、七〇年のローマ教皇によるエリザベスの破門以降、次第に強化されつつあった政府のカトリック政策をみずから弁明した。すなわち、彼はこの段階においてもなお、カトリック教徒の処刑は信仰上の理由に依らず、あくまでもコモンウェルスに対する反逆罪に基づくと主張したのである。セシルによれば、「女王に対する忠誠と服従を告白する」限り、「宗教上対立する見解のゆえに何ら反逆罪に問われ刑罰を課せられることはなく、あるいはまた、反対の意見であっても、それが反逆を肯定するものでなければ意思に反して良心を調べられることはない」のである[47]。

イングランドの政治世界におけるベイコンの最初の発言は、このような宗教論争の渦中でなされた。彼は一五八四年、エリザベスに宛てた書簡のなかでカトリック対策を論じ、セシルや父ニコラスと同様に、コモンウェルスの維持を目的とした政治技術的な観点から宗教政策論を展開した[48]。すなわち、ベイコンはカトリックの処刑や信仰の強制を主張するのではなく、「殺害は何の効果をもたらさない」（8:50）との認識に立脚して、説教や教育を通じた平和的な手段によるカトリック勢力の弱体化を優先課題としたのである。このような、大陸の「ポリティーク」に似た彼の論理は、『この一五九二年に出版された中傷文に対する考察（*Certain Observations made upon a Libel published This Present Year*, 1592）』のなかでも貫かれた（153）。そのなかでベイコンは、エリザベスやセシルの宗教政策を擁護し、それが「良心」を「強制」せず、党派活動や王権批判など「明白な不服従のみ」を罰してきたことを改めて強調したのである（177-8）。

以下では、この宗教論争のなかでベイコンやセシルが示した思考様式の特徴をより明らかにするために、とくにプロテスタンティズムの「天職（vocation）」および「召命（calling）」論との比較を試みる。ウェーバーの議論を紹介するまでもなく、ルターの聖書翻訳やカルヴァンの予定説に由来する天職概念は、世俗的職業の実践が神の救済を確証づける必要条件と規定されたことにより、高度な宗教的意義を孕むことになった。たとえば、ウィリアム・パーキンス（William Perkins）は『天職論（*A Treatise of the Vocations*, 1602）』のなかで、「天職」を「共通善のために神によって人間に課され定められた、特定の生活形態」[49]と定義した。パーキンスはまた、天職をコモンウェルスや教会や家という各種の社会を基盤とする職業として位置づけた。そのため、たとえば「修道士」は、浮浪者や悪党などとともに反社会的な性格のゆえに非難され、他方でまた、「為政者」は「臣民」とともにコモンウェルスの基礎を形成する天職として位置づけられたのである。[50]

ルネサンス期のイングランドには、このような宗教改革を契機とした天職論と、古典古代を起源とする人文主義の活動的生活論をはじめとする、複数の異なる職業倫理が併存していたと考えられる。もっとも、これとは逆に、プロテスタンティズムと人文主義に関する最近の研究は、両者の思想的な相関関係を強調する傾向にある。たとえばM・トッドは、エラスムスを中心とした北方ヨーロッパに特徴的なキリスト教人文主義の研究を通じて、活動的生活論がプロテスタンティズムの社会活動の理念に影響を与えたことを指摘した。[51]また、ペルトネンは語彙の共有を論拠として、一六世紀後半から一七世紀前半における両者の「密接な連関」を主張した。[52]けれども、たとえばポーコックが示唆するように、宗教的義務を鼓舞するプロテスタンティズムの議論が、異教起源の人文主義とは本質的に異なることは、やはり強調されるべきではないだろうか。[53]たとえば、パーキンスによれば、天職には二種類あり、「為政者」や「臣民」としての「個別的」な天職は、あくまでもキリスト者としての「一般的」な召命と対立する場合は退けられるのである。[54]

このようなキリスト者としての義務を端的に強調した議論として、たとえば、メアリ期の宗教改革者ジョン・ノックス（John Knox）の抵抗論が挙げられる。ノックスは『女性による奇怪な統治に対する最初のラッパの響き

（*The First Blast of the Trumpet against the Monstrous Regiment of Women*, 1558）』および『貴族に対する訴え（*Appellation to the Nobility*, 1558）』のなかで、カトリックの女王メアリを「残虐な怪物」と称し、彼女に対する不服従と抵抗を説いた[55]。ノックスによれば「簒奪や暴力や暴政によって権力を獲得したあらゆる人物」を「即座に追放する」ことは、「民衆」や「貴族」を含め、「あらゆる人々に共通する天職」に関わる「義務」であった。これとは逆に、天職に背いた場合には、「国王」や「主要な支配者」だけでなく、「あらゆる人々」に対して神罰が下される[56]。こうして、ノックスは各人の天職と宗教的義務を想起させながらメアリの「殺害」を教唆し、あくまでも「神の栄光」を「生命」よりも優先すべきことを訴えたのである[57]。

もっとも、P・マーシャルによれば、内乱期以前の召命論はもっぱら階層秩序の維持を前提に用いられ、のちにレヴェラーズが主張したような急進的な体制変革の議論を喚起しなかったとされる[58]。たしかに、国教会体制がほぼ定着したベイコンの時代には、「ピューリタン」はあくまでも国教会内部の改革派であり、メアリ期のノックスのような急進的な抵抗論を積極的に主張した訳ではなかった[59]。しかしながら、以下でも指摘するように、活動的生活論を支持したベイコンの宗教論のなかに、登場人物モアが述べたような政治的妥協を可能とする「洗練された政治哲学」の契機があるとすれば、これとは逆に「真の宗教」を目指し、不服従や抵抗の契機を潜在させた「ピューリタン」の思考様式との質的相違は、やはり見逃せないのではないだろうか[60]。

エリザベス期の「ピューリタン」は実際に、政府の対カトリック政策や聖職服着用問題をはじめ、たとえばエリザベスの結婚や王位継承者の選定をめぐる論争のなかでも態度を硬化させた。なかでも、ピーター・ウェントワース（Peter Wentworth）は、一五八七年に最初に執筆された『王位継承者の決定に関する女王陛下に対する勧告（*A Pithie Exhortation to Her Maiestie for Establishing Her Successor to the Crowne*）』のなかで、エリザベスに君主という「高貴な天職」の義務を果たして継承者を決定することを強硬に迫り、自身の殉教の可能性も否定しなかった。[61] 彼によれば、「君主の怒りはライオンの咆哮の如く、まさしく死の告知者」であるが、「君主の感情を害することに対する恐れは、神や君主、そして故国に対する不可欠にして有益な名誉ある奉仕の実行を妨げることはない」。[62] さらに彼は、この問題を九三年の議会で取り上げようと試みて投獄されたが、獄中で八ヵ月以上も過ごした時点でなお、枢密院宛の書簡のなかで自己弁護を続け、「神がわたしの両眼を開いて曇りのない情景を見せて下さり、そのうえで、わたしが議会の人間であるとすれば」王位継承を問題にせざるを得ないと訴えた。[63]

このような、ノックスやウェントワースの議論に端的に象徴される「ピューリタン」の主張に対してもまた、ベイコンは、あくまでもコモンウェルスの維持を優先課題として政治的妥協と相互理解を求めた。たとえば一五八八年、偽名作者マーチン・マープレリット（Martin Marprelate）は、地下の秘密出版所を通じて国教会の高位聖職者を批判する一連のパンフレットを出版し、これに対して政府および国教会は直ちに反論を提出して当事者の弾圧に乗り出した。[64] ベイコンもまた、翌年に『イングランド教会の論争に関する勧告（*Advertisement touching the Controversies of the Church of England*）』を執筆し、「政治的人間（politic man）」の立場から、「熱狂」に動かされた「興奮したキリスト教徒」に対して「助言と忠告」を与えた（8:75-6）。すなわち、論争の内容が「非本質的（indifferent）」であると判断した彼は、「ただ唯一の教義ばかりを深刻に考え、関心を集中させる人々」を「より深い省察に導き」、お互いが「いかに近い存在であるか」を認識させようと試みたのである（87）。

このような立場からベイコンは、「ピューリタン」と国教会指導層の双方に対して、「感情的で兄弟愛に欠けた」（8:79）論争の過熱化を批判した。たとえば彼は、急進的なジュネーヴの教会制度を模範とする改革派に対して、「最善なものではなく、最適な次善のものを」（84）という政治的な観点から、それぞれの国家に適した制度を是とした。彼はまた、聖書を金科玉条とした改革派の問題点として、彼らが「熱狂」のあまり「他者」を蔑視し、他方で「教義上のあらゆる論争点」に民衆を巻き込むことを批判した（90-4）。さらに彼は、カンタベリー大主教ジョン・ホイットギフト（John Whitgift）やリチャード・バンクロフト（Richard Bancroft）の指揮下で抑圧に転じた国教会に対しても、論争の原因となった教会内部の「腐敗」（80）を指摘し、改革派に対する態度の軟化を求めた。すなわち、ベイコンは「人間の怒りは神の正義を実現しない」との立場から、取り締まりの「苛酷さ」を批判し、「健全な」説教を通じた「平和的」な問題解決を訴えたのである（86-90, 94, cf. 6:384）。

このように、ベイコンはエリザベス期における宗教論争を通じて、コモンウェルスの維持を優先課題とする「政治的人間」の立場から、「永遠の真理」をめぐる宗派間の教義論争や宗教的熱狂とは一線を画した。のちに彼は『政治道徳論集』のエッセイ「宗教の統一について（Of Unity in Religion）」のなかで、一五七二年の聖バルテルミの虐殺や一六〇五年の火薬陰謀事件を振り返り、古代の詩人（ルクレティウス）がそれを目撃すれば、「実際の七倍もエピクロス主義者になり、無神論者になったであろう」（O15:14-5）と述べた。しかしながら、活動的生活を支持したベイコンの課題は、エピクロスやルクレティウスが選択した観想的生活に退避することにはなかった。まさに「苦難の劇場」（8:189）と化した隣国フランスの宗教戦争を目撃した彼は、あくまでも、宗教論争が過熱してイングランドが同様の内乱情況に陥ることを事前に回避しようと試みたのである。彼によれば、「王侯を殺害し、民衆を虐殺し、国家や政府を転覆するという残虐な忌まわしい所業」は、「人間社会の絆」である「宗教の本義」から明らかに逸脱していた（15, 11）。このような彼の主張はまた、「最善なもの」よりも「最適な次善のもの」を優先させる実践可能性と比較考慮の観点を有した人文主義と、これとは対照的に、「神の栄光」を目的とした「不服従」と「抵抗」の契機を潜在的に孕んだプロテスタンティズムとの思考様式の相違を端的に物語っていよう。[65]

二　王権と議会

ところが、以上のような宗教論争のなかで政治活動を開始したベイコンは、他方でまた、活動的生活の理念それ自体の実践可能性の問題に早くも直面することになった。すなわち、古典古代やイタリアの都市共和国とは異なる、北方ヨーロッパの主権国家における王権の存在である。エリザベス期のこの時期に限って、おそらくただ一度だけなされたベイコンの発言によれば、「世俗の国家のなかでは、おそらく共和国が王国よりも優れた政体（policy）」であった（8:85）。しかしながら、先に紹介した『イングランド教会の論争に関する勧告』のなかで、実現可能性の観点からジュネーヴの教会制度の導入を批判した彼は、続けて「けれども、神は合法的な諸王国が変革され、別の政体に変化することを禁じている」（85）と主張して、あくまでも君主政体を擁護した。ところがベイコンは、この君主制国家イングランドの議会において、ウェントワースと同様に「女王の怒り」を買い、突如として政治活動の機会を喪失することになった。以下では、ベイコンが議会の活動を通じて王権の問題に直面するに至った過程を考察しながら、そのうえで、彼が活動的生活論の新たな読み替えを迫られたことを指摘したい。

エリザベス期の議会は当時、いまだ定例開催ではなかったとはいえ、宮廷の枢密院とともにイングランドにおける政治的コミュニケーションの中心的な場であった。トマス・スミスは『イングランド人のコモンウェルス』のなかで、議会を「イングランド王国における至高にして絶対的な権力」が存する場所と定義した。[66]また、ジョン・ヴァウエル（John Vowell）の『イングランド議会における秩序と慣行（*The Order and Usage of the keeping of a Parliament*, 1572)』によれば、それは「至高にして枢要なもっとも偉大な法廷」であった。[67] もっとも、スミスによって王権も同様に「絶対的」と定義されたことに象徴されるように、[68] エリザベス期の国制は国王大権と臣民の自由との「均衡」の上に成立しており、たとえば宣戦講和や貨幣鋳造権、官職任命権等は王権に属し、立法や課税に関しては議会の同意と国王の承認がともに必要であると考えられていた。[69] ベイコンもまた、このような見解を踏襲し、ジェイムズ期に至っても、たとえば一六一〇年の議会演説のなかで「国王の統治権と議会の自由はこの国家の二つの要素であり、原理である」(11:177, 203)ことの確認を議会に求めたのである。[70]

他方でまた、以上の国制論とともに、これもまたスミスの議論に見られた伝統的な「コモンウェルス」の理念が、ベイコンの時代にも継承されていたことも確認しておきたい。たとえば、ヘンリ八世期のトマス・フロイド(Thomas Floyd)は『完全なるコモンウェルス(*The Picture of Perfit Commonwealth*, 1600)』のなかで、トマス・エリオットの議論を踏襲した。すなわち、エリオットの『統治者論(*The Boke named the Gouernour*, 1531)』によれば、「パブリック・ウィール(public weale)」は「衡平の秩序に基づき、理性の規則と節度によって統治される、たくさんの身分と階層から成立する、まとまりのある生命体」であった。[71] フロイドは、このエリオットの定義を繰り返し、その語源をラテン語の「レス・プブリカ」に求めた。[72] さらに、キケロの『義務論』の一節を引用して「われわれは自分自身のためにではなく、われわれの故国や近親者、友人、両親のためとなるよう生まれてきた」と述べたフロイドの議論は、明らかにコモンウェルス論の継続を示していよう。[73]

前節でも示唆したように、エリザベス期の議会のなかでベイコンは、スターキやスミスらと同様に、コモンウェルスの改革を目指した。たとえば、ベイコンは一五九三年議会において、対スペイン戦争に備えるために政府から提出された三特別税法案に関して、法案自体には賛成しながらも、民衆の経済状態を考慮すると六年間での支払いは「不可能」であると指摘した。当時の『下院日誌（*Commons Journal*）』には、直後に政府側からの集中砲火を浴びることになる彼が、次のように演説したことが記録されている。

「（特別税の支払いが）不可能であることについて。貧民の地代は彼らが支払える額ではなく、当座の工面はできない。ジェントルマンは彼らの食器を、農夫は彼らの真鍮のポットを税を支払う前に売り払わなければならない。われわれに関して言えば、われわれは王国が被った損傷を調査するためにここにいるのであって、傷口を拡げるために集まっているのではない。したがって、彼らが実際以上に豊かであるなどと思い違いをしてはならないのである」（8:223）[74]。

また、九七年議会においては、三年前から続いていた食糧不足の深刻化を背景に、経済政策に対する期待が高まり、かつてモアが『ユートピア』第一部で問題に挙げたエンクロージャーによる農村の人口減少問題が一つの争点となった[75]。ベイコンはこれらの議論の先陣を切って、農民の保護を目的とした二つの法案を提出している。彼はこの法案が招く反発を予想して、次のような論陣を張った。すなわち、この法案は「広大な土地を囲い込み、町全体をも引きずりこんで、それらを牧羊地に変えてきた貴族の方々には悪と偏見に満ちたものと思われるであろう」。しかしながら、「人口の増加とコモンウェルスの利益を考慮すれば、わたしは、すべての人が過去の苔むした法律の復活を、この点で称賛に値すると考えるであろうことを疑わない」。なぜなら、「政治的な事柄においては、善をもたらす悪は悪と思われるべきではない」からである。こうして彼は「町全体が人で満ち溢れる代わりに、イングランドもまた、ただ緑の草原と牧夫と牧羊犬ばかり」となりかねない事態を警告したのである（9:82）。

しかし、コモンウェルスの改革を目指したこれらの議会活動にも拘わらず、ベイコンは逆に「女王の怒り」を招き、活動的生活の危機に直面した。なぜなら、ベイコンは、とくにウェントワースの投獄で幕を開けた九三年議会で、王位継承問題にこそ触れなかったものの、政府の提案に対して批判的な態度をとり続けたからである。先に挙げた特別税法案に関する反対演説の前にも、彼は課税に関する下院の伝統的な先議権を主張して、ヘンリ八世期の先例を引用しながら、ウィリアム・セシルを通じて貴族院からなされた両院協議会の提案を拒否した。ベイコンによれば、仮に貴族院からの提案に応じれば「われわれは自ら破滅するであろう」。「というのも、彼らが第一動者であるがゆえに、感謝は彼らのものとなり、われわれには恥辱が残るであろうから」[76]。この提案は、ロバート・ロス（Robert Wroth）やロバート・ビール（Robert Beale）、ヘンリ・アントン（Henry Unton）ら下院議員の多数の支持を獲得したものの、政府側の議員たちから、政治的な「必要」を論拠にした批判を浴びた[77]。なかでも、ウォルタ・ローリは、スペインの脅威を強調して特別税の「必要」を強く訴えた。また、のちにベイコンとともに枢密顧問官となるフルク・グレヴィル（Fulk Greville）は、「大きな必要」がある場合には「過去の事例は規則とならない」として、先例は「否定されるべきではないが、同様にまた永遠であるべきもでない」と主張した[78]。

コモンウェルスの繁栄を考慮して特別税の支払いが「不可能」であると指摘した先のベイコンの演説は、このような政府側の反撃に油を注ぐ結果となり、今度は他の下院議員からの支持もなく、彼は集中砲火を浴びることになった。たとえば、副侍従長トマス・ヘニッジ（Thomas Heneage）は、これまでの実績を見れば税の取り立ては「困難」ではなく、民衆の宗教心と忠実さを考慮すると「不満」は生じないとしてベイコンの主張を退けた[79]。ヘニッジはまた、ローリとともに、事態が切迫して危険が増していることを強調した。さらに、ウィリアム・セシルの息子であるロバートは、目前にある「危機」への対処が「貧困」対策よりも優先されるとして、「仮にわれわれが貧困だとしても、現時点ではわれわれが大きな危険に陥っていることを考慮すべきであって、どちらかを選ぶとすれば、両者の間でより害悪が少ないほうを取らなくてはならない」とベイコンを批判したのである。[80]

このようにしてベイコンは、九三年議会における批判的な態度が原因となり、アントンとともにエリザベスの怒りを招いた。しかしながら、ベイコンはエリザベスに謝罪することはなかった。また、ウィリアム・セシル宛の書簡でも、当の議会演説は「ただ、わたしの良心を満足させるために」行ったもので、政府案の破棄を意図したものではなく、むしろ演説の内容はすべて「女王陛下と陛下に対する奉仕に向けられた義務と熱意の表れ」であったと記して、あくまでも自己の正当性を主張し続けた（8:234）。その結果、ウェントワースのように投獄されはしなかったものの、ベイコンは宮廷での拝謁を禁じられた。また、当時エセックス伯の後援を得てエドワード・クック（Edward Coke）と競っていた法務長官職の獲得にも失敗し、さらにはクックの後を襲って法務次官に就任することも叶わなくなった。こうしてベイコンは、まさに「奉仕」と「義務」と「熱意」の対象である君主みずからの意向によって、活動的生活の可能性を打ち砕かれたのである。それゆえ、彼の内面世界は動揺を見せ始めた。すなわち、このような「誰も味わったことのない惨めな不名誉」によって、ベイコンはバートンと同様に「メランコリー」に襲われ、エセックス宛の書簡のなかで観想的生活への隠退を仄めかすようになったのである。

「わたしは神の導きによって、不幸な運命に遭遇しました。けれども多くの尊敬すべき立派な人々の高尚な見解に安らぎを覚えながら、幾人かの連れとともにケンブリッジへ身を引いて、後を振り返ることなく、その場所で学究と観想にわたしの人生を費やしたいと考えています」（8:291）。

ルネサンス期イングランドの議会は、活動的生活の一つの舞台であった。しかしながら、君主制国家イングランドでは、都市共和国とは異なり、議会はあくまでも王権との「均衡」の上に成立しており、他方で「国王の怒り」は依然として「死の告知者」であった。エリザベス期のベイコンは、このような君主制国家における活動的生活の実践可能性の問題に直面した。そのため、彼の内面世界は、モアがすでに『ユートピア』のなかで描いていた活動的生活と観想的生活をめぐる緊張を新たに孕むことになったのである。けれども、この時点においてベイコンはまだ、ヒュトロダエウスやバートンのように観想的生活に撤退してユートピアを構想するには至らず、また、ウェントワースのようにプロテスタントの天職に奉じてロンドン塔に収監されることもなかった。ベイコンは、セシル親子に対抗して新たに登場した寵臣エセックスの党派に身を寄せながら、宮廷進出の機会をなおも窺い続けた。しかし、ここで注目すべきは、以上の経験を重ねたベイコンが、宮廷社会の現実に即した活動的生活の読み替えを行ったことであろう。[81]以下で述べるように、ベイコンの政治経験は、貴族的な「騎士道」の理念を体現したパトロンのエセックスに対する助言のなかで新たに活かされたのである。

三　ベイコンとエセックス

中世の封建貴族や騎士階層の精神的支柱であった「騎士道」の理念は、ヘンリ七世の即位を一つの基点とする封建社会から中央集権国家への移行の過程で、その社会的基盤を失い、次第に衰退していった。これに対して、新たな為政者の行為規範として浸透したのが、古典古代の教養と学問を重視する人文主義の活動的生活論であった。たとえばベイコンは、一五九五年にグランド・ツアーに出発した、のちの第五代ルトランド伯ロジャー・マナーズ（Roger Manners, 5th Earl of Rutland）宛の書簡のなかで、「まったく教養のない」伝統的な貴族を批判した。ベイコンによれば、イングランドの貴族はかつて「彼らの子息を猟犬を訓練するかのように育て、彼らが鹿を狩れば、それで充分に賢いと考えた」。これに対してベイコンは、「繁栄した国家」では「学問」も活発であることを強調し、他方でまた、学問の衰退はむしろ国家の「内乱」や「腐敗」に原因があると指摘した。したがって彼は、マナーズに対して歴史をはじめとする自由学芸の修得を薦め、「貴方をみずから磨き上げ、他者に対して善を施すための政治学（civil knowledge）が、研究や交際、観察を通じて追求されねばなりません」と助言したのである（9:11-2, V96:73）。

ところが、エリザベス期における相対的な政治的安定と、繁栄を享受した新しい世代の登場は逆説的に、貴族的な騎士道精神をイングランドに甦らせた[82]。人文主義の活動的生活論とはまさに対照的に[83]、武勇の発揮に名誉を求める騎士道は、敵国スペインの脅威や女王崇拝熱の昂揚などの要因も重なり、とくにフィリップ・シドニーや、ベイコンのパトロンであったエセックス伯のサークルを中心に再生したのである。

もっとも、この騎士道の精神が、ルネサンス期の中央集権的な君主制国家のなかで、新たな読み替えを強いられたことは明記すべきであろう。ベイコンによれば、かつては「広大な所領」と「大きな指揮権」を保有していた封建貴族の勢力は衰退し、「人々は今や、君主と法以外には頼らなくなって」いた（8:173）。したがって、この時期の騎士道には、遍歴の騎士による個人の武勇の発揮よりも、君主やコモンウェルスに対する奉仕がまず第一に要請された。また、エリザベスが対外派兵に消極的であったこともあって、騎士道の精神を発揮する場所は、もっぱら宮廷周辺の模擬的な試合場に限定された[84]。それゆえ、たとえばシドニーの議論には、このような社会的基盤を喪失した騎士道の折衷的な性格が色濃く反映することになった。『アーケイディア（*Arcadia*）』に登場する二人の騎士、武勇に優れたピロクレスと思慮深いムシドラスに象徴されるように、シドニーが理想に掲げた騎士は、人文主義的な教養を兼ね備えた文武両道の騎士であったのである[85]。加えて、シドニーはエリザベス期におけるプロテスタント勢力の象徴的人物でもあった。こうして彼は、枢密院におけるプロテスタント派の指導者レスタ伯とともにオランダの独立戦争を積極的に支援することを主張するだけでなく、騎士道精神の発揮の場を求めてみずから参戦を希望したのである[86]。

しかしながら、シドニーもまた、ベイコンやウェントワースと同様に君主制国家における王権の問題に直面して、騎士道に内在していた両義性を顕在化させた。すなわち、エリザベス期における騎士道の再生には君主に対する服従が絶対条件であったにも拘わらず、シドニーはフランス王アンリ三世の弟アランソン公とエリザベスの結婚問題に反対したために宮廷から追放されたのである。ここで注目すべきは、シドニーがその後、ベイコンやウェントワース、バートンが選んだ道とは異なり、戦場における武勇の発揮を名誉とする騎士道本来の精神を追求したことであろう。こうして一五八六年、オランダのザトフェンにおけるシドニーの戦死は、騎士道理念の高揚の頂点を示す出来事となった。他方で、同じザトフェンで戦功を挙げ、シドニーのサークルを継承し、新たに「騎士道の華」として讃えられた人物こそベイコンのパトロンとなるエセックス伯であった。

エリザベス朝末期の宮廷に彗星の如く現れた第二代エセックス伯ロバート・デヴルー（Robert Devereux, 2nd Earl of Essex）は、一五九〇年前後にレスタやウォルシンガムをはじめ有力な廷臣が相次いで死去するなかで、パトロネジを通じて自己の党派を拡大し、一躍セシル親子に匹敵する権勢を誇るようになった[87]。ベイコンは、エリザベスとセシル親子から冷遇されながらも、他方で兄アンソニーとともにエセックスの党派に新たに身を寄せて宮廷進出の機会を窺った。ところが、ベイコンとエセックスが接近するに従って逆に顕著となったのは、両者の政治思考の相違であった。すなわち、人文主義的な活動的生活を実践するベイコンやセシル親子とは異なり、エセックスは騎士道的な軍事面での功名を第一に目指したのである。エセックスは九八年、アンソニーに宛てた

『エセックス伯の弁明（*Apologie of the Earle of Essex*, 1603）』において、みずからを「苦難や危険、名誉」を求め、「自己の利害よりも公共の利益」を愛する「戦士（men of war）」の一人であると自負した。彼によれば、軍隊は「自堕落に至る学校」ではない。なぜなら、「戦場での野営は、そのあるべき姿においては、真の宗教心を起こし、敬虔や誠実が正しく実践される最善の学校」だからである[88]。

エセックスは「戦士」として、シドニーがオランダに対する軍事的支援を主張したのと同様に、対スペイン戦争やアイルランド遠征に対する強い意欲を何度となく表明した[89]。これに対して、エリザベスは好戦的なエセックスに警戒心を抱いた。他方でベイコンは、このような情況を察知して、自覚的な役割演技の必要を以下のように説いた。たとえば、九六年、ベイコンはエセックスの威勢が与えかねない「危険な印象」を取り除くことを助言した。「統御できない性質のひと、……その偉大さに基づかない所領を有する人物、民衆に人気があり、軍の力に依存する者。あらゆる君主、ましてや女性、なかでも陛下のような洞察力に優れた方にとって、これほどまでに危険な印象を与える人物像があるでしょうか」(9:41)。このような「統御できない」性格という評価を回避するためには、女王の意向には素直に従うべきである。また、軍事力を背景に権勢を鼓舞しているとの印象を避けるために、軍の実質的な権限を握りながらも、女王にそれを誇示することがないように注意すべきである。さらに、警備長官（Earl Marshal）や砲兵総監（Master of Ordnance）といった武官職は避けて、文官職である王璽尚書（Lord Privy Seal）を求め、むしろ「書斎的で観想的な人物を装う」(44) 方がよい。このようにエセックスに周到な役割演技を求め、エリザベスに対する恭順を印象づけることの重要性を説くベイコンの助言には、おそらく三年前の議会における政治的教訓が反映されていたであろう[90]。

しかしながら、エセックスは、このような「貴族の名誉と野心」と「君主に対する服従と義務の要請[91]」との緊張のなかで、前者の印象を与えかねないとベイコンが危惧した二つの武官職に就任した。九九年にベイコンは、エセックスがアイルランド総督として臨んだ最後の遠征の直前にも警告を繰り返した。「功績は名声よりも価値があり」、「服従は犠牲に優るという格言を思い起こしてください」。「というのも貴方個人の冒険によって名声や栄光を求めることは、一兵卒として勇名を馳せることであっても、総督としては相応しくないのです」。「優雅さ」よりも「規律正しさ」、「功を急ぐこと」よりも「機を捉えた安全な行動」、「戦力の展開」よりも「術策の組み合わせ」、「名誉の獲得」よりも「当面の仕事の完遂」、プロテスタントの「大義名分」を掲げるよりも「立派な心構え」を持つこと（9:132）。これらを強調するベイコンがエセックスに求めたものは騎士道的な名誉ではなく、あくまでも堅実な義務の遂行であった。

　のちにアイルランド遠征に失敗して窮地に陥ったエセックスが、ロンドンでの蜂起を企てて反逆罪に問われた際に、ベイコンはパトロンのエセックスを「女王の寵愛を他ならぬ野心の翼とした」（9:248）と評して断罪する側にまわった。このことは、晩年の収賄事件とともに、同時代から現在にまで続く悪評の原因となった。[92] しかし、「名誉の獲得」を求めたがゆえに発生したエセックスの反逆は、少なくともベイコンがすでに抱いていた危惧の現実化に過ぎなかった。このことは、九七年に初版が出た『政治道徳論集』のエッセイ「名誉と評判について（Of Honour and Reputation）」における彼の言明からも確認できる。すなわち、「行動によって名誉と評判を追い求める者もあるが、こうした人々は一般に大いにもてはやされるが、心から称賛されることは殆どない」（O15:163）。彼にとって「名誉」とは、あくまでも「徳と真価を発揮すること」によって得られるものである。したがって、臣下の名誉として高く評価されたのは、「戦争の指導者（duces belli）」よりも「政務の関与者（participes curarum）」であった（163, 165）。ベイコンはまた、のちに『エセックス伯に関する弁明（*Apologie in Certain Imputations concerning the Late Earle of Essex*, 1604)』のなかで、「女王を動かすものは、ある種の必要と権威だけだという固定した意見を有した」エセックスとの会話を想起し（10:144）、両者の思考様式の相違が表面化した場面を次のように描写した。

「わたしはよく憶えていますが、彼は乱暴なやり方で自分の意志を実現するといつも、わたしに向かって『ところで、誰の原理が正しいのでしょうか』と尋ねたものでした。すると、わたしは彼に答えて言ったものです。『閣下、このようなやり方は熱湯に似ていて、激痛には役立ちましょう。けれども、もし閣下がそれを使用すれば胃を壊します。そして、閣下は仕方なくこの方法をますます強化していくことでしょう。けれども最後にはその効果が弱まってしまうのです』」（144-5）[93]。

以上のように、エリザベス期のベイコンは、人文主義的な活動的生活の実践を試みるなかで、同時代における諸問題、すなわち宗教、王権、貴族に関する君主制国家イングランドに特有の政治問題に直面した。このなかでベイコンは、「最適」な選択を優先させる政治的な観点から、「天職」論に象徴されるような「不服従」と「抵抗」の契機を潜在させた宗教論争の「熱狂」とは一線を画し、「騎士道の華」と呼ばれたエセックスに対しては「統御できない性質」を抑え、「名声よりも功績」を求めるよう助言した。他方でまた、とくに騎士道に見られた両義性の問題は、まさに活動的生活論そのものにも内在していた。ベイコンは実際に、議会のなかで王権の問題と衝突し、「女王の怒り」に触れて活動的生活の実践が困難となった。このような経験をもとに、ベイコンが、かつて登場人物モアが提示した「演技の哲学」をエセックスに説き、エリザベスに対する恭順を示す必要を強調したことに象徴されるように、活動的生活論もまた、宮廷社会の現実に適応するように読み替えられる必要が生じたのである。第二章以下では、このような価値と可能性の問題に関わる新たな課題を前に、ベイコン政治学の基本的な枠組みが、どのような意匠のもとに設定されたのかを明らかにする。だが、その前に次節では、ベイコンが同時代に直面したもう一つの思想的課題に触れなければならない。すなわち、一六世紀後半以降のヨーロッパで流行した新ストア主義に代表される、人文主義の内部から再び湧き上がった観想的生活論の昂揚である。

第三節　活動的生活論と観想的生活論（二）——カントリと新ストア主義

一四〇〇年代前半に、フィレンツェの人文主義者によって実践された活動的生活論は、同年代後半になり、新たにメディチ家が支配権を掌握すると次第に衰退していった。プラトン・アカデミーに集ったマルシリオ・フィチーノやピーコ・デッラ・ミランドラを中心とする新プラトン主義者は、サルターティやブルーニらの活動的生活論を覆して、新たに観想的生活の優位を結論づけたのである[94]。また、「宮殿の形をした都市」ウルビーノのバルダッサーレ・カスティリオーネ（Baldassare Castiglione）は、宮廷作法を説いた『宮廷人（*Il cortegiano*, 1528）』のなかで、新プラトン主義の影響を受けながら君主に観想的生活の尊重を薦めた[95]。このように、北方ヨーロッパにルネサンス文化が伝播した時にはすでに、メディチやウルビーノ公が主宰するイタリアの宮廷社会のなかには、観想的生活論が浸透し始めていたのである。

このような観想的生活を尊重する新プラトン主義の影響は、『ユートピア』の登場人物ヒュトロダエウスの議論にも直ちに反映された。さらに、一六世紀後半になると、イングランドの宮廷社会でもまた、活動的生活の価値の相対的な低下が見られた。このことは、ベイコン政治学の立脚基盤をまさに内側から揺るがした。本節では、このような観想的生活論の浸透の例として、とくに宮廷における活動的生活の欺瞞性を強く批判したカントリ論と新ストア主義の昂揚を指摘したい。

このような現象が生じた社会的原因の一つとして、パトロネジを基礎とする宮廷社会に特徴的な政治的資源の分配の問題が指摘できる。ルネサンス期のイングランドでは、都市共和国の広場や選挙を通じた政治参加ではなく、王侯や宮廷内の有力者との人脈を通じた名誉や官職の分配がなされた。官僚制や政党の制度化が欠如した政治社会において、パトロネジは、集権国家が必要とする政治エリートを確保するための唯一の手段であった。他方でまた、広範な政治的感情を吸い上げる効果を持つパトロネジの操作は、充分な物理的強制力を持たないイングランドの政治的安定を保障した。[96] こうして宮廷は、パトロネジを求めるジェントルマンの次、三男を中心とした「大望（aspiring mind）」を有する若者を吸収する「巨大な磁石」の役割を果たしたのである。[97] しかしながら、人口増加を一因とする求官者の増大と、実際に供給可能な官職の数とのギャップは、とりわけ世紀後半になると過度の競争圧力をもたらした。さらに、スペインとの戦争を主原因とする財政難および恩賞の絶対的不足といった事態が加わり、エリザベス期の政治生活は次第に狂騒と無節操の様相を呈するようになった。[98] エリザベスは一六〇一年、古事学者ウィリアム・ランバード（William Lambarde）に対して、次のような言葉を発したと伝えられている。すなわち、「いまや足下の至る所でキツネの狡猾な知恵がはびこり、有徳で信義に篤い人物は殆ど見受けられない[99]」。

こうして人文主義者の活動的生活論は、「キツネの狡猾な知恵がはびこり」、「国王の怒り」が「死」を招きかねないエリザベス朝末期以降の宮廷社会のなかで、以前に増して実践可能性を喪失していった。[100] のちにも指摘するように、暴君ティベリウスやネロに代表される共和政ローマ崩壊後の宮廷の腐敗を描いたタキトゥスの『年代記』

および『同時代史』がエセックスの党派を中心に受容されたことは、このような陰鬱な時代情況をよく象徴している。たとえば、ベイコンとともにエセックスの党派に身を寄せた人文主義者フルク・グレヴィル（Fulke Greville, 1554-1628）もまた、ジェイムズ期になるとロバート・セシルとの確執が原因となって一六〇四年から一〇年もの間に亘って宮廷社会から疎外された。それゆえグレヴィルは『君主制論（*A Treatise of Monarchy*）』のなかで、暴君ネロのもとでついに自殺に追い込まれたセネカの例を挙げ、「もし彼が血に染まったネロのもとを辞したとしても」、「誰がセネカを非難することができようか」と慨嘆した。グレヴィルによれば、「多くの地位ある偉大な人物」は「絶望の時代に身を隠し」、「吹き荒れる嵐」のなかで「統治の艫を運命に預ける」ようになるのである[101]。

観想的生活への撤退は、人文主義者に残された最後の選択であった。たとえば、新プラトン主義者は、世界が「存在の偉大な連鎖」から成立するという宇宙観を前提に、超越的な「一者」から「流出」した神秘的なイデアの世界を観想した[102]。エリザベス期の新プラトン主義の受容と流行は、以上のような腐敗した宮廷社会内部における内面世界への退行の一例として理解できるのではないか。これに加えて、ルネサンス期のイングランドでは、宮廷生活そのものを懐疑の対象とした新ストア主義の受容や、次に紹介するような伝統的なジェントルマンの田園生活の理想が提唱されたことが併せて指摘されよう。

イングランドでは一六世紀以降、一八世紀に至るまで、宮廷生活に対置される「カントリ」の牧歌的な田園生活の理想が詩人に謳われてきた。もっとも、ルネサンス期における「宮廷」と「カントリ」は、のちに「トーリ」と「ウィッグ」と称される一七世紀後半以降の政治的なイデオロギー対立の両極をいまだ形成しておらず、カントリ論はむしろ、宮廷批判を通じた理想的な宮廷像の提示という両義的な性格を有していた[103]。たとえば、宮廷生活を最終的に擁護した議論として、匿名作者による『文明的生活と非文明的生活（*Cyuile and Vncyuile Life*, 1579）』が挙げられる。この作品では、のちに『イングランドの宮廷人とカントリ・ジェントルマン（*The English Courtier and the Country Gentleman*, 1586）』と改題されたことにも示されるように、「古来の慣習」であるカントリの生活と、それとは対照的な宮廷および都市における「文明的」な生活が比較された。[104] そのうえで、この作品では宮廷生活があくまでも支持され、その優越性を結論づける論拠の一つが、コモンウェルスに対するジェントルマンの義務に求められた。すなわち、ここでもまた、スミスやフロイドの議論にも引用されていた「人々は自分のためだけに生まれてきたのではない」というキケロの一節が参照されたのである。[105]

しかしながら、このような議論の裏側に、現実の宮廷に対する強い批判意識が隠されていたことは無視できない。右の作品でもすでに指摘された宮廷と都市の「欺瞞と偽装」[106]は、たとえばニコラス・ブレトン（Nicholas Breton）の『宮廷とカントリ（*The Court and Country*, 1618）』のなかでは、より一層強調されるようになった。この作品ではカントリの生活を理想とする議論の量が宮廷擁護論を圧倒し、「真鍮の面構えと蛇の舌、鷲の爪」[107]を有した宮廷人が全面的な批判の対象となった。そして、これに代わって力説されたのが、「世間の労苦」に煩わされない「カントリ」の「甘美」で「静穏」な生活であった。[108] 他方で、両者の調停を試みた議論として、若い頃のホッブズとキャベンディッシュの共作と考えられる『観察と論考（*Horae subsecivae:observations and discourses*, 1620）』のエッセイ「カントリ・ライフについて（Of a Country Life）」が挙げられる。この作品では、生活の拠点をカントリに置きながらも、「われわれは、われわれ自身のために生まれてきたのではない」ために、「時には」宮廷に出仕すべきことが主張された。[109] けれども、このエッセイにおいてもまた、カントリの生活が、宮廷生活の「欲望と野心」や「喧噪」や「不確かさ」とは無縁の理想的な生活であることが強く印象づけられたことは見逃せない。

すなわち、「カントリ・ライフ」は「都市あるいは宮廷の雑踏や仕事や奉仕からの引退を意味」し、「これらの種類の諸困難からは切り離され、距離を置いた生活様式」であったのである[110]。

他方でまた、新ストア主義は、以上のカントリ論が宮廷に対して物理的な距離を置くことで問題の解消を試みたのとは異なり、内面の精神的な安定を保つことで現実の宮廷社会に対応しようと試みた。この新ストア主義は、内的感情や外的事件に左右されない心の平静、すなわち「アパテイア（apateia）」を理想として、共同体の利益よりも自己の内面の独立を尊重した[111]。ここで注目すべきは、この新ストア主義によって、活動的生活論が前提としたコモンウェルスの理念が明らかな懐疑の対象とされたことであろう。キケロに代わってセネカを新たな典拠とするストア主義の復興は、一六世紀後半の大陸で開始された。それを代表した作品が、オランダの人文主義者リプシウスの『恒心論（*De Constantia*, 1584）』であり、彼の友人であったモンテーニュの『エセー（1580）』であった。たとえば、一六〇三年にジョン・フロリオ（John Florio）によって英訳された『エセー』を読むと、このモンテーニュが伝統的な活動的生活論に対して強い懐疑を抱いたことが認められる。

「孤独な生活と活動的な生活を比較する、あの使い古された論争からは遠ざかろう。『われわれは、われわれのためにではなく、公共善のために生まれてきた』という結構な文句に関して言えば、野心と貪欲がその裏に姿を隠している。われわれは思い切って公務に仕えている人物に判断を委ねてみよう。そして、地位や責務や世間の苦労が公共のためではなく、むしろ逆に、公共の財産から私的な利益を引き出すために乞われているのではないか、彼らの良心に訴えてみよう[112]」。

モンテーニュは、この一文で活動的生活論の拠り所であったキケロの「われわれは自分のためだけに生まれてきたのではない」という一節を取り上げ、それが、まさに野心を隠蔽する巧言として用いられている現状を鋭く批判した。このような価値転倒の情況下で、彼にとっては「ミシェル」個人であることが、公務よりも優先された。活動的生活の理念は、彼によれば「われわれを、われわれ自身から逸脱させ遠ざける」。これに対して、ボルドー近郊の城館に籠った彼が必要とした「責務」は、「各人が自分で自分の行動を導くこと」にあった。⑬

「ところで、われわれは独りで、仲間たちとは離れて生きようと企てるのであるから、われわれは満足を自分自身から引き出そう。われわれを他人に結びつけるすべての絆を振り払おう。己に打ち克ち自分を獲得せよ。そうすれば、本当に孤独な生活を送ることができるであろうし、安らいで生きることができるだろう」⑭。

したがって、モンテーニュが掲げた格言は、キケロではなく、セネカの「自分自身の友人である者は、万人の友であることを知れ（qui sibi amicus est scito hunc amicum omunibus esse）」であった。⑮もっとも、彼はボルドーの市長を一五八一年から二期四年に亘って務めたこともあった。しかしながら、『エセー』の記述を信用するならば、彼は宗教戦争の渦中にあってもなお、公務の遂行を決して怠らなかったが、かといって積極的な改革に乗り出すこともなかった。「わたしは維持して継続する以外のことをしなかった」。なぜなら、「革新はとても輝かしいが、われわれが刷新によって圧迫され、われわれ自身を刷新に対してのみ守らなければならない時代には、革新は禁止される」からである。⑯彼にとって、ボルドーを離れていた時に選出された「市長」としての横顔は、あくまでも自分とは別の「仮面」であり、「市長とモンテーニュ卿ミシェルは、いつも二つであり、はっきりと区別されていた」⑰。次の発言は、「野心と貪欲」に満ちた所与の現実世界に対峙するために、このような役割演技を彼がいかに自覚的に遂行せざるを得なかったのかをよく物語っていよう。

「われわれの職業の大部分は、芝居のようなものである。『全世界は喜劇を演じている（Mundus universus exercet historioniam）』。われわれは立派にわれわれの役を演じなければならない。けれども、借りものの人物の役を演じているのである。仮面や外観を真の本質にしてはいけない。他人のものを自分のものにしてはいけない[118]」。

　このように活動的生活の意義に疑問を呈し、あくまでも自己の内面の独立を優先させた新ストア主義は、ドーヴァー海峡を越えたイングランドにおいても、モンテーニュの英訳等を通じて浸透した[119]。リプシウスの『恒心論』はすでに一五九四年、ジョン・ストラッドリング（John Stradling）によって英訳された。また、セネカの散文全集は、リプシウスが編集したラテン語版を底本に、一六一四年、トマス・ロッジ（Thomas Lodge）によって英訳された。こうして、たとえば同時代人から「イングランドのセネカ」と讃えられたジョセフ・ホール（Joseph Hall）は、一六〇八年、『美徳と悪徳の諸相（*Characters of Virtues and Vices*）』のなかで、「賢者」のストア的な特徴を以下のように描写した。すなわち、賢者は「世界が欺瞞であることを知るゆえに、常に自己を信じることを学んでおり、他者に対する信頼は、失望によって心を動揺させない限りでなされる」。また、ホールによれば、賢者は「人知れず静寂を求め、引き籠もって自分を隠し寡黙であるのが常である[120]」。このような見解を抱いたホールが、バートンと同様にユートピア作品『別で同じ世界（Mundus Alter et Idem, 1605）』を著したことは、もはや偶然ではないであろう。

　イングランドにおいて、このような新ストア主義の流行を育む土壌となったのが、カントリ論が批判の対象とした「欲望と野心」が渦巻く宮廷であった。たとえば、ウィリアム・コーンウォリス（William Cornwallis）の『悲劇作家セネカ論（*Discourses upon Seneca the Tragedian*, 1601）』は、セネカの悲劇の注釈という形をとりながら、バートンを思わせる「善が悪に従う」価値の転倒した現状を描き[121]、宮廷社会をその一例に挙げた。コーンウォリスによれば、宮廷は「邪まで欺瞞的な誘惑に囲まれた」世界であって、「岩礁と嵐が絶えず彼ら［宮廷人］の破滅を脅かしている」[122]。また、アンソニー・スタッフォードの『スタッフォードのニオベ：あるいは悲涙の時代(*Staffords Niobe: or His Age of Tears*, 1611)』もまた、ギリシャ神話における悲劇の女性ニオベを題名に掲げながら、コーンウォリスと同様に「悪徳が美徳を凌駕している」「剣呑な時代」を描いた[123]。モンテーニュのように「自分自身を必要以上に開示した」[124]と語るスタッフォードは、宮廷のなかでは「卑屈と屈従と偽装」が必要であり、宮廷人が「幾千もの不名誉を通して栄誉に這い寄る」情景が見られると指摘した[125]。スタッフォードの診断によれば、マキアヴェッリの理論も宮廷では通用しない。なぜなら、「この場所では彼［マキアヴェッリ］が発案した以上のことが実行されている」からである[126]。それゆえにバートンは、このような「宮廷の虚栄」と「広場の野心」を嫌い、「ストア哲学者」のような傍観者を自認して観想的生活に撤退したのである。

以上のように、一六世紀後半以降のイングランドでは、新プラトン主義に加え、カントリ論と新ストア主義による観想的生活論の昂揚が見られた。これらの議論は、それぞれ異なった観点に立脚していたとはいえ、いずれも宮廷における活動的生活の意義を揺るがす内容を含んでいた。それゆえに、ベイコン政治学は、まさに政治に対するペシミズムの昂進が顕著となった時代に、君主制国家イングランドのなかで、〈にもかかわらず〉、いかにして活動的生活を実践するのかという困難な課題を担うこととなった。以下では章を改め、ベイコンがエリザベス期における政治経験を踏まえつつ、所与の宮廷社会に適応するために、どのような政治学を新たに提示したのかを解明してみたい。

（1）Quentin Skinner, *The Foundations Modern Political Thought*, vol. 1 (Cambridge, 1978), p. 200.

（2）*Ibid.*, p. 215. このコモンウェルスの概念が、マグナ・カルタ以降の伝統的な君臣関係を表す政治的言語として、とりわけ一四五九年以降、ヨーク家とランカスター家の政治抗争を契機とする論争のなかで登場したことについては、David Starkey, 'Which Age of Reform?', in Christopher Coleman and David Starkey eds., *Revolution Reassessed: Revisions in History of Tudor Government and Administration* (Oxford, 1986), pp. 13-27.

（3）アリストテレス『ニコマコス倫理学（下）』（高田三郎訳、岩波文庫、一九七三年）第一〇巻第七章、第一巻第五章。なお、中世に神学的な観点から観想的生活の優位を結論づけた作品としては、たとえばトマス・アクイナスの『神学大全』が挙げられよう。Thomas Aquinas, *Summa Theologiae*, 2a2ae. 179-82.

（4）Skinner, *The Foundations*, vol. 1, p. 216.

（5）両者の比較研究の試みとして、塚田富治「権力なき改革者—コモンウェルスの政治家モアとベーコン」、『言語文化』二一号（一九八四年）、八五—九一頁。

（6）『ユートピア』の内容が、活動的生活論をはじめとする人文主義の政治思想に立脚していることを改めて指摘した研究として、Skinner, 'Sir Thomas More's Utopia and the Language of Renaissance Humanism', in Anthony Pagden ed., *The Language of Political Theory in Early-Modern Europe* (Cambridge, 1987), pp. 123-57; idem, *The Foundations*, vol. 1., pp. 218, 255-62.

（7）Thomae Mori, *De optimo reipublicae statu deque nova insula Utopia*, in idem, *The Complete Works of St. Thomas More*, vol. 4, eds., Edward Surtz and J. H. Hexter (New Heaven, 1965), p. 86（沢田昭夫訳『改版ユートピア』中公文庫、一九九三年、九四—五頁）.

（8）*Ibid.*, p. 86（同九五頁）.

（9）*Ibid.*, pp. 98, 100（同一〇六—七頁）.

（10）*Ibid.*, pp. 100, 102（同一〇七、一〇九—一一〇頁）．プラトン『国家（下）』（藤沢令夫訳、岩波文庫、一九七九年）第六巻第一〇章。

(11) 実際のモアは、一五一〇年にロンドン市代表の議員に選出され、同時にロンドンの司政長官補に就任した。顧問官としてのモアについては、G. R. Elton 'Thomas More, Councillor', in R. S. Sylvester ed., *St. Thomas More: Action and Contemplation* (New Heaven, 1972), pp. 87-122. また、とくに政治世界に関わる以前にモアが経た内面的葛藤については、塚田富治『トマス・モアの政治思想—イギリス・ルネッサンス期政治思想研究序説—』木鐸社、一九七八年、第二、三章。

(12) Markku Peltonen, *Classical Humanism and Republicanism in English Political Thought 1570-1640* (Cambridge, 1995), passim. なお、ロビンソンによる『ユートピア』の英訳は一六世紀においては、一五五一、五六、九七年に出版されたが、五一年版におけるウィリアム・セシル宛の献呈書簡には、この活動的生活と観想的生活との緊張を示す興味深い歴史的事例として、「樽」に籠ったディオゲネスと、彼に反論して学識者の「神と故国に対する義務」を強調する友人の対話が紹介されている。Thomas More, *A Fruteful and Pleasaunt Worke of the Beste State of a Publyque Weale, and of the neweyle called Utopia*, trans., Raphe Robinson (London, 1551), +II-III. また、ロジャー・ベインズの『孤独の礼賛』は、このような活動的生活と観想的生活をめぐる論争の構図を典型的に示した作品である。Roger Baynes, *The Praise of Solitarinesse, set down in the Form of a Dialogue, wherein is conteyned, a Discourse Philosophical, of the Lyfe Actiue, and Contemplatiue* (London, 1577).

(13) スターキが滞在していた一五二〇年代のパードヴァには、政情不安にあるフィレンツェからの亡命者や、市民の義務を放棄したヴェネツィア貴族が流入した。そこでの「活動的生活と観想的生活との深刻な緊張」のなかで貴族化した人文主義とスターキの関連については、T. F. Mayer, *Thomas Starkey and the Commonweal: Humanist Politics and Religion in the Reign of Henry VIII* (Cambridge, 1989), ch. 2. 引用は、pp. 44-5。

(14) Thomas Starkey, *A Dialogue Reginald Pole and Thomas Lupset*, ed., K. M. Burton (London, 1948), p. 23. なお、最新のテクストとしては、T. F. Mayer 編集の版 (London, 1989) がある。

(15) Starkey, *A Dialogue*, ed., Burton, pp. 25-6.

(16) *Ibid.*, p. 40.

（17）　Skinner, *The Foundations*, vol. 1., pp. 216-21; Peltonen, *Classical Humanism*, passim; A. B. Ferguson, *The Articulate Citizen and the English Renaissance* (Durham, N. C., 1965). とくに，pp. 162-99; Guy, *Tudor England*, pp. 410-3; idem, 'The Henrician age', in Pocock ed., *The Varieties of British Political Thought 1500-1800* (Cambridge, 1993), pp. 13-46. 他方でまた，「閑暇（otium）」の使用例については，Brian Vickers, 'Leisure and Idleness in the Renaissance: The Ambivalence of Otium', *Renaissance Studies* 4 (1990), pp. 1-37 (No. 1), 107-54 (No. 2).

（18）　G. R. Elton, *Reform and Renewal: Thomas Cromwell and the Commonweal* (Cambridge, 1973), p. 7; Ferguson, *The Articulate Citizen*; 塚田富治『カメレオン精神の誕生―徳の政治からマキャヴェリズムへ―』平凡社，一九九一年，三〇―五頁。

（19）　Starkey, *A Dialogue*, ed., Burton, p. 63.

（20）　Thomas Smith, *De Republica Anglorum*, ed., Mary Dewar (Cambridge, 1982), p. 57.

（21）　Elton, *Reform and Renewal*, p. 1.

（22）　Idem, *Tudor Revolution in Gonernment: Administrate Changes in the Reign of Henry VIII* (Cambridge, 1953).

（23）　Roger Ascham, *The Scholemaster* (London, 1570), fol. 62. もっとも，ベイコンはアスカムに批判的であり，スコラ哲学に対する反動から「極端」に走り，キケロやデモステネスを「神格化」して「中身よりも言葉を追いかけ」たと酷評した（3:283-4）。

（24）　*A Short-Title Catalogue of Books printed in England, Scotland, and Ireland and of English Books printed in Abroad 1475-1640,* 2 vols., first compiled by A. W. Pollard and G. R. Redgrave (2nd ed., London, 1986), pp. 236-7.

（25）　Henry Peacham, *The Compleat Gentleman* (London, 1622), p. 45.

（26）　Guy, *Tudor England*, p. 412; Jurian Martin, *Francis Bacon, the State, and the Reform of Natural Philosophy* (Cambridge, 1992), ch. 1.

（27）　Cicero, *De Officiis*, trans., Walter Miller (London, The Loeb Classical Library, 1913), p. 22（泉井久之助訳『義務について』岩波文庫，一九六一年，一九頁）. もっとも，この一節自体はプラトンの *Letter* 9-358A に由来する。

（28） Anon., *The Institution of Gentleman* (London, 1555), D5^{v}-6^{r}.

（29） Peacham, *The Compleat Gentleman*, p. 45.

（30） Anon., *A Discourse of the Commonweal of This Realm of England*, ed., Mary Dewar (Charlottesville, 1969), p. 16. なお、同じケンブリッジの大学人であった、ガブリエル・ハーヴィは一五七〇年代に、「われわれの時代の学者たちは、もはやディオゲネスというよりアリスティッポスであり、観想的というより活動的な哲学者である」との観察を残した。Gabriel Harvey, *Letter-book of Gabriel Harvey, A. D. 1573-1580*, ed., E. J. L. Scott, Camden Society, 2nd ser., 33 (London, 1884), p. 78.

（31） Smith, *De Republica Anglorum*, p. 144.

（32） ベイコンの同時代人ウィリアム・カムデンによれば、ヘンリ八世期の人文主義者リチャード・ペイス（Richard Pace）は、貴族と学問に関する次のような証言を残した。「その当時、一人の貴族が学問を軽蔑して、貴族の子弟は角笛を吹いて鷹狩りに出かければよく、勉強や学問は低い身分の子供に任せれば充分であると述べた。先のリチャード・ペイスはこの貴族に返答した。『でしたら、貴方や他の貴族の方々は卑しい人物の子弟が国事を執行している傍らで、貴方たちの子供が角笛を鳴らし鷹狩りに興じていることに満足しなければなりません』」。William Camdem, *Remaines of a Greater Worke* (London, 1605), p. 220.

（33） Starkey, *A Dialogue*, ed., Burton, pp. 25-6.

（34） Robert Burton, *The Anatomy of Melancholy*, vol. 1. ed., Holbrook Jackson (Everyman's Library, London, 1932), p. 17. 同様に「観想」の価値の優越を説いた議論として、Anon., *A Two-Fold Treatise, the One Decyphering the Worth of Speculation, and of a Retired Life: The Other containing a Discoverie of Yovth and Old Age* (Oxford, 1612).

（35） Burton, *The Anatomy of Melancholy*, vol. 1, pp. 18-9, 52-4.

（36） *Ibid.*, p. 120.

（37） *Ibid.*, p. 41.

（38） *Ibid.*, p. 79.

(39) *Ibid*., p. 97. 本書が引用したエヴリマン版は、一六五一年に出版された六訂版に基づいているため、一六二七年に出版された『ニュー・アトランティス』への言及が見られる。なお、バートンとは正反対に、ミルトンは一六四四年の『アレオパディティカ』のなかで、「現実世界から逃れ、決して実用に役立たないアトランティスやユートピアの国々に引き籠もっても、われわれの状態を改善することはない」と述べた。John Milton, *Complete Prose of John Milton*, vol. 2, ed., D. M. Wolfe (New Heaven, 1953), p. 526.

(40) オヴァベリと彼の友人が共同執筆した「性格論」の一節は、このようなメランコリックな気質の特徴と、それに由来するユートピア的な思考の自己撞着を徹底的に暴いた点で注目に値しよう。それによれば、「人々の集まりから離れて彷徨する」メランコリックな人間は「何事にも喜ばず、何事も彼を喜ばせない」。このような憂鬱質の人間に特徴的なのは、その空想癖である。「彼は頭のなかで次々と思考を巡らすことに満足する。様々な発想は彼を夢見心地にさせる。そこに彼の愉悦がある。彼の想像力は決して休むことなく、時計の振り子のように彼の精神を常に動かし続ける」。そのうえでオヴァベリたちは、観想的なユートピアが、実践とは懸け離れた空想に過ぎないことを辛辣に批判した。すなわち、メランコリックな人間は「仕事を思いつくが決して実行に移さない。観想がすべてであって活動がないのである。あたかも彼は、自分の思想が何か意味深い目的があるかのように装って細工を施すが、それらは癖のついた材木のように用途がないのである」。Thomas Overbury, 'Characters', in idem, *A Wife. Now the Widow of Sir Tho: Overburie* (London, 1614), E3^{v}.

(41) のちにプーフェンドルフは、ベイコンを「自分自身のためにではなく人類のためになるよう生まれた」「人間の社会的本性」を指摘し、「活動的生活が観想的生活よりも優先される」という「卓越した結論」を導いた人物として紹介した。Samuel Pufendorf, *De jure naturae et gentium libri octo*, 2-3-15.

(42) たとえば、1:792; 3:518, 6:524, 8:291, 10:85. Cf. 9:44.

(43) John Morgan, *Godly Learning: Puritan Attitudes towards Reason, Learning, and Education, 1560-1640* (Cambridge, 1986), chs. 3, 4.

(44) 同時代の学問論に関しては、Geoffrey Bullough, 'Bacon and the Defence of Learning', in B. Vickers ed., *Essential*

Articles for the Study of Francis Bacon (Hamden, Connecticut, 1968), pp. 93-113 が参考になる。

(45) 周知のように、「ピューリタン」の定義については議論があるが、本書では明確な党派の存在を示す用語としてでなく、宗教的熱意の程度が比較的強いプロテスタントを意味する言葉として使用する。Cf. Peter Lake, *Anglicans and Puritans?: Presbyterianism and English Conformist Thought from Whitgift to Hooker* (London, 1988), p. 7.

(46) Cf. Patrick Collinson, 'Sir Nicholas Bacon and the Elizabethan VIA MEDIA', in idem, *Godly People* (London, 1983), pp. 135-53.

(47) [William Cecil], The *Execution of Justice in England for Maintenaunce of Publique and Christian Peace* (London, 1583), A4^r, B1^v (1st impression).

(48) ベイコンの宗教論に関してはすでに、塚田富治氏の研究がある。塚田「ベーコンにおける『政治』の発見」『一橋論叢』第九三巻（一九八五年）八八一―一〇六頁。同時代における聖職者の政治論との比較として、同『カメレオン精神の誕生』平凡社、一九九一年、第三章。また、「ベイコンにおける政治と宗教―同時代人ホッブズとの比較をとおして―」、花田圭介編『フランシス・ベイコン研究』御茶の水書房、一九九三年所収、一二一―四六頁。

(49) William Perkins, *A Treatise of the Vocations, or Callings of Men, with the Sorts and Kinds of Them, and the Right Use thereof* (1602) in idem, *The Works of That Famovs and Worthy Minister of Christ in the Vniuersitie of Cambridge, Mr. William Perkins* vol. 1 (London, 1612), pp. 747-79. 引用は、p. 750. Cf. R. S. Michaelsen, 'Changes in the Puritan Concept of Calling or Vocation', *New England Quarterly* 26 (1953), pp. 315-36.

(50) Perkins, *A Treatise of the Vocations*, pp. 755, 758.

(51) Margo Todd, *Christian Humanism and the Puritan Social Order* (Cambridge, 1987), p. 34; idem, 'Seneca and the Protestant Mind: The Influence of Stoicism on Puritan Ethics', *Archiv für Reformationsgeschichte* 75 (1983), pp. 182-200. もっとも、プロテスタントによる活動的生活論の受容が、あくまでも選択的であったことについては、*Ibid*, p. 192.

(52) Peltonen, *Classical Humanism*, p. 13.

(53) Pocock, *The Machiavellian Moment*, pp. 336-9; Ferguson, *The Articulate Citizen* (Durham, N. C., 1965), pp. 166-7; 越

智武臣『近代英国の起源』ミネルヴァ書房、一九六六年、第三章。個人の適性を重視する人文主義の議論と、神の召命を適性に優先させるカルヴァンの天職概念との相違を指摘した議論として、R. M. Douglas, 'Talent and Vocation in Humanist and Protestant Thought', in T. K. Rabb and J. E. Seigel eds., *Action and Conviction in Early Modern Europe: Essays in Memory of E. H. Harbison* (Princeton, 1969), pp. 261-98.

(54) Perkins, *A Treatise of the Vocations*, p. 757.

(55) John Knox, *The First Blast of the Trumpet against the Monstrous Regiment of Women*; idem, *Appellation to the Nobility*, in idem, *On Rebellion*, ed., R. A. Mason (Cambridge, 1994), pp. 3-47, 72-114. 引用は、pp. 39.

(56) Knox, *The First Blast of the Trumpet*, p. 44; *Appellation to the Nobility*, pp. 96, 99, 102.

(57) Knox, *Appellation to the Nobility*, pp. 102, 104, 111.

(58) Paul Marshall, *A Kind of Life imposed on Man: Vocation and Social Order from Tyndale to Locke* (Toronto, 1996), esp. chs. 4-6. また、人文主義との相違に関しては、pp. 10, 35-6.

(59) Lake, *Anglicans and Puritans?*, pp. 4-6; Todd, *Christian Humanism*, pp. 1-3. また、サモンは大陸のユグノーの理論が、エリザベス期にはとくに影響を与えなかったことを指摘している。J. H. M. Salmon, *The French Religious Wars in English Political Thought* (Oxford, 1959), p. 18. この時期のピューリタン運動に関しては、言うまでもなく、Patrick Collinson, *The Elizabethan Puritan Movement* (Oxford, 1967).

(60) ピューリタニズムの急進的な性格とその思想的意義を強調した議論として、Michael Walzer, *The Revolution of the Saints: A Study in the Origins of Radical Politics* (London, 1966), esp., chs. 1, 7; Christpher Morris, *Political Thought in England: Tyndale to Hooker* (Oxford, 1953)（平井正樹訳『宗教改革時代のイギリス政治思想』刀水書房、一九八一年、とくに六一七、一六三頁）。もっとも、聖職者の議論のなかにもまた、政治的な技術の必要を容認する議論が浸透していたことも見逃せない。塚田『カメレオン精神の誕生』、第三章。

(61) Peter Wentworth, *A Pithie Exhortation to Her Maiestie for Establishing Her Svccessor to the Crowne* (n. p., 1598), pp. 5-6.

（62） *Ibid.*, pp. 2-3. もっとも、ウェントワースは別の著作で、君主は神によって任命された存在であり、その継承権は議会によって覆され得ないことを明言した。Idem, *A Treatise containing M. Wentworths Iudgement concerning the Person of the True and Lawfull Successor to These Realmes of England and Ireland* (n. p., 1598), pp. 45-57. なお、彼を議会の代表的人物とする従来の見解には異論が提出されている。T. E. Hartley, *Elizabeth's Parliaments: Queen, Lords and Commons 1559-1601* (Manchester, 1992), pp. 3, 125-43.

（63） J. E. Neale, *Elizabeth I and Her Parliaments 1584-1601* (London, 1957), p. 261.

（64） Collinson, *The Elizabethan Puritan Movement*, pp. 391-6.

（65） 他方でまた、ある意味で当然のことながら、キリスト者は神に対する観想の意義を強調する。たとえば、ラウスは観想を「絶対的に必要」と述べた。Francis Rous, *The Diseases of the Time* (London, 1622), pp. 213, 210. ハルによれば、「真のキリスト者においては、活動的生活と観想的生活が邂逅する」。William Hull, *The Mirrour of Maiestie* (London, 1615), p. 46. また、天職をあらゆる行動の「指針」と見做したラトクリフは、一五七八年に『公私の天職の相違と差異についての政治論』を翻訳した。この作品のなかで、作者ラプラスは、観想には活動が伴わなければならないとしながらも、最終的には「観想的」な「天職」が優越すると結論づけ、そのうえでキケロの『義務論』を批判した。Pierre de La Place, *Politique Discourses, treating of the Differences and Inequalities of Vocations, as Well Pibulique, as Private*, tr., Aegremont Ratcliffe (London, 1578), A4, fos. 30-2, 51-2. キケロ批判は、fos. 54, 51-2. さらにメリトンは、神に奉仕する聖職は、市長や治安判事よりも高貴な「召命」であると主張した。George Meriton, *A Sermon of Nobilitie: preached at White-hall, before the King in February 1606* (London, 1607), E2.

（66） Smith, *De Republica Anglorum*, p. 78.

（67） John Vowell alias Hooker, *The Order and Usage of the keeping of a Parliament in England* (1572), in V. F. Snow ed., *Parliament in Elizabethan England: John Hooker's Order and Usage* (New Haven, 1977), p. 181.

（68） Smith, *De Republica Anglorum*, p. 85.

（69） *Ibid.*, pp. 85-8; M. A. Judson, *The Crisis of the Constitution: An Essay in Constitutional and Political Thought in*

England 1603-1645 (1949; New York, 1964). ベイコンについては、pp. 168-70.

(70) ただし、第四章でも議論するように、この言明を根拠にベイコンを絶対主義者か、もしくは立憲主義者に還元することはできないと筆者は考える。

(71) Thomas Elyot, *The Boke named the Gouernour*, ed., Foster Watson (Everyman's Library, London, 1907), pp. 1-2. なお、『統治者論』のテクストとしては別に D. W. Rude の版 (New York, 1992) がある。

(72) Thomas Floyd, *The Picture of Perfit Commonwealth* (London, 1600), pp. 1, 3-4.

(73) *Ibid.*, pp. 2-3. また、スミスの議論を踏襲して、コモンウェルスを「秩序ある善き生活を営むために、一般の同意によって共に結合した自由人の社会」と定義した例として、W. Vaughan, *The Golden-grove, moralized in Three Bookes* (London, 1600), $Q4^r$.

(74) Simonds D'Ewes, *The Journals of All the Parliaments during the Reign of Queen Elizabeth, both of the House of Lords and House of Commons* (London, 1693), p. 493. 翻訳はこの『日誌』に依った。

(75) Neale, *Elizabeth I*, pp. 335-51.

(76) D'Ewes, *The Journals*, p. 483.

(77) Neale, *Elizabeth I*, pp. 304-5.

(78) *Ibid.*, p. 490; R. A. Rebholz, *The Life of Fulke Greville First Lord Brooke* (Oxford, 1971), p. 92. ベイコンは晩年、このグレヴィルの議論を『古今格言集（*Apophthegmes: New and Old*, 1625）』に収録した（7:153）。

(79) D'Ewes, *The Journals*, p. 493.

(80) *Ibid.*, p. 494.

(81) このような政治経験に基づくベイコンの「政治思考の再編」を、『政治道徳論集』初版を中心に分析した研究として、F. J. Levy, 'Francis Bacon and the Style of Politics', in A. Kinney and D. S. Collins eds., *Renaissance Historicism* (Amherst, Mass., 1987), pp. 146-67.

(82) Ferguson, *The Chivalric Tradition in Renaissance England* (Washington, 1986), pp. 66-82, 139. また、中央集権化に

伴う「名誉」概念の変容に着眼した研究として、Marvyn James, *Society, Politics and Culture: Studies in Early Modern England* (Cambridge, 1986), pp. 308-415. これに対して、一七世紀における「名誉」概念の継続を強調した議論として、Anna Bryson, *From Courtesy to Civility: Changing Codes of Conduct in Early Modern England* (Oxford, 1998), pp. 230-42. また、R. M. Smuts, *Culture and Power in England 1585-1685* (New York, 1999), pp. 8-17.

(83) アスカムは『スクールマスター』のなかで、「宮廷から聖書が消え」、代わりに騎士道物語『アーサー王の死』が「国王私室に迎え入れられている」現状を嘆いた。彼はまた、「公然たる人間の殺戮と放埓な女遊び」を描いた騎士道物語を批判して、「問答無用に多くの人間を殺し、巧妙な手口を用いて卑劣な淫行に手を染める」者が「高貴な騎士」と評価されると酷評した。Ascham, *The Scholemaster*, fol. 27.

(84) Ferguson, *The Chivalric Tradition*, pp. 47, 83-95, 107-25; James, *Society, Politics and Culture*, pp. 375-86.

(85) Ferguson, *The Chivalric Tradition*, pp. 57, 91, 113; James, *Society, Politics and Culture*, pp. 387-91; R. C. McCoy, *The Rites of Knighthood: The Literature and Politics of Elizabethan Chivalry* (Berkeley, 1989), pp. 55-78; Levy, 'Philip Sidney Reconsidered', *English Literary Renaissance* 2 (1972), pp. 5-18; Peter Lindenbaum, 'Sidney and the Active Life', in M. J. B. Allen et al. eds., *Sir Philip Sidney's Achievements* (New York, 1990), pp. 176-93. シドニー自身もまた、騎士の模範として偶像化された。たとえば、Fulke Greville, *A Dedication to Sir Philip Sidney* in John Gouws ed., *The Prose Works of Fulke Greville, Lord Brooke* (Oxford, 1986). また、活動的生活と騎士道という文武の理念を折衷した例として、ブランディの『政治の城』が挙げられる。シドニー宛の献辞のなかに述べられた彼の執筆意図は、カントリマンを鼓舞してコモンウェルスの安全と防衛に従事させることにあった。また、コモンウェルスの統治に必要な思慮は、雄弁やローマ法の知識とともに「騎士道の名誉」によっても得られるとされた。William Blandy, *The Castle, or Picture of Pollicy* (London, 1581), fol. 13. 同様に、為政者に文武の両立を、騎士に国家への奉仕を求めた議論として、William Segar, *Honor, Military, and Ciuill, contained in Foure Bookes* (London, 1602), pp. 1-2, 49-50.

(86) Roger Howell Jr., 'The Sidney Circle and the Protestant Cause in Elizabethan Foreign Policy', *Renaissance and Modern Studies* 19 (1975), pp. 31-46; Levy, 'Philip Sidney Reconsidered'.

（87）　Natalie Mears, 'Regnum Cecilianum? A Cecilian Perspective of the Court'; P. E. J. Hammer, 'Patronage at Court, Faction and the Earl of Essex', in John Guy ed., *The Reign of Elizabeth I: Court and Culture in the Last Decade* (Cambridge, 1995), pp. 46-64, pp. 65-86; Hammer, *The Polarisation of Elizabethan Politics: The Political Career of Robert Devereux, 2nd Earl of Essex, 1585-1597* (Cambridge, 1999).

（88）　Robert Devereux, *To Maister Anthonie Bacon. An Apologie of Earle of Essex, against Those which fasly and maliciously taxe Him to be the Onely Hinderer of the Peace, and Quiet of His Country* (n. p., 1603), B3.

（89）　エセックス論としては、前々註（87）で挙げた論文の他に、James, *Society, Politics and Culture*, pp. 416-65; Guy, *Tudor England*, pp. 437-58; Neale, *Queen Elizabeth I* (London, 1934)（大野眞弓、大野美樹訳『エリザベス女王』全二巻みすず書房、一九七五年、第一九－二二章）; McCoy, 'A Dangerous Image: The Earl of Essex and Elizabethan Chivalry', *The Journal of Medieval and Renaissance Studies* 13 (1983), pp. 313-29; idem, *The Rites of Knighthood*, pp. 79-102.

（90）　活動的生活の理念が、あくまでも君主に対する恭順を前提にしていたことを示す例として、ベイコンが脚本を担当したエセックス主催の寓意劇が挙げられる。興味深いことに、九五年の戴冠記念式典において催されたこの劇では、政治的活動を意味する「経験」だけでなく、「観想」と「名誉」の理念もまた寓意化された。その内容は、エセックスに準えられた愛の寓意・エロフィルスが、隠者や兵士、政治家、郷紳の演説を聞き、自己愛の寓意であるフィラウティアを非難し、女王に対する献身を誓うという趣向のものであった。自己の幸福のみを求めるフィラウティアに対して、隠者は「観想」を勧め、兵士は戦場こそが真の諸徳を実践する場であると主張し、政治家は政治と国事が最重要と主張した。他方で、郷紳はこれらの演説をいずれも退け、すべては女王陛下の掌のなかにある場合に、はじめて充分に行われると述べた。その結果、エロフィルスは郷紳の議論を受け入れ、自己愛を否定して女王のために身を捧げ、「心の中に女王の美しい姿を、行動に女王の意志を、運命に女王の恩顧と寵愛を、いつまでも繋ぎ止めていく」（8 : 386）と述べて議論を結んだ。ベイコンはこの催しにおいて、エリザベスとエセックスをともに讃え、両者の間に顕在化し始めた対立の融和をはかった。注目すべきは、この目的を達成するために、君主に対する恭順が「経験」、「観想」、「名誉」のいずれの理念にもまして説かれたことであろう。

（91）McCoy, 'A Dangerous Image', p. 313.

（92）ベイコンを道徳的な観点から断罪した典型的な議論として、T. B. Macaulay 'Lord Bacon', in idem, *Critical and Historical Essays by Thomas Babington Macaulay*, vol. 2, arranged by A. J. Grieve (Everyman's Library, London, 1907), pp. 290-398. マコーリによれば、ベイコンの欠点は「心の冷たさ、精神の卑しさ」であり、彼の望みは「低俗なものに向けられ」、死や投獄よりも「宮廷の好意を失うことを恐れた」とされる。*Ibid*., pp. 293, 320. 他方で、このような通俗的なベイコン像の再評価を試みた最近の著作として、Nieves Mathews, *Francis Bacon: The History of a Character Assassination* (New Heaven, 1996).

（93）ヴェネツィア駐在大使やイートンの学長を務めたヘンリ・ウォトンはのちに、このベイコンの助言を「賢明な、そして予言的な友人の助言」として高く評価した。Henry Wotton, *A Parallell between Robert Late Earl of Essex, and George Late Duke of Buckingham* (London, 1641), p. 4. なお、訳文はニール『エリザベス女王』三四一頁（大野眞弓、大野美樹訳）を参考にした。

（94）Skinner, *The Foundations*, vol. 1, pp. 115-6; Eugene F. Rice Jr., *The Renaissance Idea of Wisdom* (Cambridge, Mass, 1958), pp. 68-71; Eugenio Garin, *L'umanesimo italiano: filosofia e vita civile nel rinascimento* (Roma-Bari, 1952)（清水純一訳『イタリアのヒューマニズム』創文社、一九六〇年）.

（95）Baldassarre Castighione, *Il cortegiano* (Venice,1528)（清水純一、岩倉具忠、天野恵訳『カスティリオーネ宮廷人』東海大学出版会、一九八七年、六六七頁）.

（96）Wallace MacCaffrey, 'Place and Patronage in Elizabethan Politics', in S. T. Bindoff, J. Hurstfield and C. H. Williams eds., *Elizabethan Government and Society* (London, 1961), pp. 95-126; 'Patronage and Politics under the Tudors', in L. L. Peck ed., *The Mental World of the Jacobean Court* (Cambridge, 1991), pp. 21-35. ジェイムズ一世期に関しては、Peck, *Court Patoronage and Corruption in Early Stuart England* (London, 1990); idem, 'Court Patronage and Government Policy: The Jacobean Dilemma', in G. F. Lytle and Stephen Orgel eds., *Patronage in the Renaissance* (Princeton, 1981), pp.

27-46.

(97)　MacCaffrey, 'Place and Patronage', p. 99; Anthony Esler, *The Aspiring Mind of the Elizabethan Younger Generation* (Durham, N. C., 1966).

(98)　MacCaffrey, 'Place and Patronage', p. 125; Smuts, *Court Culture and the Origines Royalist Tradition in Early Stuart England* (Philadelphia, 1987), pp. 75-82.

(99)　John Neale, 'The Elizabethan Political Scene', in idem, *Essays in Elizabethan History* (London, 1958), pp, 59-84. 引用は、p. 79.

(100)　Peltonen, *Classical Humanism*, pp. 119-36.

(101)　Greville, *A Treatise of Monarchy*, stanzas 108-9, in G. A. Wilkes ed., *Fulke Greville, Lord Brooke: The Remains being Poems of Monarchy and Religion* (Oxford, 1965), p. 62. もっとも、グレヴィルは「絶望の時代」を嘆きながらも、ベイコンと同様に活動的生活論を支持し続けた。*Ibid*, stanzas 110, 484, pp. 62, 156; Levy, 'Fulke Greville the Courtier as Philosophic Poet', *Modern Language Quarterly* 33 (1972), pp. 433-48. Cf. David Norbrook, *Poetry and Politics in the English Renaissance* (London, 1984), pp. 157-74. しかしながら、彼が政治的挫折を繰り返すなかで次第に悲観的な傾向を強めていったことについては、R. A. Rebholz, *The Life of Fulke Greville First Lord Brooke* (Oxford, 1971), passim, esp., pp. xxiii, 81-5, 141-54.

(102)　たとえば、E. M. W. Tillyard, *The Elizabethan World Picture* (London, 1943)（磯田光一、玉泉八州男、清水徹郎訳『エリザベス朝の世界像』平凡社、一九九二年）; F. A. Yates, *The Occult Philosophy in the Elizabethan Age* (London, 1979)（内藤健二訳『魔術的ルネサンス』晶文社、一九八四年）.

(103)　Smuts, *Court Culture*, pp. 2-4, 64-7, 73-5, 95-8; Sharpe and Lake eds., *Culture and Politics*, pp. 7-8.

(104)　Anon, *Cyuile and Vncyuile life* (London, 1579), B2^{v}, H1^{r}.

(105)　*Ibid*., A3^{v}, B4^{v}-C1^{v}, F3^{v}-4^{r}.

(106)　*Ibid*., B4^{r}.

(107) Nicholas Breton, *The Court and Country, or a Brief Discourse between the Courtier and Country-Man: of the Manner, Nature, and Condition of Their Liues* (London, 1618), $B1^{v}$-2^{r}.

(108) *Ibid.*, $D2^{v}$, $A4^{v}$, $C2^{r}$.

(109) Anon, *Horae Subseciuae: Observations and Discovrses* (London, 1620), pp. 166, 175.

(110) *Ibid.*, pp. 138, 155, 154-61. もっとも、カントリでも周辺住民の紛争の調停などに携わるため、完全に静穏な生活は送れないことが指摘されている。pp. 141-8. また、カントリ生活の欠点については、pp. 161-9.

(111) Richard Tuck, *Philosophy and Government, 1572-1651* (Cambridge, 1993), pp. 51-4; Peter Burke, 'Tacitism, Scepticism and Reason of State', in J. H. Burns ed., *The Cambridge History of Political Thought 1450-1700* (Cambridge, 1991), pp. 479-98; J. H. M. Salmon, 'Stoicism and Roman Example: Seneca and Tacitus in Jacobean England', *Journal of the History of Ideas* 50 (1989), pp. 199-225; idem, 'Seneca and Tacitus in Jacobean England', in Peck, *The Mental World*, pp. 169-88; Gerhard Oestreich, *Neostoicism and the Early Modern State*, eds., B. Oestreich and H. G. Koenigsberger, trans., D. McLintock (Cambridge, 1982).

(112) Michel de Montaigne, *The Essayes or Morall, Politike,and Millitarie Discourses*, trans., John Florio (London, 1603), p. 118. なお、訳文はフロリオの英訳に従ったが、一六〇三年版では、この一文が含まれたエッセイ「孤独について」は第一巻三八章となっている。

(113) *Ibid.*, pp. 601, 602 (Bk. 3, ch. 10).

(114) *Ibid.*, p. 119 (Bk. 3, ch. 38).

(115) *Ibid.*, p. 602 (Bk. 3, ch. 10).

(116) *Ibid.*, p. 611 (Bk. 3, ch. 10).

(117) *Ibid.*, pp. 610, 605 (Bk. 3, ch. 10).

(118) *Ibid.*, pp. 604 (Bk. 3, ch. 10).

(119) Salmon, 'Stoicism and Roman Example'; idem, 'Seneca and Tacitus in Jacobean England'; Oestreich, *Neostoicism*, pp.

114-7.

(120) Joseph Hall, *Characters of Vertues and Vices* (London, 1608), p. 7.

(121) William Cornwallis, *Discourses upon Seneca the Tragedian* (London, 1601), B6^{r}, B4^{v}, E6^{r-v}.

(122) *Ibid*, E8^{r-v}. もっとも、この作品でコーンウォリスは、モンテーニュとは異なり、活動的生活論を支持してモアと似た「演技の哲学」を述べた。*Ibid.*, B8^{r}, D3^{v}-D4^{r}. また、Idem, *Essayes* (London, 1600), L2-7. とはいえ、彼の『エッセイズ』のなかに観想的生活との緊張が存在することについては、Salmon, 'Stoicism and Roman Example', pp. 214-5.

(123) Anthony Stafford, *Stafford's Niobe: or His Age of Tears* (London, 1611), pp. 7, 18, 185.

(124) *Ibid.*, To the Reader.

(125) *Ibid.*, pp. 104-5.

(126) *Ibid.*, p. 106. スタッフォードの論調は、コーンウォリスよりも、さらに悲観的である。スタッフォードによれば、カントリへの孤独な隠退は人間を獣のようにさせ、他方でまた、観想的生活を営むには貴紳は堕落している。*Ibid.*, pp. 108, 111. それゆえ、「この時代の困難にまみれて疲弊した」彼が望むのは、「イングランドの永遠の誉れ」シドニーの復活であり、また、美徳の報いが破滅であるとすれば、進んで死を求めることであった。*Ibid.*, pp. 190, 112-7, 185-90.

第二章 「顧問官」の政治学

第一節 「交際」と「実務」の学問

ベイコンは一六〇五年に出版した『学問の進歩』のなかで学問全体を再構築する「大革新（Instauratio Magna）」の作業に着手し、その一環として「政治学（Civil Knowledge）」を新たに三つの部門に構成し直した。[1] すなわち、一「交際（conversation）」、二「実務（negotiation）」、三「統治（government）」の三部門である。以下本章では、ベイコンが君主制国家の宮廷で活動的生活の実践を試みるために、どのような政治学の改訂作業を遂行したのかを、三つの部門に即して順次考察していきたい。

ペルトネンも指摘するように、新ストア主義の流行に象徴されるペシミズムの昂進にも拘わらず、一七世紀に入ってもなお、活動的生活を支持する議論は途絶えることがなかった。[2] たしかに、ベイコンも『学問の進歩』のなかで、「公共の義務の堅持は、生命や生活の維持よりもずっと大切であるべき」（O4:136）との主張を繰り返した。しかし、ここで新たに注目すべきは、このような伝統的な価値を擁護したうえでさらに、宮廷の活動的生活を「いかに」実践可能なものにするかが、人文主義者の新たな現実的課題として浮上したことであろう。ベイコンによれば、「善」や「徳」、あるいは「義務」や「幸福」などの規範的概念に関しては、過去にも「立派な素晴らしい模範や見本」が提示されてきた。ところが、「人々は日常的なありきたりの事柄に関わることを軽蔑してきた」ため、「これらの優れた目標にいかにして到達すべきか」という「精神の涵養（De Cultura Animi）」の問題は「まったく触れられてこなかった」。しかしながら、「人間の生活は新奇なものでも、玄妙なものでもない」。したがって彼は、「われわれに何ができて何ができないか」という具体的な実践可能性を考慮しなかったことこそ、まさに「学問の進歩」を阻害してきた「暗礁」であると厳しく批判したのである（133-4, 147）。

このような問題関心に立脚し、活動的生活の実践的な作法を論じた典型的な作品として、『学問の進歩』よりも時期が遅れるが、匿名作者Ａ・Ｄ・Ｂによって一六一九年に出版された『もっとも高名にして偉大なジェイムズ一世の宮廷（*The Court of the Most Illustrious and Most Magnificent James, the First*）』が挙げられる。Ａ・Ｄ・Ｂによれば宮廷は、「世界におけるもっとも広大な虚構の劇場」であり、そこでは「物事の有為転変や変貌が目まぐるしい」[3]。しかしながら、彼は新ストア主義者のように観想的生活論を主張することはせず、反対にそうした議論を「取り繕いと怯懦に満ちている」[4]と批判した。こうして彼はあくまでも宮廷の活動的生活を理想としたが、その根拠となるのはやはり、キケロの『義務論』の一節であった[5]。もっとも、「劇場」的な宮廷社会で「荒波」を乗り越えるには、誠実さや敬虔さなどの伝統的な徳目はもはや通用しない。それゆえ、彼は「この難儀で荒れ狂う海」で「賢明に注意深く舵を取る」[6]ことを勧告した。まず、何よりも君主の意向に従い、君主の判断に疑義を差し挟まないことが宮廷人の鉄則である[7]。また、忍耐が肝要である[8]。宮廷の堕落の象徴として批判された偽装も、自己防衛のためであれば容認される。「時には意志に反して、偽装を大いに賛美する邪悪で正しくない欺瞞的な意見や規則を何度となく述べなければならない」[9]。このように彼は、情況に順応しながら時機を窺うことの大切さを繰り返し勧告したのである。[10]

ベイコンが『学問の進歩』のなかで、「交際」と「実務」の学問として新たに論じたのはまさに、このような、宮廷における役割演技（交際）と仕事の遂行（実務）を可能にする実践的な作法であった。[11] 彼によれば、政治学の第一部門を構成する「交際」の学問は、従来の学問的な枠組みのなかでは「徳に比べて劣り」、「瞑想に対する敵」であると「軽蔑」されてきた（O4:158）。しかしながら、彼は実践的な見地から、既存の評価を敢えて覆し、活動的生活を実践するうえで「振る舞い（behaviour）」を「なおざりにすることはできない」（157）と主張した。こうして彼は、「言葉を容姿によって無にするな」、「戸を開いていても顔を閉ざしていては役に立たない」などのアフォリズムを駆使しながら、エセックスにも提言した役割演技の必要を強調したのである。もっとも、ベイコンによれば、以上のような交際の知識は他方でまた、すでに「見事に扱われてい」た（158）。たしかに、宮廷という「虚構の劇場」における役割演技の必要は、多くの「作法書（courtesy books）」の執筆や翻訳、出版、手稿の回覧等を通じて、同時代人に広く認知されていた。[12] たとえば、エリザベスやジェイムズも「われわれ君主はいつも舞台の上に置かれている」ことを常に意識していたのである。[13] このように、ベイコンが日常的な作法と演技の政治的な重要性に着目し、それらを新たに政治学に組み込んだことの思想史的な意義は第五章で改めて論じられるであろう。

他方でベイコンは、政治学の第二部門である「実務」の学問が、第一部門とは異なり、まったく「新しい」学問分野であることを強調した。彼によれば「仕事（business）」の知恵は、人間生活に「もっとも馴染み深い」

（O4:158）。にも拘わらず、それに関する研究は未だ着手されていなかった。これに対して彼は、「真の政治家（tyue *politique*）」（164）となるためには地位の獲得と実務の遂行を実現可能にする仕事の知恵が必要であると主張した。これと同様の考えは『政治道徳論集』における以下の言明にも窺えるが、それはまた、ユートピア的な思考を批判して、「物事の釣り合いと価値」を考慮した「最適の手段」（174, 175）を求めた彼の活動的生活論の立場をよく表した発言ともいえよう。

「善い考えは（たとえ神が嘉せられても）、人々にとっては実行に移されねば善き夢想とあまり異ならないし、また、その実践は先導し命令するための権力と地位なくしてはできないのである」（O15:34）。

ベイコンが政治学の一部門として新たに組み入れた仕事の知恵の内容は、有為転変の激しい当時の宮廷社会の赤裸々な実態を反映したものであった。「各人は自分自身の運命を築く（Faber quisque fortunae suae）」（O4:163, 164）とのアフォリズムを掲げた彼は、「運命を築く術」として、たとえば他者に関する情報を正確かつ大量に収集することが重要であると説いた。すなわち、「相手の性質」「願望や目的」「習慣や生活様式」「長所および短所」「友人や党派や従者」「敵対者や競争相手」「機嫌や時機」「主義や行動規範や見解」「行動」などの情報である（165）。彼によれば「人間は行動とともに変化する」。したがって、このような人間の「性格」や「傾向」に関する正確な知識を得るために、たとえば他者を軽信せずに「言葉よりも顔つきや行為」（166）を信用すべきことが説かれた。そのうえで彼は、A・D・Bと同様に「あらゆる努力を尽くして、ときどきの事情に順応し服従する心構えを持つ」必要を主張した。なぜなら、「事情が変化したのに、もとのままの人間であることほど運命の妨げとなることはない」からである（172）。

このようにベイコンは、「荒れ狂う海」のなかで「賢明に注意深く舵を取る」ための実践的な技術を提示し、さらに「欺瞞」や「狡猾」、「詐欺」といった人間の「悪徳」に対処する必要を新たに訴えた。これらの悪徳はすでに、たとえば古代のルクレティウスや同時代のエラスムスやラブレーらによって辛辣な諷刺の対象とされてきた。しかしながら、ベイコンは、このような「嘲笑」や「非難」が現状の改善をもたらさず、むしろ逆効果であったことを批判した。すなわち、「人々はむしろ機知によって職業の優れた点を大いに嘲笑し愚弄しようとした」のであり、これとは逆に「腐敗を暴露し除去しようとはしなかった」(O4:144)。こうして彼は、新たにマキアヴェッリの議論を模範に掲げ、義務と徳を実践するためには「ハトの純粋さ」だけでなく、悪の性質を知る「ヘビの知恵」を兼ね備える必要があることを次のように主張した。

「われわれは人間が何をなすべきかではなく、何をなすかを記したマキアヴェッリやその他の人々に負うところが大きい。なぜなら、人間はヘビの性質をすべて、すなわち、ヘビの悪辣さや腹這い、独特の動作や滑らかな皮膚、その嫉妬や毒牙など、あらゆる悪徳の形態と性質を知悉していなければ、ヘビの知恵とハトの純粋さを結びつけることはできないからである」(O4:144-5)。

もっともベイコンは、君主に対して狐の策略と獅子の暴力、そして徳の偽装を勧めた『君主論』第一八章の議論には疑問を呈するなど、マキアヴェッリの見解に全面的に依拠した訳ではない(O4:75, 177)。けれども、「ヘビの知恵」の必要を説いたベイコンは他方でまた、マキアヴェッリと同様に、たとえば人間の感情が理性に反して「絶えず謀反と反乱を起こす」ことに注目した。このような人間の「感情」に関する知識は、対人関係のみならず、国家の維持運営にも不可欠であった。なぜなら、「恐怖」や「希望」を操作して「他の感情を抑えて制御する」ことは、「国家の存立」のために「何よりも役に立つ」からである（O4:128, 148, 150）。こうしてベイコンは、このような政治的な知恵を過去の歴史的事例のなかに求めたマキアヴェッリの著作を「実践のなかで遙かによく活用される」（162）と称賛するに至ったのである。

このようなベイコンの政治学は、同時代の読者から充分な共感を持って受容されたと考えられる。たとえば、ダニエル・タヴィル（Daniel Tuvill）の『ハトとヘビ（*The Dove and Serpent*, 1614）』のなかでは、その副題「『交際』あるいは『実務』についてのあらゆる論点と原理についての多くの素描を含む」が示すように、随所でベイコンの議論が踏襲された。また、A・D・Bと同様に宮廷社会は「荒海」と「劇場」の比喩を用いて描写され[14]、さらに、キケロの『義務論』に依拠した活動的生活論が展開された[15]。タヴィルによれば、「危険と欺瞞」に満ちた「演技と偽装[16]」の世界において、軽信は破滅につながる。人間は「孔雀」の如く虚栄を求め、「心の平静をなくしてストア哲学者たることを熱望し、シニシストであることに愉悦を覚える[17]」。それゆえに彼は、最悪の事態を常に想定した「賢明な不信（wise distrust）」を心掛けるように勧告した[18]。また、ジョン・ヒチコック（John Hitchcock）は、『誠実な人間のための聖域（*A Sanctuary for Honest Men*, 1617）』のなかで、君主に「ヘビの知恵」や「狐や獅子の皮を被ること」を勧めた「政治家達（politicians）」の意見に賛同したのである[19]。

以上のようにベイコンをはじめとする人文主義者は、マキアヴェッリの政治学を一つの模範として、宮廷社会における活動的生活の実践可能性の問題に取り組んだ。本節ではさらに、このような「交際」と「実務」の主体となる政治的アクターに関してもまた、宮廷社会における読み替えが同時並行的に行われたことを併せて指摘しておきたい。

すでに述べたように、北方ヨーロッパの君主制国家イングランドでは、都市共和国の「市民」による日常的な政治参加はあり得ない。中世的な封建社会から中央集権国家への移行の過程において、従来の政治主体であった封建貴族や高位聖職者の政治的権力は相対的に弱体化したとはいえ、イングランドはあくまでも伝統的な階層社会であった。この社会的枠組みそのものは、中央主権国家の新たな担い手となり、伝統的な身分よりも知識や才能を重視した人文主義者といえども否定し得ない所与の現実であった[20]。たとえば、エリオットは、ジェントルマンの必読書となった『統治者論』のなかで、plebs と populus の区別を行い、前者を「何ら名誉や尊厳を得ることのない低俗で野卑な住民を含む群衆」と定義しながら、他方で逆に、「いつまでもその身分や地位が変わることのない王国や都市のすべての住民」である後者との相違を指摘した。そのうえで彼は、位階と階層によって成立する秩序の存在を強調し、「すべての物事から秩序を取り去ったら、何が残るであろう」と訴えた[21]。

こうして、階層的な君主制国家イングランドで為政者の責務を担ったのは、あくまでも地位と身分を備えたジェントルマンであった。ベイコンによれば、古代ギリシャやローマと異なり、現代では「人々がおしなべて国事に携わるのではない」(O4:181)。もっとも、人文主義者が目指したのは、「カントリ」におけるジェントルマンの伝統的な田園生活ではなかった。他方で、人文主義者はまた、ジェントルマンが「真の貴族（true nobility）」もしくは「紳士のなかの紳士（gentle gentle）」たることを求めた。再びエリオットによれば、「真の貴族」とは「徳に対する称賛と称号」であり、「爵位や古来の血統、もしくは莫大な収入、所領、財産」にだけ存するのではない。こうして彼は、古典古代とは異なり、「われわれの時代」の貴族が「学問に秀でていない」ことを批判し、ジェントルマンに為政者たるに相応しい教養の修得と徳の実践を求めたのである[22]。次節で改めて述べるように、人文主義者がルネサンス期イングランドの宮廷社会のなかで新たに見出した政治的主体は、都市共和国の「市民」や「カントリ・ジェントルマン」ではなく、人文主義的教養を背景に君主に助言する宮廷の「顧問官」であった。

次節では、ベイコンが、以上のような「交際」と「実務」の学問を実践する「顧問官」の視点から政治学を新たに構築したと仮定し、彼の戯曲「グレイ法学院の劇」および「政治的思慮」の概念、そして「歴史」「寓話」「アフォリズム」といった独自の叙述形式を手掛かりにしながら、ベイコン政治学の第三部門である「統治」の学問の考察に踏み込むことにしたい。

第二節　「顧問官」ベイコンの政治学

一　「グレイ法学院の劇」

ルネサンス期イングランドの人文主義者は、顧問官による助言の重要性を強く主張した。一五三一年のエリオット『統治者論』によれば、「すべての学科と学問の目的は善き助言を行うことにある」[23]。約一世紀後の一六二二年、ピーチャムは『完全なるジェントルマン』のなかで、「あらゆる助言と指南の源泉は」、「善き学問の知識である」[24]と復誦した。また、一六世紀末期以降、多くの人文主義者や為政者の手引きとなったリプシウスの『政治学六巻』でも助言の必要が力説された。彼によれば、君主個人の知識には限界があるために、顧問官による「他者に依存した思慮（prudentia ab aliis）」が不可欠とされた。「権力は助言が伴わなければ」、「盲目のキュクロプス」になって自滅する[25]。また、フロイドも『完全なコモンウェルス』のなかで、コモンウェルスが「助言によって統治され、知恵によって調整され」なければ、「粗野にして野蛮な」状態に留まると警告した[26]。それゆえに彼は、「思慮深く賢明な顧問官を数多く抱えるべき」[27]であると提言したのである。さらに、一五九八年に英訳されたゴスリキウス（Goslicius）の『顧問官（*The Counsellor*）』では、とくに実践的な観点から顧問官による活動的生活の意義が強調された。すなわち、この作品のなかでゴスリキウスは「実現可能性のある事柄」に議論の焦点を絞り、「過去に存在したことがなく、実現する可能性のない」ユートピア論や、「人間の幸福には役に立たず、無関係な」観想的哲学を批判した。そのうえで彼は、古典古代におけるペリクレスやソロン、リュクルゴス、プラトン、デモステネス、カトー、キケロの例を挙げながら、「活動の伴わない観想は無益」として活動的生活論を擁護し、顧問官が国王の「手」や「眼」や「足」として「極めて必要」であることを説いたのである。[28]

以上のような議論が繰り返し主張される背景となった枢密院の重要性はすでに序章で指摘した。たとえば、一五世紀後半にジョン・フォーテスキュー（John Fortescue, c. 1395-c. 1477）が執筆した『イングランドの統治（*The Governance of England*）』によれば、評議会の役割は古代ローマの元老院に比せられ、顧問官の義務は「国王に関わる困難な事柄、そして領国の政治的な事柄について助言し、熟考する」ことに求められた。[29] 他方でまた、このフォーテスキューが「生まれながらの顧問官」である貴族に加え、「最も賢明で適任の者」を新たに顧問官に選出すべきであると提言したことは見逃せない。[30] 人文主義者はまさに、中世的な封建貴族や騎士階層に代わり、その古典的教養や文書作成能力を駆使して「最も賢明」な顧問官となり、中央集権化を担う新たな政治的主体として登場したのである。[31]

このような人文主義者と顧問官との密接な繋がりは、エリザベスの家庭教師であったアスカムの『スクールマスター』が、秘書長官ウィリアム・セシルの居室を舞台に、当時の枢密顧問官が提示した教育論の検討から議論が始まることに端的に象徴されていよう。[32] エリザベス期における政治的安定の主な要因の一つは、助言機関としての枢密院および議会、そして国王という三者の協調に存した。[33] このような前提のもとに、たとえばバーナビ・バーンズ（Barnabe Barnes）は、『職務論四巻（*Foure Bookes of Offices*, 1606）』のなかでエリザベスの顧問官たちを顕彰した。すなわち、バーンズは、セシルをはじめ、ベイコンの父国璽尚書ニコラス、人文主義者ジョン・チーク、寵臣レスターらの名前を列挙して、彼らがエリザベスの「眼」や「耳」や「手」の役割を果たしていたことを称賛したのである。[34]

このエリザベスの顧問官ニコラスを父としたベイコンもまた、一六〇九年の『古代人の知恵（*De Sapientia Veterum*, 1609）』や、一二年の『政治道徳論集』第二版に所収したエッセイ「助言について（Of Council）」のなかで、顧問官による助言の重要性を主張した。ベイコンによれば、「ものごとが助言にもとづく議論によって揉まれなければ、それは運命の波に翻弄され、酩酊者の千鳥足のように支離滅裂となり、前後不覚となるであろう」（O15:63）。彼はまた、メティスの寓話を巧みに用い、国王と顧問官との理想的な関係を想像力豊かに説明した。彼によれば、「助言」を意味するメティスと結婚したユピテルが懐妊したメティスを飲み込み、その頭部から武装したパラスを産んだ寓話は、古代人の二つの知恵を表している。すなわち、第一にそれは、国王（ユピテル）と助言（メティス）が、あたかも夫婦のような結合関係にあることを示す。第二に、顧問会議を利用する秘訣を明らかにする。つまり、国王は顧問会議に審議を委ねながら、メティスを飲み込むように審議の結果を自分に帰し、勅令や命令があくまでも国王自身の意思に基づく決定であると思わせることが必要なのである。以下で改めて紹介するベイコンの戯曲「グレイ法学院の劇」は、彼の政治学の枢要が、このような国王と顧問官を中心とした政治的営為の持続的な実践にあったことを鮮やかに示していよう。

一五九四年一二月、グレイ法学院において新たな主権国家が設立された。クリスマスの祝祭期間に限って存続したこの仮構的な国家のなかでは、新たに国王ヘンリが選出され、財源の確保や使節の派遣、即位の式典を皮切りに、国王と枢密院を中心とした一連の模擬的な国家運営が開始された。[35]続く一月三日、ベイコンは、この祝祭行事の一環として、「われわれの統治の船が係留されるべき港は何か」(8:332, V96:52)を主題に、国王に助言する六人の顧問官を登場させた。[36] 以下で整理するように、これらの顧問官達はそれぞれ、一、戦争、二、哲学、三、名声、四、統治、五、徳、六、娯楽の必要を説いた。

第一の顧問官
一、「戦争」による国家の「偉大さ(greatness)」の追求。
二、国王の剛毅と国力の充実(勇敢な指揮官、尚武の民衆、国庫、軍備等)。
三、征服による「領土の拡大」。

第二の顧問官
一、「哲学の研究」による自然の征服。
二、力よりも理性。哲学と国家の繁栄の連関。
三、「世界の眼」となるための図書館、植物園、博物館、研究所の設置。

第三の顧問官
一、「名声(fame)」の不朽と永続。
二、戦争や哲学の成果は不確定。ピラミッドや闘技場など歴史的建造物の例。
三、「可視的な記憶」としての王宮、寺院、学校、橋梁、水道、城塞、劇場等の建造。

第四の顧問官
一、「国家(state)」の「絶対性(absoluteness)」。

二、戦争、哲学、建築は散財。統治の本質は名声よりも安全、利益、権力。
三、「賢明で秩序ある統治」。国庫の増大、党派や自由の抑制、国王大権の確立。

第五の顧問官

一、「徳（virtue）」による「恵み豊かな」統治。
二、名声は軽薄、利益と安全は低俗。国家の父親としての有徳な善君。
三、「黄金時代」の創出。王の巡幸、人材登用、法改革、教育、社会経済政策。

第六の顧問官

一、「娯楽」と「遊戯」
二、若い君主に過去の名声は不要、国事は重荷。王侯の生活は遊興に存する。
三、戦争は副官に、建築は担当者に、書物は大学に、国事は顧問官に委任。

序章冒頭でも指摘したように、この「グレイ法学院の劇」は、ベイコン政治学の枢機を理解するうえで、幾つかの重要な視点を提供していると考えられる。第一に、国家の「偉大さ」や「絶対性」、あるいは「名声」や「徳」などの思想的な主題が出現するこの作品には、当時の政治エリートに共有された人文主義的な政治的言語および思考様式が看取できる。このことは、とくに本章第三節および第三章にかけて明らかとなるであろう。

第二に、この「グレイ法学院の劇」のプロットは、通説的なベイコン解釈とは異なり、晩年の作品である『ニュー・アトランティス』が、彼の「最終決定的」な理想であると必ずしも解釈し得ないことを示す一つの重要な論拠となる。六人の顧問官のなかで、かつて多くのベイコン研究者の関心を集めたのは、哲学の研究を勧める第二の顧問官であった。なぜなら、その提言は『ニュー・アトランティス』に描かれた「サロモン館」に具現される、自然科学の研究所の設置を主な内容としていたからである。しかしながら、「グレイ法学院の劇」の内容は逆に、ベイコン政治学がユートピア思想とは異なる、独自の思考様式に立脚していたことを物語っている。まず、六人の顧問官はそれぞれ発言機会を均等に与えられており、第二の助言だけがとくに重要視されたわけではない。また、これと併せて指摘すべきは、哲学研究の提言が複数の顧問官から批判を浴びたことであろう。第一に、自然哲学は「困難で、誤謬を免れない」。第二に、国王を「仕事から遠ざけ、不慣れにさせる」(8:335, 337, V96:55, 57)。ところが、第二の顧問官は、これらの批判に回答を与えていない。すなわち、これまでベイコンの「最終決定的」な理想と評価されてきた「サロモン館」の構想は、少なくともこの戯曲に関する限り、あくまでも批判の可能性を充分に残した一人の顧問官の助言でしかなかったのである。

第三に、以上の議論を踏まえた場合、この顧問官劇のなかで逆に注目されるべきは、これらの助言が君主からそれぞれ「説得力を有する」と評価され、採否を急がずに審議を継続して「熟慮を重ねる」(8:341, V96:60) ことが最後に提言されたことである。このように「グレイ法学院の劇」は、ベイコン政治学が、唯一絶対のイデオロギーやユートピアを掲げることなく、むしろ所与の擬制的世界のなかで、六人の顧問官に具現化される複数の価値と可能性との相剋を前に知的緊張を強いられていたことを鮮やかに物語っている。さらに付言すれば、第五章第二節でも論じるように、この会議の進行過程は、他者による助言と異論を踏まえた熟慮の過程を重視する、国王と顧問官を中心とした「開かれた」政治的作法の在り方を明らかにするうえでも重要な意義を有するであろう。

ところが、以上のような「グレイ法学院の劇」を原型とする（と仮定される）ベイコンの政治学は、「在来型の

（conventional）」ヨーロッパ政治思想史研究のなかでは必ずしも充分な評価を得て来なかった。たしかに、ベイコンの政治学はホッブズの『リヴァイアサン』に代表される政治学の「正典（cannon）」とは異なり、たとえば五九のエッセイから構成される『政治道徳論集』や、三一の寓話解釈を含む『古代人の知恵』が示すように、哲学的な緻密性や学問的な体系性を欠く。J・W・アレンによれば、ベイコン政治学は、あくまでも「僅かばかりの断片的で相互に関連のない観察」の集積に過ぎない。たしかに、ベイコンは政治学の理論的な体系化に必ずしも積極的ではなく、『学問の進歩』における政治学の叙述も、あくまでも簡素な枠組みの提示に留まっていた。彼によれば「政治学はあらゆるもののなかで最も具体的であり、かつ準則化することが最も困難な主題に関わる」（O4:156）。彼はまた、「統治の秘密」に関わる学問は「公に語るに適さない」（179）との政治的な判断から、晩年に『学問の進歩』のラテン語訳増補改訂版（*De Dignitae et Augmentis Scientiarum*, 1623）を出版した際にも、その具体的な内容を敢えて詳述しなかった（1:792）。したがって、近代哲学の祖と顕彰された彼の思想的営為は、現代の視点から見て、とくに政治学に関して言えば「学問の進歩」には積極的に貢献しなかったようにも思える。

しかしながら、これとは異なるルネサンスの視点から、ベイコンの政治学を改めて見直せば、異化された新たな思想史の物語が立ち現れる。彼によれば、「活動的人間（active man）」こそが政治学の議論には「望ましい」。なぜなら「人々は自分自身の職業に関して、最良の、実際に即した中身ある著述ができる」からである（O4:143）。以下で論じるように、「準則化」が「最も困難」な政治世界の「アクター」であった彼の政治学はむしろ、『ユートピア』や『リヴァイアサン』とは異なる、同時代に特有の思考様式と方法的な自覚に立脚していたと理解すべきではないか。「グレイ法学院の劇」が示唆するように、複数の顧問官の観点から構成された彼の「最良の、実際に即した」政治学はまず、ルネサンス期の人文主義者によって新たに展開された「政治的思慮」の議論に即して理解されるべきであろう。

二 政治的思慮

「活動的生活」と同様、この「政治的思慮（prudentia politica）」もまた、古典古代に起源を有する伝統的な概念であった。たとえば、アリストテレスの『ニコマコス倫理学』では、「思慮（プロネーシス）」は人間的な事柄の実践に関わる徳（「人間的な諸般の善に関しての、ことわりがあってその真を失わない実践可能の状態」）とされ、とくにポリスに関する思慮が政治学と呼ばれた。[38] それ以降、思慮は正義、剛毅、節度と並ぶ枢要徳の一つとして、「君主の鑑」論に代表される伝統的な政治論の中核を担ってきたが、とくにルネサンス期に入ると、思慮の価値の上昇が顕著に見られるようになった。「世界と人間の発見」とともに世俗化が進行したルネサンス期は、他方でまた、「運命（Fortuna）」の転変や「デ・ファクト（de facto）」な実力に翻弄された時代でもあった。とりわけ一六世紀後半になると、新ストア主義の流行と表裏をなして政治的思慮の議論が活発に展開された。[39] たとえば、フロイドによれば、「思慮」は「他の美徳を導く、徳のなかの王」であり、「事物に関する死せる知識」としての「学知（science）」とは対照的に、統治に不可欠な知恵とされた。[40] 同様にゴスリキウスもまた、「助言と熟慮が必要とされる事柄」に関わる「思慮」を、「神学」的な智慧や「観想」的な哲学と区別し、顧問官に必要な「偉大な卓越した徳」として称賛したのである。[41]

すでに紹介したように、このような同時代の知的傾向を代表した作品が、ライデン大学を中心に活躍した人文主義者リプシウスの『政治学六巻』であった。[42] 一五八九年に出版されたこの『政治学六巻』は、同時代のボダンやアルトジウスを上回る人気を博し、為政者教育のテクストとして大陸の大学等で用いられ、イングランドでも九四年に英訳された。この『政治学六巻』なかで、リプシウスは「思慮」を主題に据え、それを「公的な事柄および私的な事柄において何を避け、何を目指すべきかに関する判断および選択」と定義した[43]。彼によれば、政治的思慮は、荒海の航海に譬えられる流動的な政治世界のなかで最適の選択を導く「羅針盤」の役割を果たす。それゆえに、逆に「思慮がなければ統治は脆く壊れやすいのみならず、敢えて言えば、無きが如きものである」[44]。ところが、このような思慮の内容は、まさに個々の情況に即して無限に変化可能なのであり、したがって規則化されえない。たとえば彼は、次のようなキケロのアフォリズムを引用しながら、思慮の内容が情況の推移に応じて適宜変化し得ることを容認した。

「わたしは、コモンウェルスという荒れ狂う嵐のなかで、船乗りのように状況を見定める人物が一貫性に欠けるがゆえに非難されるべきとは考えない。なぜなら、針路は一定に保ちながらも、決まり切った一つの経路に固執することのない人物は、真に先見があり賢明であるからである。それゆえ彼は、変節ではなくむしろ適応に優れ、あるいは目的に相応しく物事を進めたと評価されるべきである[45]」。

さらにリプシウスによれば、所与の現実は「プラトンのコモンウェルス」ではなく、「狡猾で悪意ある人間」に満ちている。したがって彼は、伝統的な枢要徳論の枠組みから逸脱して、欺瞞を用いた「不純な思慮（prudentia mixta）」を敢えて容認し、「この世の嵐」を乗り切るために「時には迂回路を取る」必要を主張するに至った[46]。

このような現実政治の実際に即したリプシウスの議論は、たとえば、一六一二年頃に翻訳されたフランスの人文主義者シャロンの『知恵論（*Of Wisdome*）』にも踏襲された。すなわち、シャロンにおいてもまた、思慮は「他のすべての徳を導く御者」であり、「われわれが望み、そして回避しなければならない事柄に関する知恵および選択」と定義された。もっとも「人間に関わる事柄」は「極めて不確かで定まりがない」のであり、他方でまた「人間の性格は折れ曲がり」、「世界は策略と悪意に満ち」ている。このような現実世界では、情況に応じて「欺瞞を用いて欺瞞を防ぐこと」が必要であり、「常に真の理性と衡平の真っ直ぐな道筋に従うこと」は逆に、「国家を裏切り、滅ぼすことになる」[47]。こうして彼は、リプシウスの「不純な思慮」の議論と同様に、政治における悪徳の必要を容認し、「公共の利益」が目的であれば「時には道を外れ」、「獅子と狐の皮」を被り、「自分の役割を巧みに演じること」が不可欠と主張したのである[48]。

したがって、この政治的思慮は、「荒れ狂う海」で「国家という船」を操縦する顧問官にもっとも必要とされる[49]。たとえば、ジャンティエ（Gentillet）は、一六〇二年に翻訳された『統治論（*A Discourse upon the Means of Wel Governing*）』のなかで、「出来事と情況の多様性と相違」を理由に、政治技術を一般原理に還元することの危険を指摘した。それゆえ、統治を担う者は「ときには規則を現在の情況に応じて力づくで曲げなければならない」[50]。また、『顧問官（*The Counseller*, trans., 1589）』を著したフェリペ（Philippe）も同様に、コモンウェルスには「たくさんの極めて多様な相反する情況が常時発生するため、普遍的な規則のもとに包括することができない」との認識を共有した。したがって、協議事項はすべて「不確実で安定と確かさを欠く」ため、助言の内容は情況の推移と必要に応じて随時「改め、変更されるべき」であった。彼によれば、「人間に関する事柄には、あまりに正しく明白で一目瞭然としており、疑問を招いたり沢山の意見の相違が生じないようなことなどない」のである[51]。それゆえ、たとえばエリオットは、このような錯雑した現実に直面する顧問官の思考過程を次のように描写した。

「学問と経験を積んだ顧問官は、場所と時と人物を考慮し、実行予定の事柄の情況を検討し、権力の行使、援助の実行、物資の調達を行い、過去に起こった事柄を長く記憶に留めて反芻し、それらを経験と照らし合わせ、過去と経験が認めた事柄を効果的に実行に移すための理由と手段を懸命に模索するのである」[52]。

エリオットはさらに「多数」の「顧問官」の知恵を集めた「より完全」な「助言」を目指した[53]。もっとも、逆に、錯雑した現実を前に「多数」の人間が多様な見解を抱くことの問題性も強く懸念されていた。フェリペによれば「人々はその本性からして意見が相対立してお互いの同意をみない」[54]。しかし、たとえばジャンティエは、このような異論の存在を積極的に認め、ローマの元老院の例を挙げながら、コモンウェルスの善が目的であれば「見解の不一致はしばしばとても有益で必要」と主張した。なぜなら、「他者と対すること」は物事を「ますます明瞭にして篩い分ける」からである[55]。フェリペも同様に、多くの意見が「比較衡量」され「討論と議論」を重ねるほど「より確かに改善される」と主張して、顧問官が自由に発言できる環境を求めたのである[56]。

前節で指摘したように、悪徳に対抗するための「ヘビの知恵」を容認したベイコンもまた、イングランドの顧問官として、このような実践的な政治思考を共有したと考えられる。たとえば、彼は一六〇〇年頃、のちに同僚の枢密顧問官となるグレヴィルに宛てた書簡を通じて「人文学（study of humanity）」を修得する方法を指南した[57]。このなかでベイコンは、リプシウスの『政治学六巻』を、政治学の分野で「われわれが有するもっとも優れた」概説書と高く評価したのである（9:25, 22, V96:105, 102）[58]。彼はまた『古代人の知恵』のなかで、牧神パーンの杖の先端が湾曲していることに譬え、統治の常道が紆余曲折にあることを説明した。すなわち、「人間によるあらゆる思慮深き統治において、統治の舵を取る者は、直接的な方法よりも試行錯誤しながら婉曲な方法を用いることによって、彼らの望むがままに民衆の善をもたらし、実現するのである」（6:638, 711）。こうしてベイコンは、先に紹介したメティスの寓話に託して「顧問官」と「思慮」が密接な繋がりにあることを示した。すなわち、国王（ユピテル）が顧問官の助言（メティス）を呑み込んだ結果、新たに頭部から生まれた武装したパラスは「思慮」と「権力」を意味すると解釈されたのである（O15:64, 6:683）。したがって、ラテン語版『学問の進歩』のなかで政治学の三つの部門がそれぞれ、「交際」「実務」「統治」に関する「思慮（prudentia）」（1:747）と説明されたこととの意味はもはや明らかであろう[59]。

もっとも、先にも指摘したように、ベイコンの政治学はあくまでも断片的であり、リプシウスの『政治学六巻』のような体系的な議論に欠ける。しかしながら、このことはベイコン政治学の欠陥を必ずしも意味しない。なぜなら、以下に述べるリプシウス批判が示すように、ベイコンにとって、まさに政治学の叙述形式や伝達方法それ自体もまた、思慮によって熟慮されるべき対象であったからである。

彼にとって『政治学六巻』の問題点はまさに、リプシウスが古典古代の書物から抜粋した政治的思慮の学問的な体系化を試みたことにあった[60]。したがって、先に挙げたグレヴィル宛の書簡のなかで彼は、「メルカトルの地図では、ロンドンやブリストル、ヨーク、リンカーンやその他の地名を見ることが外国人にイングランドの地誌を理解させせないように」、リプシウスの議論は「善き政治家を育成しない」とも指摘したのである（9:22, V96:102）。ベイコンはまた、この地図の比喩を『学問の進歩』のなかでも用い、それを学問の一般理論化を批判するために用いた。彼の解説によれば「現実から懸け離れた表面的な一般化は、実践に携わる者（practical men）からの知識に対する軽蔑を招くだけであり、実践の助けとはならない」（O4:126）のである。

もとより、リプシウスやシャロンも認識していたように、活動的生活に必要な実践知である思慮の内容は、一般的な規則には原理的に還元されにくい[61]。たとえば、シャロンによれば、思慮は「底無しの海」のように限りなく、「体系に整理して、規則や教則に限定し記述することが殆ど不可能」であった[62]。この意味でベイコンのリプシウス批判は、政治学の実践可能性をより徹底して追求する立場から、思慮を理論化する行為そのものに内在する矛盾を鋭く突いたものだとも言えよう。

このように、政治的思慮に立脚したベイコン政治学の特徴は、その叙述にあたってリプシウスやホッブズのような体系的な議論を自覚的に避けたことにある。そのうえでベイコンは、以下で論じるように、まさに「伝達の思慮(prudentia traditionis)」(O4:126)に即した、ルネサンス期に特有の韜晦的とも言える叙述方法を採用した。すなわち、同時代の人文主義的な教養を媒介とした「歴史」と「寓話」、そして「アフォリズム」である。

三　歴史・寓話・アフォリズム

ルネサンス期の人文主義者にとって、過去の歴史は政治的思慮の宝庫であった。たとえば、リプシウスは思慮の源泉として「経験(uses)」と「歴史(memoria)」を挙げたが、個人の経験に頼る前者に対して、「聞くことあるいは読むことを通じて得る、現世的事柄に関する知識」である歴史は「より安全で確実」であり、政治生活を営むために「もっとも必要」であった。リプシウスが引用したポリビウスのアフォリズムによれば、「歴史は政治的な事柄を取り扱う際に、われわれを鍛えるもっとも正しい教則なのである」[63]。このような前提に立脚したリプシウスの『政治学六巻』には、体系的に整理されたとはいえ、ツキディディスやリウィウスなどを典拠とした古典古代の歴史的実例や政治的教訓がアフォリズムの形で数多く収録された。なかでも引用の回数が際立っていたのが、以下に紹介するコーマの歴史家タキトゥスであった。

前章でも指摘したように、暴君ティベリウスや寵臣セーヤーヌスらによる権謀術数や宮廷の腐敗を描いたタキトゥスの『年代記』および『同時代史』は、リプシウス自身による校訂を一つの契機として、一六世紀後半以降、ヨーロッパ各国で急激に読者を獲得した[64]。いわゆる「タキトゥス主義」の時代である[65]。そのタキトゥスが叙述の対象としたのは、元首アウグストゥスの死からドミティアヌスに至る紀元一四年から九六年までの時代、すなわち、ティベリウスやネロに代表される恐怖政治の時代であった。タキトゥスによれば、ティベリウスやセーヤーヌスが跋扈した時代のローマは、「確固不動の平和」が支配した「映えない」時代であり、「首都の政情」は「憂鬱を極め」ていた。すなわち、「むごたらしい命令、のべつ幕なしの弾劾、偽れる友情、清廉な人の破滅、必ず断罪で終わる裁判」が繰り返されていたのである(4-32, 33)[66]。宗教戦争が猖獗を極め、寵臣が宮廷に跋扈した一六世紀から一七世紀前半にかけてのヨーロッパでは、タキトゥスが描いたローマは充分な応答能力を備えた歴史の教訓の宝庫であった[67]。

このような「時代の類似性（similitudo temporum）」を理由に、イングランドでも一五九一年、のちにイートンの学長となる歴史家ヘンリ・サヴィル（Henry Savile）によって『同時代史』が、九八年にはリチャード・グリーンウェイ（Richard Greenway）によって『年代記』が翻訳された。そして、このタキトゥス受容の最大の受け皿となったのが寵臣エセックスのサークルであり、サヴィルやグリーンウェイ、グレヴィルらを含むこの一派にはベイコン兄弟も名を連ねていた[68]。セシルと権力闘争を繰り広げた新進の宮廷人エセックスの一派が、権勢拡大のための歴史的手引きとしてタキトゥスを参照したことは充分に考えられる[69]。たとえば、バラ戦争の原因となった王位簒奪を描いたジョン・ヘイワード（John Hayward）の『ヘンリ四世史（*The First Part of the Life and Reign of King Henrie the IIII*, 1599）』が、エセックスの反乱を煽動した書物としてエリザベスの嫌疑を招いたのも、このような文脈においてであった。この事件に際してベイコンが与えたとされる次の回答は、王位継承をめぐる混乱が懸念されたエリザベス朝末期の知的雰囲気を端的に象徴したものと言えよう。

> 「いいえ女王様、反逆罪についてはその証拠を挙げることはできません。しかし、彼には重罪の疑いが多分にあります……なぜなら、彼はコルネリウス・タキトゥスから多くの格言と発想を盗んだからです」（7:133）。

ベイコンは先のグレヴィル宛書簡のなかで、このタキトゥスの著作を「あらゆる歴史物語のなかで、まさしく最良」と絶賛した（9:25, V96:105. cf. 3:538）。ベイコンにとっても、歴史の知識は統治に不可欠であった（cf. 9:12）。彼によれば、たとえばマキアヴェッリの『ディスコルシ』のように「個々の事例から生き生きと引き出された知識は、個々の場面における最善の方策となる。なぜなら、実例が中心で理論がそれに伴うときの方が、その逆よりも実践に役立つからである」（O4:162）。とりわけ、「ローマの慣習や実例は、軍事や政治の思慮に関する限り、他のすべてを併せたものより価値がある」（3:569）。もっとも、ベイコンは、たとえばグイッチャルディーニが強く危惧したように、タキトゥスを「僭主の手引き」として称賛したのではない[70]。すでに指摘したように、宮廷社会で活動的生活の実践を試みるには、タキトゥスが観察したような「悪徳のあらゆる形態と性質」（O4:144-5）を熟知した「ヘビの知恵」が必要とされた。したがって、たとえばエッセイ「偽装と隠蔽について（Of Simulation and Dissimulation）」では、タキトゥスの議論に即しながら「何を明らかにし、何を秘密にし、何を半分見せ、誰に、いつ」に関する「国家の技術」が、偽装や隠蔽とは慎重に区別されたのである（O15:20, O4:174）。ベイコンはまた、マキアヴェッリやグイッチャルディーニと同様、みずから「ブリテン史」の叙述に着手した。終章でも指摘するように、彼はのちの一六二二年に『ヘンリ七世治世史（*The History of the Reign of King Henry VII*）』を上梓して、まさにタキトゥスが描いたような「時の転変、人間の性格、助言の移り変わり、行動の推移や過程、見せかけの奥の真実、統治の秘密」(1:504, 4:302) に関する政治的思慮と歴史の教訓を提示したのである。

歴史とともにベイコンが駆使した「伝達の思慮」として、さらに寓話とアフォリズムが挙げられる。彼はホメロスやウェルギリウスなどの古代の詩人たちの神話が知識の伝達能力に優れ、実践に役立つことに着目した[71]。ベイコンによれば、人間の「理性」は「曇りのないことはない」ため、他者に自己の考えを理解させるためには「比喩や譬え話に頼らなければならない」(O4:74, 125)。また、これとは反対に、寓話には「統治の秘密」が公然化する危険を防ぎ、人文主義的な教養と寓意解釈の技術を共有しない人物に対して「意味を隠して曖昧にする」韜晦的な効果もあった(74)。

ベイコンは、このような寓話の両義性に関する方法的自覚に立脚したうえで、すでに紹介したメティスの寓話などを用いて統治の知恵を巧みに抽出した。彼が一六〇九年に出版した『古代人の知恵』はまさに、このような観点から再評価されるべきベイコン政治学のテクストの一つであろう[72]。たとえば、この作品で取り上げられたオルフェウスの神話は調和の理想を象徴する。ベイコンによれば、オルフェウスの琴の音が獰猛な鳥獣や草木を静めた物語は、あたかも舞台の芝居のように、哲学が「説得と雄弁により人々の心の中に徳や平等、平和への愛を行き渡らせ、また人々に規則や規律に耳を傾け順応させながら、ともに集まり力を合わせ、法の軛に服し、権威に従い、統御できない欲望を捨てることを教える」(6:648, cf. 11:117-8)。しかしながら、他方でオルフェウスが妻の冥界からの救出に失敗したことは、現実世界の有為転変を意味する。なぜなら、「王国やコモンウェルスの繁栄のあとには混乱と反乱と戦争が起こり、こうした騒乱のなかで、まず法が沈黙させられ、次に人々は本来の性質である堕落した状態に戻り、野原や都市は荒廃に帰す」からである(6:648)。

ここで注目すべきは、ベイコンの寓話解釈のなかにも、このようなペシミスティックな政治認識を導いたマキアヴェッリの影響が看取できることであろう。(73) たとえば、残忍な一眼巨人キュクロプスは冷酷な臣下に譬えられ、ユピテルが最後にキュクロプスを見捨てたことは、国王が緊急時に際して冷酷な臣下を登用し、臣民の憎しみを転化させたうえで追放することの意味に解された(6:631-2)。これは、言うまでもなく『君主論』第七章におけるチェーザレ・ボルジアと副官リミッロ・デ・オルコの関係に対応する。また、ステュクスの神話は、国家間の盟約において重要なのは相互信頼や誓約ではなく、あくまでも後戻りが出来ないステュクスの河に象徴される「必要」や「利害の共有」(634)であることを示す。こうしてベイコンは、「巧みであるが不道徳である」と評しながらも、マキアヴェッリ『君主論』第一八章の寓意解釈を紹介した。すなわち、半人半獣のケンタウロスに養育されたアキレスの神話は、まさに狐の狡猾さと獅子の暴力を君主が兼ね備えるべきことを意味するのである(O4:75)。

ベイコンはまた、歴史や寓話の知恵を簡潔に表すアフォリズムの実践的および学問的な効用を高く評価した。(74) 彼によれば、体系的な記述は「むしろ同意や信用を得るためには相応しいが、行動を指示するには適していない」。というのも、「個々の事例は個々別々のものであるから、それらに応じた指示がもっとも合致しているのである」。さらに、「断片的な知識(broken knowledge)」であるアフォリズムは、完結した体系的叙述と異なり「いっそう深い研究に人々を誘う」(O4:124)。

このアフォリズムもまた、歴史や寓話とともに、ルネサンス期において広く流通した叙述形式の一つであった。一五九七年に初版が出たベイコンの *The Essays* は、このアフォリズム形式を採用した同時代の典型的な作品であった。もっとも、*The Essays* はこれまで、モンテーニュの『エセー』とならぶ随筆文学の古典として『随想集』と一般に訳されてきた。しかし、以上の議論を踏まえた場合、この作品はむしろ、その原題（*The Essays and Counsels: Civil and Moral*）にもあるように、歴史や寓話から抽出された政治的思慮がアフォリズム形式で書き記された『政治道徳論集』として解釈されるべきであろう。[75] さらに言えば、ベイコンの作品のなかでも同時代に「もっとも流布」（O15:5）した『政治道徳論集』は、自ら認めるように、まさしく「舞台のアクター」であった彼の「活動的生活」と「観想的生活」の「果実」（317）であった。それゆえ、この『政治道徳論集』は、顧問官による政治的助言の書として、彼の実践知が刻印された政治学のテクストであったと考えられるのである。[76]

たとえば、ベイコンは「反乱と騒動について」をはじめとするエッセイのなかで「流言（fames）」について論じた。これはまさに「国家における嵐の前兆」（O15:43）であり、「あらゆる政治学のなかで、この流言ほど取扱いが少なく、しかも取り上げる価値のある主題はない」（177）。ベイコンは、この新たな政治学の主題を、『古代人の知恵』で取り上げた巨人族の妹の寓話とタキトゥスのアフォリズムを用いて考察した。彼によれば、大地から生まれた巨人がユピテルに敗れ、怒った大地が巨人族の妹としてファマを生んだ物語は、民衆の性格と流言蜚語の性質を示す。すなわち、大地は民衆であり、悪意を常に支配者に向けて反乱（巨人族）を引き起こすが、それが抑圧されると流言（ファマ）を用いて対抗する（6:645）。ベイコンはまた、このような流言の政治学を、元首ガルバの殺戮に対するローマの民衆の反応を描いたタキトゥス『同時代史』（1-7）のアフォリズム、「悪意が激しく燃え上がると、立派な行為も悪い行為と同様に憎まれる」によって説明したのである（O15:44, cf. O4:74-5）。

もっとも、これらの政治的思慮は、情況変化に応じて臨機応変に使い分けられるべき性質のものであった。ベイコンによれば、あくまでも「適切な治療は個々の病弊に応じなければならない」のであって、「それは規則（rule）

よりも助言（counsel）に委ねなければならない」（O15:46）。したがって、次節以下でも論じるように、顧問官ベイコンの政治学はむしろ、『古代人の知恵』や『政治道徳論集』などのテクスト解釈に加え、宮廷における活動的生活の実践に媒介された政治と学問との具体的な応答のなかでこそ、より充分に理解されるであろう。

以上のように顧問官ベイコンの政治学は、『ユートピア』や『リヴァイアサン』とは異なる思考様式、すなわち政治的思慮に立脚した実践知の政治学であった。彼はまた、抽象的な理想論や体系的な理論を自覚的に避け、人文主義的な教養をコミュニケーションの共通基盤としながら、歴史や寓話、アフォリズムを駆使して流動的な政治世界に対峙した。次節では、残された政治学の第三部門「統治」の学問を手掛かりに、彼が「グレイ法学院の劇」のなかで提示した複数の政治的ヴィジョンについて考察を加えてみたい。

第三節　「統治」の学問——コモンウェルス・ステイト・帝国

ベイコンは『学問の進歩』ラテン語版のなかで、「統治」の学問には三つの「政治的義務（officia politica）」が含まれるとした。すなわち、一、国家の幸福と繁栄、二、国家の維持、三、国家の拡大である（1:792）。本節では、この言明を手掛かりに、政治的思慮に立脚したベイコンの政治学が、「グレイ法学院の劇」に象徴される複数の価値と可能性との緊張のなかで成立した「可能性の技術」であったことを明らかにする。そのために筆者は、ルネサンス期イングランドにおける人文主義者の政治思想のなかに、国家の繁栄、維持、拡大の契機をそれぞれ有した三つの異なる国家観、すなわち「コモンウェルス」「ステイト（state）」「帝国（empire）」が併存していたことを指摘する。そのうえで、ベイコンが、当時の政治情況に応じて、これらの国家観をいかに柔軟に提示し分けたのかを、エリザベス期末期以降の彼の活動的生活を追跡しながら明らかにしたい。

第一章第一節ですでに論じたように、ルネサンス期のイングランドでは、「国民に利益をもたらす王国」もしくは「共通の利益に関する事柄」を意味する「コモンウェルス」の概念が広く流通していた。ベイコンの「統治」の学問が、国家の幸福と繁栄を一つの目的に掲げたことは、このようなコモンウェルス論の定着を反映したものと考えられる。

もっとも、ベイコンはコモンウェルスの概念を改めて定義づけてはいない。けれども、彼と同時代の議論に目を向ければ、この伝統的な国家観とともに「繁栄」や「幸福」の理念が併せて提唱されていたことが理解できる。たとえば、フロイドの『完全なコモンウェルス』によれば、「コモンウェルス」の目的はまさしく「幸福と至福」にあり、それゆえに「善き生活を推進」するための「徳」が必要とされた。[77] また、エドワード・フォーセット（Edward Forset）は『政治体と自然体の比較論（*A Comparative Discourse of the Bodies Natural and Politique*, 1606）』のなかで、「コモンウェルス」の統治は、政治的身体の維持だけでなく「繁栄と幸福」をも目指すと指摘した。[78] このような共通理解を背景にして、ベイコンは、すでに述べた一五九三年と九七年の議会以降も、次のようなコモンウェルス改革の議論を展開し続けたのである。

たとえば彼は、一六〇一年議会において法改革の必要を主張し、「人は誰でもそれぞれの最善を尽くし、コモンウェルスを救済せねばならない」と前置きしたうえで、過剰な制定法を廃棄するための検討委員会の設置を提案した（10:19）。さらに、特許状の増加が下院の批判を浴びると、独占権の付与は国王大権の専管事項であるがゆえに審議の対象とならないと論じながらも、その是非はあくまでも「コモンウェルス」の利益に基づくことを確認した（27）。彼はまた、『政治道徳論集』のなかでも「国家をより豊かにする」（O15:47）ための政策論を展開した。エッセイ「反乱と騒動について」のなかでは、低地諸国を模範とした加工貿易政策や、高利貸しや独占、大牧場を抑制して富の寡占を防止することが「立派な政策」として提案されたのである（47）。したがって、以上を考慮すれば、これらの法改革や社会経済政策の議論がまさに、「グレイ法学院の劇」のなかで「徳」による「恵み豊かな」統治を目指した第五の顧問官の助言を反映していることは明らかであろう。

ところが、ベイコンは情況の変化に応じて、このような「コモンウェルス」の幸福と繁栄とは異なる政治的価値を優先させた。すなわち、以下で論じるような、第四の顧問官が目指した「ステイト」の維持、および第一の顧問官が提言した「帝国」の拡大である。

ルネサンス期以降、ヨーロッパの政治的言説に新たに登場した語彙として「ステイト（status, stato, ê tat, Staat, state）」が挙げられる。スキナーらによって重ねて指摘されてきたように、もともと「君主の地位（status princi-pis）」もしくは「王国の状態（status regni）」を意味していた「ステイト」は、マキアヴェッリやグイッチャルディーニを主要な媒介として、次第に「支配者や非支配者から分離した公的な権力の形態、および一定の決められた領域内において至高の政治的権威を構成するもの[79]」という近代的な意味内容を帯びるようになった。イングランドにおいては、エリザベス朝後期までには定着したとされる近代的な「ステイト」概念は、伝統的な「コモンウェルス」の概念と入れ替わるようにして、当時の政治論のなかで頻繁に言及されるようになった[80]。

このような言説史上の一つの分水嶺となるのが、一六〇六年にジョン・ノウルズ（John Knolles）によって英訳されたジャン・ボダン（Jean Bodin）の『国家論（*The Six Bookes of a Commonweale*）』であろう。このボダンの議論が主権国家の理論構築に果たした役割は周知の通りであるが、その際に彼が、『国家論』の冒頭でコモンウェルス論が依拠した古典古代の国家観をはっきりと覆したことは見逃せない。すなわち、彼は「幸福な善き生活を送るために共に集まった人々の社会」という古代の定義を斥け、幸福は国家の必要条件では「ない」と主張したのである。彼によれば「人間生活をより恵み豊かにすると思われている事柄、すなわち、富や豊かさ、広大な領土、財産は良く統治された都市やコモンウィールには必ずしも必要とされない」[81]。もっとも、善き生活や幸福については様々な解釈があり得る。しかしながら、少なくとも「コモンウィール（republique/ commonweal）」という伝統的な概念を用いながらも、それを「多くの家族とそれらの間で共通の事柄の、主権を伴った正しい統治である」と新たに規定したボダンの議論が、善き生活よりも秩序の維持を新たに優先させたことは明らかであろう。のちにルソーが『社会契約論』第一編第六章の註で指摘したように、ボダンが市民（citoyen）を政治参加の主体として想定せず、他方で混合政体論を批判したことは、それを端的に象徴している[82]。

このような国家観の転換に伴う「ステイト」概念の浸透過程を鮮やかに示す例として、チャールズ・マーブリ（Charles Merbury）とウォルタ・ローリの議論が挙げられる。一五八一年、ボダンはイングランドを訪れ、数年前に出版した『国家論』が好評を博していることを知った。そして、おそらくその読者の一人であったマーブリが同年に出版したのが『君主制小論（*A Briefe Discourse of Royall Monarchie, as of the Best Common Weale*, 1581）』であった。マーブリはそのなかで、ボダンの議論に倣って主権の至高性を主張したのである[83]。もっとも、オックスフォードで人文学を修めたマーブリの議論には、他方でまた、公共の利益を基準とした政体区分論が展開されるなど伝統的なコモンウェルス論の契機が混在していた[84]。しかしながら、彼による「コモンウィール」の定義は、むしろ「ステイト」の意味を色濃く有し、国家の幸福よりも秩序の維持に関心を向けたものであった。すなわち、それは「都市や国において維持される統治秩序であり、そのなかで支配を行う為政者（Magistrates）、とりわけ至高の権威を有する主要な主権者に関わる事柄」であった[85]。そして、一七世紀に入ると、これとほぼ同じ定義が、ローリの著作とされた『国家のマキシム（*Maxims of State*）』のなかで明快に「ステイト」と称されることになったのである[86]。

ベイコンが政治的価値の一つとして国家の維持を挙げた理由は、このような政治的言説の変換過程のなかで理解できよう。たしかに、彼が用いた政治的語彙のなかでは「コモンウェルス」や「帝国」に比べ、「ステイト」の使用頻度が圧倒的に多い。また、「ステイト」は「大きな機関（engine）のようにゆっくり動き、すぐには壊れない」（O4:156）と表現されるなど、非人格的な機構を指す近代的な意味に近い用例が看取される。さらに、このような「ステイト」に新たに関心を寄せた議論の一つの特徴は、たとえば『国家のマキシム』や、これもまたローリの著作とされた『キャビネット・カウンシル（*The Cabinet-Council*）』が端的に示すように、主権を確立し国家を維持するための実践的な政治技術論に求められる。これと同様に、ベイコンの『政治道徳論集』のなかでも、すでに前節で述べたような反乱や騒動の予防策が検討されたが、それは党派の増長や過度な自由を抑え「国家（state）の絶対性」を確立することを目的とした第四の顧問官による議論の系として解釈できよう。

このような「ステイト」論の浸透に付随して新たに登場したのが、いわゆる「国家理性（reason of state）」論であった。スキナーやタックらが指摘するように、一六世紀後半の人文主義者たちは、宗教戦争で混乱した政治情況に対峙するために、秩序の維持を優先させる国家理性の議論を受け入れた[87]。たとえば、ジョヴァンニ・ボテロ（Giovanni Botero, 1540-1617）の『国家理性論（*Ragione di stato*, 1589）』によれば、「ステイト」は「民衆に対する安定した支配」であり、「国家理性」は「支配が基礎づけられ、維持され、拡大される手段の知識」であった。

そして、なかでも支配の維持こそが、国家理性に「もっとも密接に関わる」とされた。[88]「人間に関する事柄には、それを司る月と同様、あたかも自然法の如き満ち欠けがある」と認識するボテロにとって、国家を維持して衰退を食い止めることは「より偉大な所業」であり、また「ほとんど超人的な仕業」であった。[89]したがって、力に頼る領土の拡大や征服に対して、内患と外憂に同時に対処すべき国家の維持には、より一層の政治的思慮が必要とされたのである。[90]

ここでベイコンの活動的生活に視点を戻せば、この「ステイト」の論理も同様に、実際の政治論争のなかで活用されていたことが観察できる。ただし、それは先に述べた伝統的なコモンウェルス論と内在的な緊張を孕むものであった。以下に述べるように、特別税をめぐる彼の一五九三年と九七年の議会演説は、これらの複数の価値の相剋が窺える格好の事例であろう。

前章第二節でも指摘したように、九三年議会でベイコンは、「ジェントルマンは食器を、農民は真鍮のポットを売り払わなければならない」(8:223)と訴え、政府提案の三特別税法案に反対した。ところが、この発言は「ステイト」の論理に立脚した政府の猛烈な反論を招いた。ロバート・セシルやローリ、グレヴィルらは特別税の「必要」を前面に押し出し、スペインの脅威が迫って「より危険な状態」にあることを理由にベイコンの異論を一蹴したのである。ベイコンは自説を頑なに撤回しなかったが、四年後の九七年議会で彼の主張は一変した。というのも彼は、以前と同じ内容の特別税法案を今度は全面的に支持するようになり、かつての論敵であったローリらと同様に、「コモンウェルス」の「利益」よりも「安全と維持」を優先させる、次のような「ステイト」の論理を展開したのである。

「議長殿に申し上げます。安全と維持が、利益や富の増大よりも優先されるべきことは、真理のなかでもより周知の事実であります。というのも、維持を目的にした助言は必要に迫られているからです。これに対して、利益を考慮するときは説得のみが頼りであるからです」(9:86)。

このようなベイコンの主張の変化を、失った女王の寵愛を再び獲得しようとする宮廷政治の力学の側面からのみ説明することはできないであろう。というのも、彼は演説のなかで周到にも、前回とは議論の前提が異なることを指摘し、スペインがフランスとの関係を改善する可能性が生じたため、イングランドへの脅威が四年前よりも高まっていることを強調したのである(9:87-8)。政治的思慮の議論に従えば、嵐に象徴される流動的な政治世界のなかで、情況に応じた方針転換は非難されるべきではない。それゆえ、ベイコンが九七年議会でコモンウェルスの「利益」に固執せず、「安全と維持」を優先させたことは、「個々の場面における最善の方策」を求めた彼の政治学に従えば論理的に矛盾しない。それはむしろ、実践可能性を重視した彼の政治思考の特徴を示す一つの証左としても解釈できるであろう。

以上のように、政治的思慮に立脚したベイコンの政治学は、「グレイ法学院の劇」に象徴されるような複数の価値と可能性との緊張と相剋のなかで成立した「可能性の技術」であった。とくにエリザベス朝末期の一五九〇年代において彼は、他の人文主義者と同様に、国家の幸福(コモンウェルス)および国家の維持(ステイト)を「われわれの統治の船が係留されるべき港」と定め、政治的思慮を「羅針盤」にしながらルネサンス期イングランドの政治的現実に対峙した。ところが、世紀の転換に伴いベイコンは、コモンウェルスやステイトといった既存の語彙を通じて理解されてきた、君主制国家「イングランド」という政治的単位そのものを揺るがす事態に遭遇する。エリザベスの逝去に伴う、スコットランド国王ジェイムズ六世によるイングランド王位の継承である。こうして、ステュアート朝を開いた新国王ジェイムズ一世（六世）のもとで、国制の再編を迫る新たな政策課題が浮上した。すなわち、ブリテン島における二つの主権国家、イングランドとスコットランドの統合問題である。以下では章を改め、国家の「拡大」による「ブリテン帝国」の創出という困難な課題に直面したベイコンの活動的生活を考察したい。

(1) この過程において、ベイコンが政治学と倫理学を峻別したことの「近代」政治思想史における画期的な意義を強調した議論として、塚田富治『カメレオン精神の誕生—徳の政治からマキャベリズムへ—』平凡社、一九九一年。第六章第二節。

(2) Markku Peltonen, *Classical Humanism and Republicanism in English Political Thought 1570-1640* (Cambridge, 1995), pp. 136-58.

(3) A. D. B., *The Court of the Most Illustrious and Most Magnificent James, the First* (London, 1619), p. 13.

(4) *Ibid.*, pp. 20. Cf. p. 63.

(5) *Ibid.*, pp. 19. Cf. pp. 83-4.

(6) *Ibid.*, B2.

(7) *Ibid.*, pp. 59-60, 94, 98, 120, passim.

(8) *Ibid.*, pp. 10, 25, 59, 65, 84, 95, 98, 108, 132, 142.

(9) *Ibid.*, pp. 102, 74. もとより、偽装は原則として否定される。*Ibid.*, pp. 38, 141, 160.

(10) *Ibid.*, pp. 26, 28, 50, 61, 76, 77, 90, 95, 97, 103-4, 118, 131, 132. また、A. D. B. と同様の議論を展開した作品の例として、Henry Wright, *The First Part of the Disquisition of Truth, concerning Political Affaires* (London, 1616), pp. 15-23.

(11) 塚田『カメレオン精神の誕生』、二〇三―二一〇頁。

(12) Peter Burke, *The Fortunes of the Courtier* (Cambridge, 1995), pp. 60, 76-80, 96-8.

(13) G. P. Rice ed., *The Public Speaking of Queen Elizabeth* (New York, 1951), p. 90; James VI and I, *Basilikon Doron*, in *Political Writings*, ed., J. P. Sommerville (Cambridge, 1994), pp. 49-50; 塚田『カメレオン精神の誕生』、二〇五―八頁。

(14) Daniel Tuvill, *The Dove and the Serpent: in which is conteined a Large Description of all such Points and Principles, as tend either to Conversation, or Negotiation* (London, 1614), pp. 1, 7, 29.

(15) *Ibid.*, p. 40; Tuvill, *Essayes, Morall and Theologicall* (London, 1609), pp. 2, 4-5, 23, 35; idem, *Vade Mecum: A Manuall of Essayes Morrall, Theologicall* (London, 1629), pp. 2, 4-5, 22, 37.

(16) Tuvill, *The Dove and the Serpent*, p. 7.

(17) *Ibid.*, pp. 12.

(18) *Ibid.*, pp. 15. Cf. Tuvill, *Essayes*, pp. 35-60; idem, *Vade Mecum*, pp. 37-62.

(19) John Hitchcock, *A Sanctuary for Honest Men: or an Abstract of Humane Wisdome* (London, 1617), pp. 120, 86-8, 61-6.

(20) 人文主義者によるイングランドの階層社会の認容については、Fritz Caspari, *Humanism and the Social Order in Tudor England* (Chicago, 1954), pp. 6-15.

(21) Thomas Elyot, *The Boke named the Gouernour*, ed., Foster Watson (Everyman's Library, London, 1907), pp. 2-3. (Bk. 1, ch. 1).

(22) *Ibid.*, pp. 130, 128, 49 (Bk. 2, ch. 4; bk. 1, ch. 12)

(23) *Ibid.*, p. 293 (Bk. 3, ch. 29). また、「今日の賢明な助言から構成される」と序言にあるエリオットの『叡知の饗宴』では、マリウス・マキシムスのアフォリズム「コモンウィールは君主が善き人物でない方がまだ、顧問官や従者達が邪悪であるよりも、より良く確かな状態にある」が紹介された。Idem, *The Bankette of Sapience* (London, 1534), p. 10. エリオットと助言の問題については、F. W. Conrad, 'The Problem of Council Reconsidered: The Case of Sir Thomas Elyot', in P. A. Fideler and T. F. Mayer eds., *Political Thought and the Tudor Commonwealth* (London, 1992),

pp. 75-107.

(24)　Henry Peacham, *The Complete Gentleman* (London, 1622), A4v.

(25)　Justus Lipsius, *Six Books of Politics or Civil Doctorine*, trans., James William (London, 1594), p. 41.

(26)　Thomas Floyd, *The Picture of a Perfit Common Wealth* (London, 1600), p. 5.

(27)　*Ibid*., pp. 28, 76-84.

(28)　Laurentius Grimaldus [Goslicius], *The Covnsellor*, trans., Anon (London, 1598), pp. 2, 25, 82, 6-7, 12-4, 19.

(29)　Sir John Fortescue, *The Governance of England* in his *On the Laws and Governance of England*, ed., Shelley Lockwood (Cambridge, 1997), pp.116-8.

(30)　*Ibid*., p. 115.

(31)　人文主義者と顧問官の関連に関しては、既に多くの指摘がある。たとえば、J. G. A. Pocock, *The Machiavellian Moment: Florentine Political Thought and the Atlantic Republican Tradition* (Princeton, 1975), pp. 334, 339-41, 349-60; A. B. Ferguson, *The Articulate Citizen and the English Renaissance* (Durham, N. C., 1965), ch. 7; John Guy, 'The Henrician Age', in Pocock ed., *The Varieties of British Political Thought, 1500-1800* (Cambridge, 1993), pp. 13-46; idem, 'The Rhetoric of Counsel in Early Modern England', in Dale Hoak ed., *Tudor Political Culture* (Cambridge, 1995), pp. 292-310; Peck, 'Kingship, Counsel and Law in Early Stuart Britain', in Pocock ed, *The Varieties*, pp. 80-115. もっとも、中央の宮廷に限らず、地域の共同体も活動的生活の場と見做されたことについては、Peltonen, *Classical Humanism*, pp. 173-7, cf. pp. 54-102.

(32)　Roger Ascham, *The Schoolmaster* (London, 1570), Praeface to the Reader.

(33)　Guy, *Tudor England* (Oxford, 1988), pp. 309-30.

(34)　Barnabe Barnes, *Four Bookes of Offices* (London, 1606), pp. 25, cf. p. 66.

(35)　W. Canning, *Gesta Grayorum 1688* (The Malone Society, 1914). また、序章註（1）参照。

(36)　この「六」という数について、ウィリアム・パジェト（ヘンリ八世期、メアリ期の枢密顧問官）は、それを宮廷内に常時待機すべき最低限の人数と見なした。G. R. Elton, *The Tudor Constitution*, 2nd. ed. (Cambridge, 1982), p. 97.

(37) J. W. Allen, *English Political Thought 1603-1660*, vol. 1 (London, 1938), p. 50.

(38) アリストテレス『ニコマコス倫理学（上）』（高田三郎訳、岩波文庫、一九七一年）、第六巻。

(39) 佐々木毅「政治的思慮についての一考察―J・リプシウスを中心にして―」、有賀弘・佐々木毅編『民主主義思想の源流』東大出版会、一九八六年所収、三―三三頁。塚田『カメレオン精神の誕生』、とくに第四・五章。E. F. Rice Jr., *The Renaissance Idea of Wisdom* (Cambridge, Mass., 1958), chs. 6-8.

(40) Floyd, *The Picture of a Perfit Common Wealth*, pp. 117, 116, 122.

(41) Grimaldus [Goslicius], *The Covnsellor*, pp. 81-2. 同様に、思慮が活動に関わる知識であることを指摘した議論として、たとえば、Miles Sandis, *Prudence: The First of the Cardinall Virtues* (London, 1635), p. 58.

(42) リプシウス研究の古典として、Gerhard Oestreich, *Neostoicism and the Early Modern State*, eds., B. Oestreich and H. G. Koenigsberger, trans., D. McLintock (Cambridge, 1982). また、山内進『新ストア主義の国家哲学』千倉書房、一九八五年。

(43) Lipsius, *Sixe Bookes of Politickes*, p. 11

(44) *Ibid.*, p. 41.

(45) *Ibid.*, pp. 47-8.

(46) *Ibid.*, Book4, chs. 13-4 (pp. 112-23).

(47) Peter Charron, *Of Wisdome*, trans., Samson Lenard (London, n. d.), pp. 350, 351, 358.

(48) *Ibid.*, pp. 358, 359, 360, 362.

(49) たとえば、Barnes, *Four Bookes of Offices*, A3^{v}; Grimaldus, *The Covnseller*, pp. 81-4; Bartholomew Phillip, *The Covnseller: A Treatise of Counsels and Counsellers of Princes*, trans., John Thorus (London, 1589), fos. 22-3.

(50) Innocent Gentillet, *A Discovrse vpon the Means of VVel Governing*, trans., Simon Patericke (London, 1602), A2^{r}.

(51) Phillip, *The Covnseller,* fos. 44, 117, 101, cf., fol. 2.
(52) Elyot, *The Boke named the Gouernour,* ed., Foster Watson, p. 295 (Bk. 3, ch. 29).
(53) *Ibid*, p. 294 (Bk. 3, ch. 29).
(54) Phillip, *The Covnseller,* fos. 101-2.
(55) Gentillet, *A Discovrse*, p. 29.
(56) Phillip, *The Covnseller,* fol. 13. cf. fol. 118.
(57) V. F. Snow, 'Francis Bacon's Advice to Fulke Greville on Research Techniques', *Huntington Library Quarterly* 23 (1960), pp. 369-78.
(58) なお、ここでマキアヴェッリは政治学ではなく、戦争技術の模範とされた。
(59) この政治的思慮の観点からベイコン政治学を解釈した議論として、Ian Box, 'Bacon's Essays: From Political Science to Political Prudence', *History of Political Thought* 3 (1982), pp. 31-49; idem, *The Social Thought of Francis Bacon* (Lewiston, 1989), pp. 117-22.
(60) 『政治学六巻』では、政治的思慮の形態が「他者からの思慮（第三巻）」と「君主自身の思慮（prudentia a se）」に分類され、後者がまた「平時の思慮（togata prudentia、第四巻）」と「戦時の思慮（militaris prudentia、第五・六巻）」に分けて論じられた。
(61) リプシウスは、君主の思慮を論じながら、それが「極めて広範に渡り、複雑で曖昧である」との説明に一節を割いた。Lipsius, *Sixe Bookes of Politickes*, pp. 59-60.
(62) Charron, *Of Wisdome*, pp. 351, 353.
(63) Lipsius, *Sixe Bookes of Politickes*, pp. 12-4; Charron, *Of Wisdome*, pp. 352.
(64) Peter Burke, 'A Survey of the Popularity of Ancient Historians, 1450-1700', *History and Theory* 5 (1966), pp. 135-52. とくに、p. 137.
(65) Burke, 'Tacitism Scepticism, and Reason of State', in J. H. Burns ed., *The Cambridge History of Political Thought*

1450-1700 (Cambridge, 1991), pp. 479-98. とくに、エリザベス朝、初期ステュアート朝イングランドにおけるタキトゥスの受容に関しては多数の文献がある。M. F. Tenny, 'Tacitus in the Politics of Early Stuart England', *The Classical Journal* 37 (1941), pp. 151-63; A. T. Bradford, 'Stuart Absolutism and the "Utility" of Tacitus', *The Huntington Library Quarterly* 46 (1983), pp. 127-55; F. J. Levy, 'Hayward, Daniel and the Beginning of Politic History', *The Huntington Library Quarterly* 50 (1987), pp. 1-34; J. H. M. Salmon, 'Stoicism and Roman Example: Seneca and Tacitus in Jacobean England', *Journal of History of Ideas* 50 (1989), pp. 199-225; idem, 'Seneca and Tacitus in Jacobean England', in L. L. Peck ed., *The Mental World of the Jacobean Court* (Cambridge, 1991), pp. 169-88; David Womersley, 'Sir Henry Savil's Translation of Tacitus and Political Interpretation of Elizabethan Texts', *Review of English Studies New Series* 42 (1991), pp. 313-42; Malcolm Smuts, 'Court-Centerd Politics and the Uses of Roman Historians, c. 1590-1630', in Kevin Sharpe and Peter Lake eds., *Culture and Politics in Early Stuart England* (Houndmills, 1994), pp. 21-43.

(66) 国原吉之助訳『タキトゥス』筑摩書房、世界古典文学全集22、一九六五年、一二〇、一二一頁。

(67) たとえば、エリオットは、このタキトゥスの著作を「助言に極めて有用である」と称賛した。Elyot, *The Boke named the Gouernour*, ed., Foster Watson, pp. 46-7 (Bk. 1, ch.11)。また、Peacham, *The Complete Gentleman*, pp. 52, 46-52.

(68) とくに、Salmon, 'Stoicism and Roman Example', pp. 207-13; idem, 'Seneca and Tacitus in Jacobean England', pp. 172-5.

(69) サヴィルの著作に付された読者宛書簡(A. B. To the Reader)の作者は、エセックスと推測されている。その書簡のなかでエセックスは、歴史は「われわれが従うかもしくは回避すべき、過去におけるあらゆる国家や祖国や時代における善悪双方の模範的な人物の例を提供する」と述べた。Henry Savile, *The End of Nero and the Beginning of Galba* (London, 1591).

(70) グイッチャルディーニ『リコルディ』(永井三明訳『政治と人間をめぐる断章』、清水弘文堂、一九七〇年。同訳『フィレンツェ名門貴族の処世術』講談社学芸文庫、一九九八年、C-13, 18, B-78)。周知のように、このグイッチャルディーニは歴史の実用性に批判的な立場からマキアヴェッリを批判した。しかし、ベイコンにとってグイッチヤルディーニもまた称賛すべき歴史家の一人であり、皮肉にも『イタリア史』からは性格描写の方法や国際関係における勢力均衡の教訓等が引き出された。Vincent Luciani, 'Bacon and Guicciardini', *Publications of Modern Language Association of America* 62 (1947), pp. 96-113.

(71) ルネサンス期イングランド文学における寓話の役割に関しては、Douglas Bush, *Mythology and the Renaissance Tradition in English Poetry* (New York, 1957). また、ベイコンが一七世紀における寓話解釈の権威であったことについては、Don Cameron Allen, *Mysteriously Meant: The Rediscovery of Pagan Symbolism and Allegorical Interpretation in the Renaissance* (London, 1970), p. 244; Frederick Hard, 'Myth in English Literature: Seventeenth and Eighteenth Century', in chief ed., Philip P. Wiener, *Dictionary of the History of Ideas* (1968), vol. 3, pp. 297-300（加藤光也訳「神話（一七、一八世紀英文学における）」、荒川幾男編訳『西洋思想大辞典』第三巻所収、平凡社、一九九〇年、二六—三三頁）.

(72)『古代人の知恵』の再評価を行った先駆的研究として、C. W. Lemmi, *The Classic Deities in Bacon: A Study in Mythological Symbolism* (Baltimore, 1933); Paolo Rossi, *Francesco Bacone; Dalla magia alla scienza* (Bari, 1957; Torino, 1974), ch. 3（ロッシ『魔術から科学へ』前田達郎訳、サイマル出版会、一九七〇年）. また、寓話をはじめとするベイコンの叙述方法に着目した論稿として、James Stephens, 'Bacon's Fable-Making: A Strategy of Style', *Studies in English Literature* 14 (1974), pp. 117-27. Cf. Charles Whitney, 'Some Allegorical Contexts for Bacon's Science', *Studia Neophilologia* 52 (1980), pp. 69-78.

(73) Rossi, *Francesco Bacone*, pp. 180-7.

(74) Douglas Bush, *English Literature in the Earlier Seventeenth Century 1600-1660*, 2nd. ed. (Oxford, 1962), pp. 192-207; Brian Vickers, *Francis Bacon and Renaissance Prose* (Cambridge, 1968), ch. 3; John Briggs, *Francis Bacon and the Rhetoric of Nature* (London, 1989), ch. 5. また、オルシーニは、policy, practice, aphorism, maxim といった一連の語彙がエリザベス期におけるマキャベリズムの中心的タームとなっていたことを指摘した。Napoleone Orsini, "Policy" or the Language of Elizabethan Machiavellism', *Journal of the Warburg and Courtauld Institutes* 9 (1946), pp. 122-34.

(75) これと同様の視点から、『政治道徳論集』をイギリス社会哲学の先鞭として読む試みとして、高橋真司「ベイコン『エッセイズ』の読み方」、花田圭介編『フランシス・ベイコン研究』御茶の水書房、一九九三年所収、四五—七三頁。

（76） Michael Kiernan, 'General Introduction', O15: xix-xxi.

（77） Floyd, *The Picture of a Perfit Common Wealth* (London, 1600), p. 106.

（78） Edward Forset, *A Comparative Discourse of the Bodies Natural and Politique* (London, 1606), p. 4.

（79） Skinner, *The Foundations of Modern Political Thought*, vol. 1 (Cambridge, 1978), p. 353; idem, 'The State', in Terence Ball, James Farr, and R. L. Hanson eds., *Political Innovation and Conceptual Change* (Cambridge, 1989), pp. 90-131.

（80） John Guy, *Tudor England* (Oxford, 1988), p. 352. 塚田『カメレオン精神の誕生』二三六—八頁。

（81） Jean Bodin, *The Six Bookes of a Commonweale*, trans., Richard Knolles (London,1606), pp. 3, 411-2.

（82） ちなみに、ボダンはコモンウィールにおける「政治的活動」の必要を認めながらも、あくまでも「観想的な徳」に「主要な目的と至福」を見出した。このことは、コモンウェルスからステイトへの移行に伴い、市民が受動的な被統治者に転化したことを示す一つの歴史的指標なのではないか。*Ibid*, pp. 6, 7.

（83） Charles Merbury, *A Briefe Discourse of Royall Monarchie, as of the Best Common Weale* (London, 1581), pp. 40-52.

（84） *Ibid*, pp. 7-15. マーブリは読者宛序文のなかで、アリストテレスに倣って「最善のコモンウェルス」の「最終目的」となる「徳の完成」と「人間の幸福」に関する倫理学の執筆を最初に試みたが、これまで「英語では書かれたことのない」この著作の公刊を控え、代わりに「完全なコモンウェルス」の「最善の形態」を扱う第二部を世に問う旨を伝えた。

（85） *Ibid*, p. 7.

（86） Walter Ralegh, *Maxims of State*, in idem, *The Works of Sir Walter Ralegh*, Kt., vol. 8, eds., Oldys and Birch (New York, 1829), pp. 1-36. 「ステイト」の定義は、p. 1.

（87） Skinner, *The Foundations of Modern Political Thought*, vol. 1, pp. 248-54; Richard Tuck, *Philosophy and Government 1572-1651* (Cambridge, 1993), chs. 2-3.

（88）Giovanni Botero, *The Reason of State*, trans., P. J. and D. P. Waley (London, 1956), p. 3.

（89）*Ibid*, pp. 3-4. ペシミスティックな人間観の表明として、pp. 16, 171.

（90）*Ibid*, pp. 5-6, 50, Bk. 2.

第三章　「顧問官」ベイコンと「ブリテン」　一六〇三―一六〇七

一五八八年二月二八日、グリニッジの宮廷を舞台にして、ベイコンを含む八人のグレイ法学院のジェントルマン達が中心となり、戯曲『アーサーの悲運（*The Misfortunes of Arthur*）』が上演された。当日、女王エリザベス一世が実際に観覧したこの劇は、「グレイ法学院の劇」と同様に、単なる宮廷内の娯楽作品に留まるものではなく、その内容には高度な政治的寓意が込められていた。この戯曲のなかでは、国内の反乱を鎮圧したブリテン王アーサーの偉業が謳われ、以下のような「ブリテン」讃歌によって幕が閉じられた。このことは「ブリテン」という名称が思想性を帯び、一六世紀後半にはすでに、国家統合の象徴として宮廷社会の政治エリートたちに浸透していたことを物語っている。

ブリテンの蒼穹を誇示せよ、その名高いみ代につき、
その顔は汝に地獄の老婆を近寄せず、

その美徳は汝に天上の災厄を及ぼさせず、
その容姿は汝にとり地上を稔り多きものとする、
また、彼女の誠に幸福な日々を予見して、
ブリテンよ、われは汝を終わりなき称賛に委せる（清水あや訳）[1]。

この宮廷劇が催されたのは、イングランドに亡命したスコットランド女王メアリが前年に処刑され、カトリックによるエリザベス暗殺の危険が一時的に回避された時期にあたる。それゆえ、この戯曲の「序言」では、「あらゆる悲劇」が「国家から舞台へ（from State, to stadge）」去ったことが宣言された。[2] しかしながら、現実の「ブリテン」島に眼を向ければ、中世以来、長く対立関係にあった二つの主権国家、イングランドとスコットランド両王国の政治的緊張は依然として潜在し、まさに「天上の災厄」を招きかねない最重要の政治問題であり続けたのである。

中世の封建社会から近代の主権国家への移行期にあったルネサンス期のヨーロッパにおいて、政治的単位としての「国家」は、現代の国民国家とは異なり、複数の地域と民族から構成される「複合的（composit）」あるいは「多元的（multiple）」な国家であることがむしろ常態的であった。[3] これらの諸国家が抱えた最大の政治課題は、たとえばイタリア半島の争奪やスペイン領オランダの独立戦争に象徴されるように、国家の拡大を目指して常に運動しながら、同時にまた、本国とは言語や文化等を異にする、新たに獲得した複数の歴史的共同体（nation）をいかに統治運営していくかにあった。それだけに、弱小国の課題は逆に、マキアヴェッリが書記官を務めた時代のフィレンツェ共和国のように、スペインやフランスといった大国による侵略の危険を、国力の充実や多方面外交の展開によって巧みに回避し続けることにあった。このようなルネサンス期における国際政治の力学はまさに、イングランド、スコットランド、ウェールズおよびアイルランドを加えた「ブリテン」諸島でも同様に、政治的な混乱や軍事的な衝突を絶えず惹起させる原因となったのである。

それゆえに一六〇三年、エリザベスの逝去に伴い、スコットランド国王ジェイムズ六世がイングランド王位を継承し、両国が「多元的君主制国家（multiple monarchy）」を平和的に形成してもなお、「ブリテン」が安定を確立するには「内乱」と「革命」の時期を経て一七〇七年の政治統合に至るまで、一世紀以上の歳月を費やす必要があった（「ブリテン問題」）[4]。他方でまた、テューダー朝からステュアート朝にかけての時代は、北方ヨーロッパの一辺境国家に過ぎなかったイングランドが「帝国」の自覚を強め、ヘンリ八世期におけるウェールズの併合をはじめ、アイルランドや北アメリカの植民地建設に着手した時代でもあった。この意味で『アーサーの悲運』はまさに、一九世紀に栄華と繁栄を極めた「大英帝国」に至る新たな国家設立の物語の幕開けを告げる「序言」に過ぎなかったといえよう。そして、一六〇〇年代初頭のイングランドにおいて、以上の困難な課題を担った中心人物の一人が、この劇の立案者でもあったベイコンであった。

本章の課題は、ベイコンの政治学が複数の価値と可能性との緊張のうえに成立していたと仮定し、彼の政治的思慮を摘出するための一つのケース・スタディとして、彼が以上の「ブリテン」問題と格闘しながら新たに構想した政治的ヴィジョンを剔抉することにある。ここで『アーサー王の悲運』とともに注目されるべきは、「グレイ法学院の劇」のなかで国家の「拡大」による「偉大さ（greatness）」の追求を主張した第一の顧問官であろう。以下でも明らかとなるように、この第一の顧問官の助言はまさに、「偉大」な「ブリテン帝国」のヴィジョンを示すものとして、一六〇〇年代初頭の政治論争のなかで再現された。次節以下ではまず、統合問題をめぐる論争やべイコンの活動的生活を追跡する作業を通じて、彼が構想した「ブリテン」の特徴を理解する手掛かりをつかみたい。

第一節　イングランド・スコットランド統合問題

世紀の転換と王朝の断絶に伴い、スコットランド国王ジェイムズを君主に迎えたイングランドでは、新たに「ブリテン」を符牒にした国制の再編をめぐる一大論争が喚起された。⑤ ブリテン島の二つの主権国家、イングランドおよびスコットランド両王国は、統治機構の面でともに議会および参議会といった各補弼機関を備えていたのみならず、英訳聖書の流通を一因として言語および宗教面でも相対的に高い同質性を有していた。しかし、相互の経済格差や異なる法体系に加えて、中世以来の長い対立の歴史が両国の宿痾となり、スコットランドは過去において専らフランスと協調するなど、独立国家として両国は常に緊張状態にあった。⑥ このような「絶対的な二つの主権国家の統合」は、当時の歴史学者ヘンリ・サヴィルの見解によれば、「征服」の場合を除いて過去に「永続」した事例は皆無であった。⑦ しかしながら、新たにイングランド王位を継承したジェイムズ一世は、問題を棚上げすることなく、統治機構や宗教、経済、法律などの制度面をも併せて統一する両国の「完全統合」を目指した。⑧ 本節では、とくに一六〇四年議会で争点となった国名変更問題を中心に、当時の論争情況とベイコンの対応を明らかにしたい。

「ブリテン」に対する関心はジェイムズの即位を契機として急激に昂まった。⑨ このことを端的に示す出来事が、ジェイムズのロンドン入城に際して「ブリテン」の統一を祝福する記念門が設置されたことであろう。⑩ また古事学者ロバート・コトン（Robert Cotton）は、エリザベスの死後二日目に、ジェイムズが「グレート・ブリテン皇帝」であることの証明を試みる文書を執筆した[11]。他方でまた、たとえばジェイムズの大法官府書記となるジョン・クラパン（John Clapham）は、〇三年を境にその著書『イングランド史（*The Historie of England*, 1602）』の題名を『グレート・ブリテン史（*The Historie of Great Britannie*, 1606）』に変更した[12]。このような「ブリテン」への関心の昂まりのなかで、ベイコンは〇五年、ジェイムズや当時の大法官トマス・エジャトン（Thomas Egerton, 1540?-1617）に宛てて「ブリテン」史の編纂を次のように提言した[13]。

「わたしは、巷間で語り継がれてきたイングランド史に読むべき価値がなく、またわたしが目にした最近の博識な著者［ブキャナン］によるスコットランド史が、偏向して不公正であることを、陛下に申し上げずにはいられません。考えますに、来たるべき時代に向け君主制国家のもと今まさに結びつけられたこのグレート・ブリテン島が、もしも、過ぎ去った時代においても一つの歴史に纏められるならば、それは陛下にとって名誉であり、また、まさしく記憶に残る事業となりましょう（O4:67, 10:250）」。

ベイコンが「古来の母なる名称」（O4:68, 10:218）と称えた「ブリテン」は、中世から実際に、イングランドおよびウェールズ、スコットランドを包括する地理的および政治的名称として普及定着していた[14]。同様の古称としては、たとえば「アルビオン（Albion）」が挙げられるが、彼はドーヴァーの白壁に由来し「白亜の国」を意味する「アルビオン」を「詩的に過ぎない」と却下し、あくまでも「ブリテン」を「真正で歴史的」な国名として高く評価した（10:191）。そしてジェイムズ自身もまた、一六〇四年一〇月二〇日の布告で自ら「グレート・ブリテン」の王と名乗り、その称号が「新奇な」ものではなく「真正にして古来の名称」であると告示したのである[15]。

しかしながら、ベイコンが「ブリテン」史の編纂を新たに試みたことの背景には、他方でまた、彼が以下のような「巷間で語り継がれてきたイングランド史」に対して、歴史認識の面で一線を画したことを意味していた。この伝統的な歴史観はジェフリー・オブ・モンマスの『ブリテン王列伝（*History of the Kings of Britain*）』やラファエル・ホリンシェッドの『年代記（*Chronicles of England, Scotland and Ireland*, 1577）』などの歴史書の流通によって培われた[16]。これらの著作のなかで「ブリテン」は神話として語られ、その起源はトロイの末裔であるブルータスに溯ると伝承された。ここでとくに注目すべきは、この建国神話が「イングランド中心的な（Anglo-centric）」史観に立脚しており、テューダー王朝を正統化する歴史的根拠となるなどの高度な政治性を孕んでいたことである。なかでもブルータスの領土分配にまつわる伝承は対スコットランド関係に強い緊張を招いた。なぜなら、イングランドの歴史家たちは、ブルータスの長男が相続したイングランドに「ブリテン」の宗主権の所在を認め、スコットランドを従属的な地位に貶めたからである。イングランドの優越意識に立脚したこれらの歴史書は、スコットランド側から『スコットランドの苦情申し立て（*The Complaynt of Scotland*, 1549）』をはじめ、ブキャナンの『スコットランド史（*Rerum Scoticarum histori*, 1582）』に至る一連の批判を招来した。事実イングランドでは、かつてヘンリ八世期やエドワード六世期に統合の是非が論争された際にも、サマセット公らによって、スコットランドの「併合」が主張されて来た[17]。一六〇〇年代初頭の論争を扱う本章においても以下、このような伝統的見解が絶えず噴出したことを観察できるであろう。

これに対して、ベイコンによる「ブリテン」史の構想は、あくまでも両国の歴史を対等に扱う、その意味で「非神話」的な歴史認識のうえに成立していた。彼は一六〇五年の『学問の進歩』のなかで、以上の「イングランド中心的」な通俗的な史書を「読むべき価値がない」と一蹴しながら、ブキャナンの『スコットランド史』をも「偏向して不公正」であると退けたのである。もっとも、ベイコンは晩年の『ヘンリ七世治世史』を僅かな例外として、「ブリテン」史をついにみずから完成させることはなかった[18]。しかし、本節でより注目すべきは、〇五年の時点における彼の政治的意図であろう。なぜなら、国王と大法官を名宛人とした「ブリテン」史の提言は、以下で述べる彼の「ブリテン」統合構想を歴史認識の側面から補強する試みであったと考えられるからである。

ベイコンはすでに〇三年、『イングランドおよびスコットランド両王国の幸福な統合についての小論（*A Brief Discourse touching the Happy Union of the Kingdoms of England and Scotland*, 1603）』（以下『小論』と略記）を即位間もないジェイムズに献呈していた。この『小論』のなかでベイコンは、古典古代の教養を駆使しながら、「ブリテン」統合の「最高の模範」を、イングランド中心的な「古代の説話や伝承における虚構やお伽話」（10:92）ではなく、「世界に比類のない国家」であったローマに求めた（95）。そのうえで彼は、「ブリテン」をイングランドによる併合ではなく、あくまでも両国が対等な形で「新たな体制」に再編される「統合（union）」によって成立させようと試みた。彼によれば、「新たな体制」は「共同体の絆（commune vinculum）」であるが、これに反して旧来の体制を存続させれば、アラゴンの例が示すように「何年にも亘って暴動と反乱の種子と原因が温存される」（94, 96）。ベイコンはさらに、マキアヴェッリの『ディスコルシ』第二巻第三章の見解を援用しながら、「ローマ帝国が興隆した理由」を「外国人を寛大に受入れて一心同体となった」点に求めた（96）。それゆえ、ベイコンはスコットランド人との「諸権利（Jura）」の共有を統合の課題に挙げた。彼は他方でまた、「諸法（Leges）」に関しては、「すべての個々の慣習の撤廃を求めることは奇妙で不都合」だとして、統一を「聖俗の主要で基本的な法」に限定すれば「充分」であるとの現実的判断を示した（97）。そして、これらの政策案のなかでも、「ブリテン」への国名変更こそが、何よりもまず、統合推進のうえで必要な最優先課題と目されたのである。

ここで、〇四年三月に開催された議会に視点を向けてみたい。ジェイムズは実際に、この「ブリテン」への国名変更を議会に承認させようと試みた。ベイコンによれば、国名変更は「強い印象と感情の昂揚をもたらし」、両国民の「感情をまとめる」効果があるため、統合には不可欠であった（10:97, 191, 224-6, 237-8）。ところが皮肉にも、イングランドの下院は「感情の昂揚」によって逆に、「一つの王国」[19]への統合を目指すジェイムズの提案に猛烈に抗議し、統合反対の旗幟を鮮明にした。このような事態の背景には主として、先に述べたようなスコットランドに対する伝統的な優越意識と、国名変更に乗じたイングランド法改正を恐れたコモン・ローヤーたちの強い危惧があったと考えられる。後者については第四章で論じるが、四月の両院協議会でニコラス・フラー（Nicholas Fuller）をはじめとする下院議員たちは、統合に伴うスコットランド人の大量流入を警戒し、またイングランドの優越性を根拠に国名変更に反対した。たとえば、モリス・バークリ（Maurice Barkley）によれば、スコットランドはあくまでも「栄誉に劣る」王国であった。さらにエドウィン・サンディス（Edwin Sandys, 1561-1629）は、国名の変更はイングランド法の無効を招くと訴え、議会が審議し得るのはイングランドに関わる事項に限定されるとして提案自体の有効性を否定した[20]。

これらの異論に対してベイコンが示した態度については、ダドリ・カールトン（Dudley Carleton）の証言がある。「今やあらゆる人々の見解」が統合反対で一本化されたなかで、「ただフランシス・ベイコン卿のみがこの流れを食い止めようとした」（10:195）。実際にベイコンは下院議員に自重を求め、「軽薄」で「巧妙」な種類の反論や、国王大権等に関わる「統治の秘密」に抵触する「高度」に政治的な議論を回避するよう注意を促した（195-6, 192）。しかし、下院からは統合反対の主張がなおも続々と提出された。ベイコンによって作成された報告書には、反対論の論拠が次のように列挙されている。すなわち、下院の主張によれば、国名変更には差し迫った「理由」がなく、「先例」もない。また、「国内体制」の解体を招き「混乱」が生じる。対外的にも従来の「国際関係」

が疑問に付され、王国の「伝統」が失われ、イングランドの「名声」が曖昧となる。さらには、国名への「愛着」にも拘らずイングランドは「忘却」され、それに伴いスコットランドに対する「優越性」を喪失する等々(197-200)。このような国制の再編を危惧する下院の強固な抵抗に遭い、ジェイムズは国名変更案の撤回を余儀なくされ、統合政策の審議は専門の委員会に付されることになった。

ところが、以上の報告書が流布して反対論の論拠が周知となるに伴い、議会外からは逆に、下院を批判した統合推進論が、それぞれの政治的立場を反映しながら出版物や文書、説教等の形で数多く展開されることとなった[21]。たとえば、ジョン・ゴードン(John Gordon)やジョン・ソーンバラ(John Thornborough)といった聖職者たちは、ジェイムズの後押しを受け、両国の統合が神意に基づくことを喧伝した。ゴードンは既に議会開催以前から「グレート・ブリテン諸島に授けられた神の恩寵」[22]の提示を試みる一方、ホワイトホールでの説教を通じて、「ブリタニア」に「神との約束」という預言的意味が隠されていることをヘブライ語の語義解釈に基づいて主張した[23]。また、ソーンバラは下院の論拠に逐次反論を加え、国名変更を政治的および原理的観点から弁護しながら、神秘的な「一(one)」への統一が神の摂理に叶うことを説いた[24]。

他方でまた、スコットランド出身者からは、イングランドの優越性を否定して対等合併を求める主張が提出された[25]。とくにトマス・クレイグ(Thomas Craig)は「ブリテン王国統合論(De unione regnorum Britanniae tractatus)」を執筆してブルータス神話を批判し、そのうえで統合の必要を「共通の母国」としての「ブリテン」の文化的一体性に求めた。クレイグによれば「すべてのブリテン人はさながら、同じ母親であるブリテンの胎内から生まれた兄弟である[26]」。彼はさらに、両国の貧富の格差を問題視した下院でのフラーの演説やイングランドの根強い優越感情にも反駁を加え、スコットランドの卓越性を国民の伝統や独立の歴史に基礎づけ、また「貧困が徳を生む」

として富の欠如を逆に肯定しながら両国の対等合併を訴えた。[27]

ベイコンも同様に、これらの論争の渦中に身を置いた。しかしながら、以上のような聖職者やスコットランド人たちと決定的に異なっていたのは、彼自身が下院議員の一人として目前で噴出した異論をまさに「食い止め」るべき立場にいたことにある。とくに彼の責務が重要性を帯びた理由として、この時期、主要な枢密顧問官が授爵によって上院に移り、政府の下院に対する影響力が極端に低下していたことが指摘されよう。[28] しかも、彼は議会の休会後に統合検討委員会の委員となり、また国王の学識顧問官に改めて任命され、下院における統合推進の実質的な中心人物となった。この間にジェイムズへの情報提供を目的として執筆された「イングランドおよびスコットランド両王国の統合についての論考（Certain Articles or Considerations touching the Union of the Kingdoms of England and Scotland, 1604）」に目を通せば、ベイコンが統合問題の諸論点を仔細に把握していたことが理解できよう。なお、その論述にあたって、彼が「イングランド」ではなく「ブリテンに生を享けた者」を自認したことは見逃せない（10:228）。[29] こうして彼は「陛下への義務」と「議会への信頼」（218-9）との狭間で「ブリテン」の「顧問官」という困難な役割を引き受けた。次節では、ベイコンが、「イングランド」の議会からの批判を抑えようと試みながら、「ブリテン」統合構想をさらに、どのような言語と意識に立脚して展開したのかを、ルネサンス期イングランドにおける「帝国」論や、とくにマキアヴェッリ『ディスコルシ』に代表される人文主義の政治論を手掛かりに解明してみたい。

第二節　ルネサンス期イングランドの「帝国」論

一六〇〇年代初頭の論争のなかで「ブリテン」の統合を積極的に推進するために活用された議論が「帝国（Empire）」論であった。[30] たとえば聖職者ソーンバラは「ブリテン」を「多数の王国」を統一する「帝国」に準え次のように預言した。[31]「多くの村が一つの州を形成し、多くの州が一つの王国を形成し、多くの王国が一つの君主帝国（Imperial Monarchy）を形成する。これらすべてがブリテンであり、ブリテンはこれらすべてである」。[32] また、ウィリアム・コーンウォリスは統合という「奇跡」に「もっとも幸福な帝国の始まり」[33] を見出した。彼によれば、「弱体化して息も絶え絶えの状態」であったイングランドは統合によって「四本の腕と四本の脚、二つの（合わさった）心、二倍の力、二倍の強さ」を獲得し、「世界でもっとも裕福で強力で完全な帝国」に成長しつつある。[34] このような国家の拡大を契機とした「帝国」理念の流通のなかで、ベイコンもまた、彼が抱いた「ブリテン」の構想に「帝国」のヴィジョンを重ね合わせた。

さて、ルネサンス期における人文主義の政治思想を展望した場合、そこには国家の拡大と維持のどちらが望ましいかをめぐる一つの論争軸が存在していたことが看取できる。周知のように、マキアヴェッリは『ディスコルシ』第一巻第六章で、古代ローマを範とする拡大型国家と、ヴェネツィアやスパルタに代表される現状維持型の国家を対比させた。マキアヴェッリによれば、流動的な国際情勢にあっては維持によって平和を保つには限界があり、「必要（necessità）」に応じて国家を拡大させなければならない。したがって、ローマのような「偉大さ（grandezza）」を備えた共和国――あるいは拡大の契機に着目すれば「帝国」――こそが彼が理想としたヴィジョンであった。[35] このような「偉大な帝国」の主張に対して、国家の維持を優先させたのが、すでに紹介したジョヴァンニ・ボテロの『国家理性論』であった。改めて確認すれば、彼は「国家理性」を定義して、それを「支配が基礎づけられ、維持され、拡大される手段の知識」とした。そして、なかでも国家の維持こそが国家理性に「もっとも密接に関わる」と主張したのである。[36] この国家の維持を、軍事力に頼る征服に比較して「より偉大な事業」と評価するボテロによれば、大国は「高く聳え枝を張るが中が空洞で腐っている樹木」であり、奢侈や悪徳などの腐敗要因を内在させている。[37] これに反して、彼はヴェネツィアやスパルタのような「中規模」な国家こそ「偉大な帝国」より優れ「もっとも長く存続する」と評価した。[38]

ルネサンス期イングランドの人文主義者もまた、スペインやフランスといった大国の脅威を前に、このようなマキアヴェッリ的な「偉大な帝国」論とボテロ的な「国家理性」論、言い換えればローマ型拡大国家とヴェネツィア・スパルタ型の現状維持国家との選択を迫られたと考えられる。むろん、人文主義という思想的分母を同じくする両者の議論は、あくまでも共約不能ではない。しかしながら、とくに前者の「偉大な帝国」論は、「帝国」概念自身の流通にも拘らず、イングランドでは当初、積極的に受容されなかったと考えられる。そこで以下では一六世紀における「帝国」概念の用法を概観し、そのうえで「国家理性」論および「偉大な帝国」論の受容の問題に触れてみたい。[39]

周知のように、この「帝国」の概念は、「命令」を原義とするラテン語の imperium に由来する。この imperium は当初、ローマの政務官が保持していた権限を意味していたが、ローマが共和政から帝政に移行する過程で、次第に広範な領域を支配する至高の権力、およびそれが及ぶ地理的領域を指すようになった。[40] 一六世紀イングランドでは、このような起源を有する「帝国」の概念は大別して二通りの意味で用いられていた。すなわち、第一にいわゆる近代的な「ステイト」の概念と同様に、それより上位の権威が存在しない主権国家を指した。また第二に、今日まで継続している用法として、複数の国家を包含する広範な領域を有する国家を意味した。[41] 前者の用例はローマ法における「君主はみずからの王国において、至高の統治者である（rex in regno suo est imperator in regno suo)」という文言に由来する。とくに、それを公的に表明した例としてヘンリ八世による一五三三年の上告禁止法（Act in Restraint of Appeals）が挙げられよう。つまり、ヘンリはローマ教皇への上告を禁止することによって聖俗両面におけるイングランドの主権を確立し、「このイングランド王国は帝国である（This realm of England is an empire）」と宣言することで、王妃キャサリンとの離婚問題に端を発する教皇との一連の政治闘争に終止符を打ったのである。[42]

他方で、後者の領域的な意味での「帝国」概念は、具体的にはイングランドによるスコットランドやアイルランドへの支配権の拡大を主張する議論のなかで用いられた。先にも触れたように、一五四〇年代には、エドワードとスコットランド女王メアリとの結婚問題を契機としてイングランドの宗主権を前提とする併合論が展開された。このエドワードの時代は、R・A・メイソンによって「ブリテンの帝国イデオロギーが完全に開花」した時期と評価されている。[43] たとえばニコラス・ボウドルガン（Nicholas Bodrugan）は、摂政サマセット公らに同調して「グレート・ブリテンという名称と帝国の再興」を訴え、ブルータス以来のイングランドの歴史的な「優越性」を標榜した。[44] またジョン・エルダー（John Elder）は「スコットランドはイングランド帝国の一部」であると明言した。[45] もっとも、この時期の「帝国」論は、以上の言明にも窺えるように、ローマ帝国を範とした人文主義的な古典古代の世界よりも、むしろブルータス神話を典拠としていた。また、それは何よりも、当時のプロテスタント改革熱の昂揚を色濃く反映していた。とくに改革の主導者であるサマセット公は、「勧告（An Epistle or Exhortacion, 1548）」において、両国の統合が「神聖（Godly）」であることを繰り返し強調し、提案が拒否された場合はスコットランドの「征服」も辞さないことを仄めかしたのである。[46]

またエリザベス期に入ると、もう一つの領域的な「帝国」論の型が登場する。この時期には女王賛美を目的とした多彩な帝国理念の昂揚が見られた[47]。たとえば「ブリテンの名の栄光」を讃えたハンフリ・ロイド（Humphrey Llwyd）の『ブリテン要覧（*The Breuiary of Britayne*, 1573）』が、スコットランド（ブキャナン）からの強い非難を浴びたことは、この時期にもブルータス神話が声高に提唱されていたことを象徴していよう[48]。また、新プラトン主義者ジョン・ディー（John Dee）は、『完全な航海術についての一般的および特殊な覚書（*General and Rare Memorials pertayning to the Perfect Arte of Navigation*, 1577）』のなかで海軍による制海権の掌握を訴え、それが「ブリテン帝国」の安全と繁栄を約束する唯一の「鍵」であるとした[49]。さらに冒頭で述べた『アーサー王の悲運』を一例として、戯曲やパジェントのなかで、エリザベスは幾度となく「帝国」を象徴する星の処女神「アストレア（Astraea）」に寓されて称賛を受けた[50]。しかしながら、これらの修辞的要素の強い「帝国」論は、いずれも実現可能性を考慮しない女王賛美に過ぎず、エドワード期と同様に、具体的な政治的プログラムとして人文主義的な「偉大な帝国」のヴィジョンを導入する傾向は希薄であったと考えられる[51]。

ここで、「国家理性」論の受容に眼を転じてみたい。第二章第三節でも論じたように、エリザベス期において人文主義者が用いた議論は、「偉大な帝国」論よりも、「ステイト」の維持を目的とした「国家理性」論であった。とくにイングランドにおいて、「国家理性」は「政治（policy）」という言葉と互換的に流通した[52]。塚田富治氏によれば、マキアヴェッリの『君主論』に代表される臨機応変な政治技術を説く「政治」論は、為政者の内面道徳やキリスト教的倫理を優先させてきた伝統的な道徳的政治論を次第に凌駕した[53]。たとえばローリの著作とされた『国家の原理』のなかで、「政治」は「コモンウェルスの統治技術」と定義され、そのうえで国家を維持するための「国家の秘密（Mysteries of states）」が検討された[54]。このような政治技術論への関心の昂まりはまた、ボテロによってマキアヴェッリと比肩する国家理性論の典拠とされたタキトゥスの受容とも連動していた[55]。このような議論を背景に、ベイコンはすでに一五八四年、エリザベスに「あらゆる国家理性」を動員した党派対策を進言していたのである（8:47）。

以上のような「帝国」概念や「国家理性」論の流通にも拘らず、一六世紀後半のイングランドにおいて、ローマ型の「偉大な帝国」論が積極的に参照された形跡は見出せない。ベイコンのラテン語版『学問の進歩』によれば、国家の繁栄や維持という主題はすでに「立派に議論されている」が、「支配の拡大（de Proferendis Finibus Imperii）」に関する研究は未だに「沈黙していた」のである（1:792）。

ところが、一六〇〇年代初頭になると議論の様相は一変した。ジェイムズによるイングランド王位の継承は、いみじくもマキアヴェッリが洞察した国際情勢の流動を象徴する出来事であった。スコットランドとともに「多元的君主制国家」を形成したイングランドは、もはやヴェネツィア・スパルタ型の「中規模」国家という「維持」すべき現状を事実上喪失したのである[56]。こうして、かつては「コモンウェルス」や「ステイト」という語彙を通じて理解されてきた君主制国家「イングランド」という政治的単位そのものの再編を迫る非常事態に際して、マキアヴェッリが預言した「必要」の論理がベイコンの思考を捉えた。すなわち、複数の主権国家の統合と再編という事態に臨んだベイコンは、「イングランド」の「繁栄」や「維持」ではなく、将来的に予想される両国間の王位継承等をめぐる内乱や革命を回避する必要に迫られ、むしろ国家理性の観点からも、ローマ型の「偉大な帝国＝ブリテン」として国家を「拡大」すべきことを新たに主張したのである。次節では三たび議会へ視点を戻し、以上のような人文主義の政治思想に立脚したベイコンが、〇七年議会で改めて提示した「偉大」な「ブリテン帝国」のヴィジョンを明らかにしてみたい。

第三節　ベイコンのブリテン帝国論

一六一一年、ジェイムズの即位以来イングランドを席捲した統合問題をめぐる論争もほぼ終熄しかけた頃、ジョン・スピード（John Speed）は計九〇〇頁に及ぶ浩瀚な地誌『グレート・ブリテン帝国の劇場（*The Theatre of the Empire of Great Britaine*）』および史書『グレート・ブリテン史（*The History of Great Britaine*）』を上梓した[57]。スピードはグレヴィルのパトロネジを受けており、またこの著作の執筆にはコトンの全面的な助力を得るなど、人文主義的な知的雰囲気を共有した人物であった。事実ベイコンもヘンリ七世期の執筆に力を貸した[58]。したがって、スピードが提示した「グレート・ブリテン」像には、多くの人文主義者が共通に抱いた歴史的および地理的認識が反映されていたと考えられる。たとえば彼は、ベイコンと歴史認識を同じくして、ブルータス起源説を歴史的根拠を欠いた「曖昧模糊の迷宮」としてその「放棄」を呼びかけた[59]。また本節の議論に関連する重要な記述として、スピードは「劇場」としての「グレート・ブリテン」を「他の多くの王国と地域を部分とし一員とする」「帝国」と規定し[60]、その「偉大さ」を次のような領域的な側面からも称賛した。「ブリテン」は「物資が豊か」で「環境に恵まれ」「あらゆる栄光に包まれる」のみならず、「他の多くの王国や地域にその美しき枝を伸ばす」。彼はこの「帝国」の版図に一一以上の古王国が含まれるとした。すなわち「グレート・ブリテン」はサクソン七王国（ケント、南サクソン、東サクソン、西サクソン、ノーサンブリア、東アングロ、マーシア）、スコットランド（北スコット、ピクト）およびウェールズ（南北ウェールズ）を包括し、加えてマン、オークニー、アイルランドの島々、更にはフランス、キプロス、アメリカ植民地（ヴァージニア）まで広がる壮大な「偉大な帝国」として描写されたのである。[61]

もっとも、この作品が出版された一六一一年の時点では、統合問題は既に暗礁に乗り上げ、議会の関心は国王大権を争点とする輸入課徴金問題に移行していた。そのため、この『グレート・ブリテン帝国の劇場』および『グレート・ブリテン史』は、議会への反論を試みた政治的作品というよりも、むしろ棚上げされた「ブリテン」の構想をあくまでも「劇場」の傍観者あるいは「歴史」の観察者の視点から、学術的な地誌および歴史の形でいわば凍結保存したものであったとも言えよう。[62]これに対して、一六〇〇年代初頭に統合問題をめぐる論争が沸騰するなかで、議会の反論を「食い止め」るために人文主義的な「偉大」な「ブリテン帝国」の構想を提示した人物がベイコンであった。

さて、議会が〇六年に再開されてもなお、下院は前回の国名変更問題や法の統一問題に引き続き、統合反対の姿勢を崩すことはなかった。この議会では敵国法の廃止や商業問題等が議論となったが、とくに〇七年二月以降に争点化した議題としてスコットランド人の帰化問題が挙げられる。[63]そして、この議案が上院から提案されると下院は以前と同様に紛糾し、たとえばフラーは帰化の認容に伴う人口流入と貧困化に対する危惧を繰り返し表明した。また、コモン・ローヤーであるトマス・ウェントワース（Thomas Wentworth）は法的な原理論に踏み込み、忠誠対象を政治体としての国王に限定して（王の二つの身体論）、自然体としてのジェイムズ個人における「王冠の統合」は統合推進や帰化認容の論拠にならないと主張した。ウェントワースによれば、「彼ら（スコットランド人）は、スコットランドの王権や国王、統治権のみを知」るのであり、法的にはイングランド王国とはあくまでも無関係な存在なのである。[64]

これらの異論に抗するため、ベイコンは人文主義的な「帝国」論を展開した。すなわち、以上のスコットランドに対する伝統的な偏見およびコモン・ローヤーによる法的観点からの異議に反駁するために、彼は「国家理性」論と「偉大な帝国」論をともに論拠に据え、帰化を積極的に認める演説を行ったのである。以下、その内容を整理しながら彼が提示した「偉大」な「ブリテン帝国」のヴィジョンを明らかにしてみたい。

〇七年二月一七日、ベイコンは「議会に対する助言」を行うことを「宣言」（10:307）して「国家に関する真摯で価値ある考察」（308）を展開した。ベイコンは予め議論の焦点を絞り、「法的観点（point of law）」ではなく、あくまでも「政治（policy）」の観点から帰化問題の是非（de bono）を論じようと試みた。ここで注目されるのは、この行論の前提として、彼が価値相対論的な言明を行ったことであろう。すなわち、彼は「善悪には異なる諸段階がある」という認識をもとに、「あらゆる審議は比較の問題に帰着する」として「ただ一つの真理」を想定する真偽問題（de vero）を争うことを回避したのである（308）。もっとも、ベイコンは法的な解釈問題を全く無視したのではない。彼はウェントワースに対して「生まれながら国王に服従していた者は皆、いかなる時も敵とはならない」（318）と反論して「法的観点」からも帰化を是認した。しかし、このように法律問題を論争する能力を仄めかしたうえでなおかつ、ベイコンは「場合と場所」が異なるため「法律論に踏み込む意思はない」（316, 318）と再三釘を刺して下院の挑発をいなし、あくまでも帰化認容の論拠を政治的な「便宜の観点（point of convenience）」に求めたのである。

ベイコンはここで人文主義的な「国家理性」と「偉大な帝国」の議論をともに活用した。彼はまず「国家理性」の議論を用いて以前からの主張を繰り返し、統合が将来的な政治的安定をもたらすことを論じた。すなわち「真の国家理性」に従えば、帰化は統合に不可欠な「第一段階」であって、両国の「分離状態を取り除く」ために法の統一に先駆けて実施されるべきである（10:314）。彼はまた、帰化が実施されない場合の不都合を逆に指摘し、アラゴンとカスティリアの歴史的事例を参照しながら次のように述べた。「もし統合が進展せず、とりわけ今問題となっている帰化によって統合が強固に引き締められなければ、有事の際にはいつでも暴動が発生して以前の分裂状態に陥る危険が潜在し、いつか両国は再び分裂する」(319)。これとは正反対に、スコットランドとの統合が進展した場合、国際政治の力学のうえでもフランスとスペイン両国の脅威が同時に除去され、イングランドには「安全」が保障される(322-3)。このように彼は、「国家理性」に立脚した安全保障の確保を一つの論拠に据えながら、さらに第二の論拠として、統合によって達成される「偉大な帝国」のヴィジョンを次のように提示した。

「偉大さについては議長殿、真摯に、飾り立てることなく、次のように語りうると思われます。スコットランドを統合しアイルランドを従え、低地諸国と同盟を結び、艦隊を維持していくならば、このイングランド王国はその力の正当な評価において、世界の歴史のなかでも最も偉大な君主国家の一つに数えられるのです」(10:323)。

こうしてベイコンは、両国の統合に付随する人口流入と貧困化を危惧したフラーにも反論を加え、「偉大さと国力」の追求は「利益や富」よりも重要な政治課題であると主張した(10:313, 323)。ここで改めて注目すべきは、ベイコンがこのような「偉大さ」の議論を駆使するなかで、マキアヴェッリの見解を「軽蔑されるべきではない」(323)として積極的に活用したことであろう。たとえば、すでに見たようにベイコンは、一六〇三年の『小論』のなかでマキアヴェッリに賛同し、ローマ帝国の発展原因を帰化政策に求めた。ベイコンは〇七年の演説でもまた、「偉大さ」を富よりも軍事に求め、マキアヴェッリ『ディスコルシ』第二巻第一〇章の「権威」を借りながら、戦争の「要」は金銭ではなく自国民から構成される勇敢な兵士であると指摘したのである(10:323-4, O15:91)。このようにベイコンは、民衆の「剛毅」を重視する軍事的な観点から、伝統的なスコットランドに対する偏見に反論を加えた。彼によれば、両国の格差は「外面的な資産にのみ存する」のであり、スコットランド人は「剛毅」という観点からすれば逆に、「知性に優れ、勤勉に働き、勇猛果敢にして、頑健な肉体を備え、活動的で見映えのよい」国民として高く評価されるべきであった（10:315）。これらを考慮すれば、ベイコンはまさに、フィレンツェの書記官マキアヴェッリが国民軍の創設によって目指したイタリア統一のヴィジョンを、約一世紀後の北方ヨーロッパのイングランドにおいて、新たにブリテン統合構想として甦らせたのだとも言えよう。

このように、ベイコンが構想した「ブリテン」は、マキアヴェッリの『君主論』や『ディスコルシ』を主な典拠にした人文主義の政治思想に立脚し、将来的な政治的安定の保障という「国家理性」の観点から支持されるのみならず、「偉大さ」をも兼ね備え、内部的には帰化に寛大で剛毅な自国兵を擁し、領域的にはスコットランドやアイルランドを包含する「偉大な」ローマ型の拡大国家であった。

もっとも、すでに序章でも指摘したように、以上のようなマキアヴェッリの受容を根拠にして、ベイコンを「リパブリカニズム」の「創始者」と評価することはできない。[65]ここでさらに二つの論点を加えれば、まず第一に、たとえばD・アーミティッジらが重ねて指摘しているように、「帝国」の理念と「リパブリカニズム」との相剋という問題が挙げられよう。[66]周知のように、のちにモンテスキューは『法の精神』のなかで、「共和国は小さな領土しかもた」ず、これに対して帝国は「一人の専制君主によって支配される」ことを観察した。[67]アーミティッジによれば一七世紀中葉の共和政期においても、たとえばミルトンは、クコムウェルの「独裁」に幻滅し「自由と偉大さが究極的には両立不可能」と認識するに至ったとされる。[68]このように、リパブリカニズムの議論が君主の専制と腐敗を連想させる帝国理念と必ずしも整合的ではないとすれば、その起源をベイコンにまで遡るには無理がある。君主制国家の顧問官であったベイコンにとって、「小さな国家を偉大にする」ことはむしろ彼に課された義務であった。たとえば、彼は『政治道徳論集』のなかで顧問官の二通りの才能を挙げ、次のように述べた。

「（滅多にないことであるが）小さな国家を偉大にすることができるが、リュートをうまく弾けない人物が見受けられる。これとは対照的に天賦の才能が別途にあり、リュートを甚だ巧妙に奏でることは出来るが、小さな国家を偉大にする能力は皆無であり、逆に偉大で繁栄した国家を破滅と衰退に導く人物は大勢いる」（015:89）。

第二に、「ブリテン」の統合を目指したベイコンの政治的意図の問題である。彼の目的は、内乱による共和政の樹立ではもちろんなく、あくまでも国家理性の観点から「両国が再び分裂」して内乱状態に陥る危険を回避することにあった。ここで一七世紀の「内乱」がスコットランド軍の反乱と侵攻によって勃発したことを考え併せれば、彼の努力はまさに、「ブリテン」統合政策を推進することを通じて、内乱期に現実化した国王の弑逆と君主制国家の転覆という事態を、国王の顧問官として「食い止める」ことに傾注されていたのではないか。

だとすれば、ベイコンのブリテン論はあくまでも、同時代の「多元的君主制国家」に内在した政治的諸問題と格闘した一つの歴史的事例として理解すべきであろう。とくにジェイムズの即位以降、「グレイ法学院の劇」の第一の顧問官に象徴されるような、国家の偉大さに対する関心は、他の人文主義者にも広く共有されるようになった。たとえば、ローリは『世界史』のなかで、古代ローマの発展を描きながら「（フランシス・ベイコン卿が賢明にも観察しているように）面が小さく幹が細い国家も、偉大な君主制国家となるに相応しい礎となりうる」と指摘した[69]。また、とくにローリやグレヴィルが強調したのは、海洋の支配がもたらす商業的な利益であった。ローりによれば「海上における君主の力は国家の偉大さの証」であり、「海上を支配する者は誰でも貿易を支配し、世界の貿易を支配する者は世界の富を支配し、最終的には世界自身を支配する」[70]。ベイコンも同様に、独立自営農民の軍事的能力を評価するだけでなく、海に囲まれたヨーロッパでは「海洋を支配することは君主制国家の要諦」であり、海軍力に優れていることは「グレート・ブリテン王国に授けられた主要な恩恵の一つ」（O15:97-8）であると判断したのである。

さらに付言すれば、この制海権を背景にしたアイルランドへの植民は、スコットランドとの統合と並んで「ブリテン帝国」の「創設」（11:116）に不可欠の政治課題であった。たとえば、ベイコンは〇九年に「アイルランド植民論（Certain considerations touching the plantation in Ireland）」をジェイムズに献呈した。ベイコンはそのなかで「アイルランドの植民」を「ブリテン島の統合」と並ぶ、「維持よりも偉大な」「より高貴な尊厳と価値のある」（116）事業と評価した。「もう一つのブリテン」（119）であるアイルランドへの植民は、オルフェウスの寓話が示すように現地の「荒廃と野蛮」（118）を追放するだけでなく、余剰人口対策や安全保障、資源獲得の面からも推進されるべき事業であったのである[71]。

以上のように構想された「グレート・ブリテン帝国の劇場」を舞台にベイコンは、一六〇〇年代初頭における統合問題を契機として、人文主義的な「偉大な帝国」のヴィジョンを提示した。彼はこの過程を〇九年に振り返り「議論（discourse）だけでなく活動（action）においても尽力」（11:117）したと書き記した。実際に議会の反論を「食い止め」、「小さな国家を偉大にする」義務を背負った彼の「ブリテン」統合構想はまさに、活動的生活の現場で活性化された政治的ヴィジョンであった。彼は後日、彼の活動的生活と観想的生活の「果実」（O15:317）として一二年に出版した『政治道徳論集』第二版のなかに、以上で明らかにした彼の「ブリテン」論をエッセイ

「王国の真の偉大について（Of the Greatness of KIngdoms）」として収録した。彼はのちにまた、このエッセイの内容を増補して二三年のラテン語版『学問の進歩』および二五年の『政治道徳論集』第三版にそれぞれ再録した。以上で行った本章の議論が誤りでないとすれば、これらのエッセイはいずれも、一六〇〇年代初頭における彼の政治的および思想的営為から帰納された政治的思慮と実践知が刻印された記録として読むべきだろう。だとすれば、その記述はベイコンが「リパブリカニズム」の「創始者」ではなく、複数の主権国家の統合と拡大という、同時代の「多元的君主制国家」に内在した困難な課題に直面した、ルネサンス期イングランドの「顧問官」であったことを物語るのではないだろうか。

　前章から続けて論じてきたように、この顧問官ベイコンの政治学は「コモンウェルス」「ステイト」「帝国」といった国家観、あるいは国家の「繁栄」「維持」「拡大」といった複数の政治的価値を前提に、流動的な政治情況に臨んで最適の選択をなす政治的思慮に立脚した実践的な「可能性の技術」であった。しかしながら、以上の統合構想はジェイムズやベイコンの意図とは裏腹に、下院議員の猛烈な反論に遭遇して頓挫した。この理由の一つとして、とくに法体系の統一に強硬に反対した、人文主義とは異質の政治的言説と思考様式に立脚した知的エリート集団の存在が指摘できる。次章では、ベイコン政治学の諸特徴を比較の視点から理解するために、彼の最大の論敵であったイングランドの法律家を取り上げ、統合問題以後も継続した彼らの論争の過程を追跡してみたい。

（1）　Thomas Hughes, *The Misfortunes of Arthur*, ed., B. J. Corrigan (New York, 1992), p. 189（清水あや訳『アーサー（ユーサー・ペンドラゴン子息）の悲運』ドルフィン・プレス、一九九二年、一八四頁）．第五幕第二場のこの科白は、主筆のトマス・ヒューズではなく、ウィリアム・フルベック（William Fulbecke）が執筆した。なお、ベイコンは劇中の黙劇（dumb shows）の制作に、クリストファ・イェルバートン（Christopher Yelverton）らとともに加わった。

（2） Hughes, *The Misfortunes of Arthur*, p. 64.

（3） H. G. Koenigsberger, '*Dominium Regale or Dominium Politicum et Regale:* Monarchies and Parliaments in Early Modern Europe', in idem, *Politicians and Virtuosi: Essays in Early Modern History* (London, 1986), pp. 1-25. とくに、p. 12. また、同書の 'Introduction', p. x.

（4） ここで本書とポーコックによる「ブリテン史（British History）」の構想との関連に触れておきたい。「ブリテン」が歴史的にウェールズ、スコットランド、アイルランドなどから構成される「多元的君主制国家」であったことに着目し、これまでの「イングランド中心的な」歴史理解に代えて、各地域の歴史に独自性を認め、それらを総合したものとして「ブリテン史」を再記述しようとする試みは、現在、多くの支持を集めている。ポーコックによる近年の論文を列挙すれば、J. G. A. Pocock, 'States, Republics, and Empires: The American Founding in Early Modern Perspective', in Terence Ball and Pocock eds., *Conceptual Change and the Constitution* (Kansas, 1988), pp. 55-77; 'Two Kingdoms and Three Histories? Political Thought in British Contexts', in R. A. Mason ed., *Scots and Britons: Scottish Political Thought and the Union of 1603* (Cambridge, 1994), pp. 293-312; 'Empire, State and Confederation: The War of American Independence as a Crisis in Multiple Monarchy', in John Robertson ed., *A Union for Empire: Political Thought and the British Union of 1707* (Cambridge, 1995), pp. 318-48. また彼の論文 'The Atlantic Archipelago and the War of the Three Kingdoms' が掲載された論集として、Brendan Bradshaw and John Morrill eds., *The British Problem, c. 1534-1707: State Formation in the Atlantic Archipelago* (Houndmills, 1996). もっとも、ベイコン政治学を扱う本書の射程は、あくまでも当時のイングランドから外に出ない。しかしながら、本論でも指摘するように、このような「ブリテン史」の構想は、遡れば彼の提言に一つの淵源がある。

（5） この統合問題の政治過程については以下の研究書および論文を参照した。Bruce Galloway, *The Union of England and Scotland 1603-1608* (Edinburgh, 1986); B. P. Levack, *The Formation of the British State: England, Scotland,*

and the Union 1603-1707 (Oxford, 1987). また、Jenny Wormald, 'The Creation of Britain: Multiple Kingdoms or Core and Colonies?', *Transactions of the Royal Historical Society*, 6th ser., 11(1992), pp. 175-94; idem, 'The Union of 1603', in Mason ed., *Scots and Britons*, pp. 17-40; idem, 'James 6, James 1 and the Identity of Britain', in Bradshaw ed., *The British Problem*, pp. 148-71.

(6) Galloway, *The Union of England and Scotland*, pp. 1-14.

(7) Sir Henry Savile, 'Historicall Collections', in B. R. Galloway and B. P. Levack eds., *The Jacobean Union: Six Tracts of 1604* (Edinburgh, 1985), pp. 185-239. 引用は、pp. 189, 194-8.

(8) ベイコンは最初の謁見の際、ジェイムズが両国の統合を「おそらく政治的に充分な時間をかける以上に急いだ」(10:77) という観察を残した。もっとも、ベイコン自身も結論を保留していたように、ジェイムズは当初、政治的統合を就任後直ちに推進することはなかったという指摘がある。Galloway, *The Union of England and Scotland*, pp. 15-6.

(9) 宮廷の仮面劇はとくに「ブリテン」の「イメージ形成にとって重要な場」であった。Martin Butler, 'The Invention of Britain and the Early Stuart Masque', in Malcolm Smuts ed., *The Stuart Court and Europe* (Cambridge, 1996), pp. 65-85. 引用は、p. 69. なお、スコットランドにおけるブリテン論の展開については、A. H. Williamson, 'Scotland, Antichrist and the Invention of Great Britain', in John Dwyer, R. A. Mason, and Alexander Murdoch eds., *New Perspectives on the Politics and Culture of Early Modern Scotland* (Edinburgh, 1982), pp. 34-58.

(10) Stephen Harrison, *The Archs of Trivmph* (London, 1604), F. この入城の模様は、Graham Parry, *The Golden Age Restor'd: The Culture of the Stuart Court, 1603-42* (Manchester, 1981), pp. 1-21.

(11) Kevin Sharpe, *Sir Robert Cotton 1586-1631: History and Politics in Early Modern England* (Oxford, 1979), pp. 114-5.

(12) John Clapham, *The Historie of England* (London, 1602); *The Historie of Great Britannie* (London, 1606). なお、統合後の歴史叙述の展開に関しては、D. R. Woolf, *The Idea of History in Early Stuart England: Erudition, Ideology, and 'the Light of Truth' from the Accession of James 1 to the Civil War* (Toronto, 1990), pp. 55-72.

(13) ベイコンよりも前の時代に、この「ブリテン史」を提唱した人物として、スコットランドの歴史家メイアが挙げられる。John Mair, *A History of Greater Britain* (Scottish History Society, Edinburgh, 1892). この著作の初版は一五二一年のパリでなされたが、そのなかでメイアは「ブリテンに生を享けた者はみなブリテン人」であるとの認識を示した。*Ibid*, p. 18. また、同様の提言は、ローマ法学者クレイグ（一六〇五年）にも見られる。Sir Thomas Craig, *De Unione Regnorum Britanniae Tractatus*, ed., and trans., C. S. Terry (Scottish History Society, Edinburgh, 1909), p. 468.

(14) Denys Hay, 'The Use of the Term "Great Britain" in the Middle Ages', *Proceeding of the Society of Antiquaries of Scotland* 89 (1956), pp. 55-66.

(15) J. R. Tanner ed., *Constitutional Documents of the Reign of James I: A. D. 1603-1625* (Cambridge, rep., 1960), p.34; S. T. Bindoff, 'The Stuarts and Their Style', *English Historical Review* 60 (1945), pp. 192-216.

(16) これらの伝統的なブルータス神話の継続と衰退の歴史については、たとえば、T. D. Kendrick, *British Antiquity* (London, 1950).

(17) この時期における論争の詳細およびスコットランド側での対抗神話の形成に関しては、メイソンによる一連の研究が重要な手引きとなる。R. A. Mason, 'Scotching the Brut: Politics, History and National Myth in Sixteenth-Century Britain', in idem ed., *Scotland and England 1286-1815* (Edinburgh, 1987), pp. 60-84; 'Imaging Scotland: Scottish Political Thought and the Problem of Britain'; 'The Scottish Reformation and the Origins of Anglo-British Imperialism', in idem ed., *Scots and Britons*, pp. 3-16, 161-186. なお、イングランドの優越意識の歴史的起源が一二世紀にまで溯ることは、John Gillingham, 'The Beginnings of English Imperialism', *Journal of Historical Sociology* 5 (1992), pp. 392-409.

(18) もっとも、ベイコンは他にも「ヘンリ八世治世史」および「グレート・ブリテン史」の執筆にも僅かに着手した。なお、ウルフはこのベイコンの構想を「実際に完成させせた」著作として、Edward Ayscu, *A Historie contayning the Warres, Treaties, Marriages, and Other Occurrents between England and Scotland* (London, 1607). を挙げている。Woolf, *The Idea of History*, p. 59.

(19) *Commons Journal*, vol. 1., p. 171.

(20) これらの下院議員の主張に関しては、Galloway, *The Union of England and Scotland*, pp. 20-1. Cf. Anon., 'A Discourse against the Union', Public Record Office, S. P. Dom. 14/7/65-66; Anon., 'A Discourse on the Union as being Triple-headed: In Head, in Laws, and in Priviledges', Public Record Office, S. P. Dom. 14/7/61-62.

(21) これらの文書の幾つかは、Galloway and Levack eds., *The Jacobean Union* に収録されている。また、この論争の概観については同書の序文および、Galloway, *The Union of England and Scotland*, pp. 30-55 を参照。

(22) John Gordon, *England and Scotlands Happinesse* (London, 1604), pp. 1, 7.

(23) Idem, *Enotikon or a Sermon of the Vnion of Great Brittannie, in Antiquitie of Language, Name, Religion, and Kingdome* (London, 1604), pp. 22-4.

(24) John Thornborough, *A Discourse Plainely proving the Evident Utilitie and Urgent Necessitie of the Desired Happie Union of the Two Famous Kingdomes of England and Scotland* (London, 1604); *The Joiefull and Blessed Reuniting the Two Mighty and Famous Kingdomes, England and Scotland, into Their Ancient Name of Great Brittaine* (Oxford, n. d.).

(25) スコットランド側の文書として、Robert Pont, 'Of the Union of Britayne'; Anon., 'A Treatise about the Union of England and Scotland'; John Russell, 'A Treatise of the Happie and Blissed Unioun', in Galloway and Levack eds., *The Jacobean Union*, pp. 1-38, 39-74, 75-141.

(26) Craig, *De Unione*, p. 232.

(27) *Ibid*., chs. 7, 8., p. 357.

(28) 一六〇一年のエリザベス期最後の議会では、六人の枢密顧問官が下院に席を占めていたが、〇四年の時点では三人（Cecil, Knollys, Wotton）が爵位を得て貴族院に移り、うち一人（Fortescue）は選挙で落選した。残った二人（Herbert, Stanhope）は「まさしく凡庸で」、枢密院の影響力は「実質的にはゼロに等しかった」との評価がある。D. H. Willson, *The Privy Councillors in the House of Commons 1604-1629* (Minneapolis, 1940), pp. 58, 56. この状態は第二会期（〇六年一月～五月）および第三会期（〇六年一一月～〇七年七月）にもほぼ同様に続いた。

(29) 以下に引用する一節から想像を逞しくすれば、ベイコンにとって「ブリテン」は、いわば「想像」の共同体であったのではないか。

「スコットランド王国は現在、古来の高貴な王国であり充実している。しかし、この島全体でいずれブリテン王国が形成されるならば、スコットランドはもはやスコットランドではなくブリテンの一部となるだろう。イングランドはもはやイングランドではなく同様にブリテンの一部となるだろう。［中略］ブリテンが全く分裂したことなく一つの王国であったこと。これを想像してみよう（let us imagine）」（10:228）。

（30） この論争に見られた特徴の一つが「帝国と統合の理念の提携」にあることを指摘した論文として、たとえば、John Robertson, 'Empire and Union: Two Concepts of the Early Modern European Political Order', in idem ed., *A Union for Empire*, pp. 3-36. 引用は、p. 13. また、Levack, *The Formation of the British State*, pp. 2-3.

（31） Thornborough, *A Discourse ...of the Desired Happie Union*, p. 11.

（32） Idem, *The Joiefull and Blessed Reuniting ...England and Scotland*, p. 7.

（33） William Cornwallis, *The Miraclous and Happie Union of England and Scotland* (London, 1604), D2.

（34） *Ibid.*, B, D3.

（35） マキアヴェリ『政略論』（永井三明訳、会田雄次編『世界の名著一六　マキアヴェリ』中央公論社、一九六六年所収）、一八六―九二、四二八頁。

（36） Giovanni Botero, *The Reason of State*, trans., P. J. and D. P. Waley (London, 1956), p. 3.

（37） *Ibid.*, pp. 5-6, 7.

（38） *Ibid.*, pp. 8-9.

（39） 「ブリテン帝国」イデオロギーの起源を一六世紀にも求めた議論として、David Armitage, *The Ideological Origins of the British Empire* (Cambridge, 2000). もっとも、他方でタックは、イングランドとヴェネツィアの議論の親和性を強調している。Richard Tuck, *Philosophy and Government 1572-1651* (Cambridge, 1993), pp. 104-19.

（40）　Richard Koebner, *Empire* (Cambridge, 1961), chs. 1, 2; Anthony Pagden, *Lords of All the World: Ideologies of Empire in Spain, Britain and France c. 1500- c. 1800* (New Heaven, 1995), ch. 1.

（41）　C. H. Firth, '"The British Empire"', *The Scottish Historical Review* 15 (1918), pp. 185-9; Koebner, 'The Imperial Crown of This Realm: Henry 8, Constantine the Great, and Polydore Vergil', *Bulletin of the Institute of Historical Research* 26 (1953), pp. 29-52; idem. *Empire*, ch. 3.

（42）　Walter Ullmann, '"This Realm of England is an Empire"', *Journal of Ecclesiastical History* 30 (1979), pp. 175-203; Graham Nicholson, 'The Act of Appeals and the English Reformation', in C. Cross, D. Loades, and J. J. Scarisbrick eds., *Law and Government under the Tudors* (Cambridge, 1988), pp. 19-30.

（43）　Mason, 'The Scottish Reformation', p. 169. また、本章註（17）参照。なお、この時期の主要なパンフレットは、J. A. H. Murray ed., *The Complaynt of Scotland* (The Early English Text Society, London, 1872) に収録されている。

（44）　Nicholas Bodrugan alias Adams, 'Nicholas Bodrugan alias Adams's Epitome of King Edward 6's Title to the Souereigntie of Scotlande', in Murray ed., *The Complaynt*, pp. 247-56. 引用は、p. 249.

（45）　John Elder, 'A Proposal for Uniting Scotland with England, addressed to King Henry VIII', in *The Bannatyne Miscellany*, vol. 1, pp. 7-18. 引用は、p. 11.

（46）　Somerset, 'The Lord Protector Somerset's Epistle or Exhortacion to Vnitie and Peace sent to the Inhabitauntes of Scotlande', in Murray ed., *The Complaynt*, pp. 237-46. とくに、pp. 241, 244. なお、このようなプロテスタント熱を反映した文書としては他に、Anthony Gilby, *An Admonition to England and Scotland to call them to Repentance* (Geneva, 1558), in John Knox, *The Works of John Knox*, vol. 4, ed., David Laing (Edinburgh, 1860), pp. 541-71. 一方、ヘンリソウンは同様に統合を「神聖」と見做し、イングランドの優越を支持しながらも、「ブリテン」における両国民の同一性を強調した。James Henrisoun, 'A Scottisheman's Exhortacion to Scottes to conform to the Will of Englande', in Murray ed., *The Complaynt*, pp. 207-36.

（47）　エリザベス期イングランドを含めた、一六世紀ヨーロッパにおける帝国理念の昂揚については、F. A. Yates,

Astraea: The Imperial Theme in the Sixteenth Century (1979; London, 1985)（イエイツ『星の処女神　エリザベス女王』東海大学出版会、西澤龍生、正木晃訳、一九八二年）.

（48）Humphrey Llwyd, *The Breuiary of Britayne*, trans., Thomas Twyne (London, 1573), fos. 6-9.

（49）John Dee, *Genaral and Rare Memorials pertayning to the Perfect Arte of Navigation* (1577), p. 8.

（50）Yates, *Astraea*, pp. 29-87; Hughes, *The Misfortunes of Arthur*, p. 197. また、ジェイムズのロンドン入城に際しても「アストレア」を頂に据えた記念門（「新世界」）が設置され、「ブルータスによって分割された」「四つの王国」（イングランド、スコットランド、フランス、アイルランド）が「帝国」として統一されたことが祝福された。Harrison, *The Archs of Triumph* (London, 1604), H.

（51）もっともエリザベス朝前期の外交政策に眼を向ければ、一六〇三年以前に既にセシルによって「ブリテン」を単位とした具体的な安全保障策が模索されていたことが指摘されている。J. E. A. Dawson, 'William Cecil and the British Dimention of Early Elizabethan Foreign Policy', *History* 74 (1989), pp. 196-216; Stephen Alford, *The Early Elizabethan Polity: William Cecil and the British Succession Crisis, 1558-1569* (Cambridge, 1998).

（52）Napoleone Orsini, "Policy"or the Language of Elizabethan Machiavellianism', *Journal of the Warburg and Courtauld Institutes* 9 (1946), pp. 122-34; Peter Burke, 'Tacitism, Sceptisism, and Reason of State', in J. H. Burns ed., *The Cambridge History of Political Thought 1450-1700* (Cambridge, 1991), pp. 479-98.

（53）塚田富治『カメレオン精神の誕生』平凡社、一九九一年。

（54）Walter Raleigh, *Maxims of state*, in idem, *The Works of Sir Walter Raleigh, Kt.*, vol .8, eds., W. Oldys and Birch (Oxford, 1829), pp. 1-36. 引用は、pp. 1, 8.

（55）Botero, *The Reason of State*, p. x.

（56）にも拘わらず、この時期にボテロ流の現状維持論が受容された例として、一六〇六年に英訳されたリュサンジュの『諸国家の創設と継続と衰退』が挙げられる。彼は「獲得よりも保持の方が技能を必要とされる」と述べ、国家の統一を維持の大前提としながらも、スパルタやヴェネツィアのような中規模の国家が「長く維持」されたことを指摘した。Rene de Lucinge, *The Beginning, Continvance, and Decay of Estates*, trans., I. F (London, 1606), pp. 49, 44-7, 116-7.

(57) John Speed, *The Theatre of the Empire of Great Britaine* (London, 1611); *The History of Great Britaine* (London, 1611).

(58) Woolf, *The Idea of History*, pp. 64-72.

(59) Speed, *The History of Great Britaine*, pp. 158, 166.

(60) *Ibid*., p. 155.

(61) *Ibid*., p. 157.

(62) もっとも、以降も「ブリテン帝国」への言及自体は頻繁になされた。それを象徴するのが一六二五年、ジェイムズの葬儀に際して行われたウィリアムズによる説教であろう。John Williams, *Great Britains Salomon* (London, 1625).

(63) Galloway, *The Union of England and Scotland*, pp. 103-19.

(64) *Commons Journal*, vol. 1, p. 336.

(65) Markku Peltonen, *Classical Humanism and Republicanism in English Political Thought 1570-1640* (Cambridge, 1995), p. 196; idem, 'Bacon's Political Philosophy', in idem ed., *The Cambridge Companion to Bacon* (Cambridge, 1996), pp. 283-310. Cf., H. B. White, 'Bacon's Imperialism', *American Political Science* 52 (1958), pp. 470-89.

(66) David Armitage, 'The Cromwellian Protectorate and the Languages of Empire', *The Historical Journal* 35 (1992), pp. 531-55. 引用は、p. 532. Idem, 'John Milton: Poet against Empire', in D. Armitage, A. Himy, and Q. Skinner eds., *Milton and Republicanism* (Cambridge, 1995), pp. 206-25; *The Ideological Origins*, esp., ch. 5; Blair Worden, 'English Republicanism', in *The Cambridge History of Political Thought 1450-1700*, pp. 443-75. とくに、pp. 466-7. これらの論文をはじめとして、「リパブリカニズム」と「帝国」の問題は、ハンス・バロンやポーコックの所説を見直す意味からも、近年の一つの論争点となっている。たとえば他に、C. J. Nederman, 'Humanism and Empire: Aeneas Sylvius Piccolomini, Cicero and the Imperial Ideal', *The Historical Journal* 36 (1993), pp. 499-515; Albert Ravil, Jr., 'The

Significance of "Civic Humanism" in the Interpretation of the Italian Renaissance', in Albert Ravil, Jr., ed., *Renaissance Humanism: Foundations, Forms and Legacy*, vol. 1 (Philadelphia, 1988), pp. 141-74; Mikael Hörnqvist, 'The Two Myths of Civic Humanism', in James Hankins ed., *Renaissance Civic Humanism* (Cambridge, 2000), pp. 105-42.

なおここで付言すれば、ルネサンス期イングランドの人文主義者が「ブリテン」の模範に掲げたローマは、あくまでも「最も偉大な君主制国家」（10:95, 96, 6:448）であったのではないか。たとえばグレヴィルは、『君主制論』のなかで、「古のローマの栄光」をあくまでも君主的な要素に求め、民主政体や混合政体が政治的に不安定であることを執拗に批判した。Fulke Greville, *A Treatise of Monarchy*, in idem, *The Remains: being Poems of Monarchy and Religion*, ed., G. A. Wilkes (Oxford, 1965), stanza. 620, p. 190. Cf. section xiv, pp. 188-95.

(67) モンテスキュー『法の精神（上）』野田良之他訳（岩波文庫、一九八九年）二四二、二四六頁。

(68) Armitage, 'John Milton: Poet against Empire', p. 225.

(69) Raleigh, *The History of the World*, in idem, *The Works*, vol. 6, p. 361. Cf. *Ibid.*, vol. 2, p. lxi.

(70) Raleigh, 'A Discourse of the Invention of Ships, Anchors, Compass & c.', in idem, *The Works*, vol. 8 , pp. 317-34. 引用は、pp. 324-5. また、ローリではなくキーマ（Keymer）の作とされる、'Observations touching Trade and Commerce with Hollander, and Other Nations', in idem, *The Works*, vol. 8 , pp. 355-90. も参照せよ。またグレヴィルの見解については、Greville, *A Treatise of Monarchy*, stanzas 361-425, 489-512, pp. 125-41, 157-63. とくに、stanza 411, p. 138.

ところで、ペルトネンの指摘にもあるように、「偉大さ」の指標としての「富」や「商業」に対する評価は人文主義者のなかでも分岐が見られる。Peltonen, *Classical Humanism*, ch. 4. このことは、本論で述べたローマ型とヴェネツィア型国家との相違にも関連すると考えられる。たとえば、「富」を積極的に評価するボテロの『都市の偉大さの諸原因について』は一六〇六年に英訳された。Botero, *The Magnificencie and Greatness of Cities*, trans., Robert Paterson (London, 1606), pp. 13, 11-3, 61, 97-8. この内容をほぼ引き写した 'Observations concerning the Causes of the Magnificency and Opulency of Cities', in Raleigh, *The Works*, vol. 8, pp. 541-7. はローリの著作として流布した。これとは逆に、ベイコンやクレイグは軍事力を重視し「鉄は金に優る」として「剛毅」さを生む「貧困」を肯定的に評価した（10:323f, 6:446, 7:55ff）。Craig, *De Unione*, p. 357, ch. 10.

もっとも、両者の議論は必ずしも共約不能ではなかったように思われる。つまり、ボテロも他方でまた、「徳の力と栄誉の手段を奪う」金銭欲を批判し、戦争における富の過信を戒めた。Botero, *The Reason of State*, pp. 133, 141. また、剛毅な自国兵を国家が自立する基礎であるとも指摘した。*Ibid.*, pp. 143-4, 168-73. これに対してベイコンも「コモンウェルス」論の系として国富策を論じた。たとえば彼は「ブリテン王国の真の偉大さについて（Of the True Greatness of the Kingdom of Britain, 1608)」のなかで、富が適正で少数に集中しないことなどを条件に「これまで軽蔑されてきたが」としながら積極的に商業政策を論じようと試みたのである（7:55ff, 6:410）。引用は、（7:61）。

（71）ベイコンは植民政策への関心を幾度となく示した（たとえば、6:457ff, 10:45ff）。イングランドにおける植民論の変遷については、N. P. Canny, 'The Ideology of English Colonization: From Ireland to America', *William and Mary Quarterly*, 3rd ser., 30 (1973), pp. 575-98.

第四章 「顧問官」ベイコンと「法律家」 一六〇三―一六一六

本章の目的は、ルネサンス期におけるイングランド政治思想が複数の異なる政治的言説から成立していたと仮定し、顧問官ベイコンの政治学の特徴を、とくに同時代のコモン・ローヤーを中心とする法律家の思考様式との比較作業を通じて闡明することにある。

序章でも指摘したように、エリザベス期からジェイムズ期にかけてのイングランドはこれまで、一七世紀中葉の内乱期に至る過渡期と理解され、絶対主義のもとで国王大権と臣民の自由との原理的な対立が不可逆的に進行していく過程として注目を浴びてきた。したがって、ベイコン政治学に対する関心もまた、彼の議論が絶対主義と立憲主義のどちらを支持したのかという二者択一的な解釈問題に終始する傾向にあった。たとえば、G・P・グーチの解釈によれば、ベイコンは「強力な啓蒙的君主制の擁護者」として「すでに過ぎ去った社会に相応しい」思想家であり、国王ジェイムズをして「大権の思想を濫用せしめ、破滅に終わるだけの衝突に導いた」とされる(1)。他方で、これに対立する解釈として、M・ジャドソンは、ベイコンが議会や臣民の自由にも配慮していたことに着目して、彼がテューダー期の均衡政体論の系譜に属していたことを強調した[2]。さらに、G・L・モスは折衷的な立場から、伝統的な国制観と新たな主権論との「交差路」にベイコンを位置づけた[3]。

しかしながら、これらのベイコン解釈は、近年におけるイングランド史研究の二つの分野の研究成果によって再検討を迫られている。第一に、G・R・エルトンやC・ラッセルらによって一九七〇年代から始まった政治史、とりわけ議会史研究のリヴィジョンである。これらの研究によって、議会や自由主義の発展に関心を集中させた歴史の目的論的解釈（ウィッグ史観）に疑問が提出され、新たに国王や貴族、顧問官を中心とする宮廷の役割等にも視点が向けられた。その結果、エリザベス朝や初期ステュアート朝は「内乱に至るハイロード」ではなく、国王と議会の関係はむしろ協調的であったと主張されたのである。第二に、思想史研究の分野においては、ポーコックの研究を契機とした「古来の国制（ancient constitution）」論研究の進展が見られる。ポーコックによれば、同時代の大陸諸国家とは異なり、コモン・ローという独自の自足的な法体系が存在していたイングランドでは、このコモン・ローの起源が「記憶に残る以前の時代（time out of mind）」にまで遡り、その伝統は一〇六六年のノルマン・コンクエストによっても断絶しなかったという国制史観が伝統的に培われてきた。このような「コモン・ロー精神（common-law mind）」は、職業法律家のみならず、同時代のジェントルマンに広く共有され、内乱期や一六八〇年前後のブレイディ論争を経て、のちにエドマンド・バークにまで連なる政治的言説の一つの系譜を形成したとされる[4]。

以上の政治史および思想史研究双方のリヴィジョンを受け、初期ステュアート朝の政治思想史研究は大幅な再検討を迫られたが、それに伴う論争は現在もなお継続中である。とりわけ、国王と議会の協調関係を強調する議論には、過去の思想史研究における自明の前提であった両勢力間の原理対立の不在が含意されているために、その衝撃は深刻であった。ポーコックに続く次世代の研究者が直面したのはまさにこの課題であって、その動揺はJ・P・サマヴィルとG・バージェスの論争に典型的に現れている。サマヴィルは、絶対主義と立憲主義という従来の解釈枠組みを堅持して、「イデオロギー対立」の存在をあらためて強調する[5]。他方でバージェスの研究は、政治思想史におけるリヴィジョンの不在を問題にし、とりわけジェイムズ期においては「古来の国制」に関する原則的な合意があり、個々の政治論争もこの「ジャコビアン・コンセンサス」に沿った議論に過ぎなかったと結論づける[6]。

これらの研究成果がベイコン政治学の解釈に与える影響は大きい。すなわち、国王と議会の原理的対立という既存の解釈枠組みが必ずしも当然の前提とならないことであり、他方でまた、「古来の国制」をめぐる政治的言説とベイコンとの関係如何が新たな論点として浮上したことである。しかしながら、本書は以上の先行研究に対して、次のような解釈上の諸問題を指摘したい。まず、P・クリスチャンソンによるポーコック批判に見られるように、これらの研究が「古来の国制」論における静態的な思惟様式の分析に集中し、また対象とした時代が広範なため、発話主体における独自の思想的背景や同時代的な論争過程が充分に把握されていないことである[7]。したがって、ベイコン政治学の歴史的理解を試みてきた本書では、以上のような問題関心から改めてジェイムズ期における彼の活動的生活を追跡し、とくに「古来の国制」をめぐる彼とコモン・ローヤーやエドワード・クックとの論争過程に注目する。そのうえで本章では、サマヴィルが再提出した対立枠組みの適用や、バージェスのようにベイコンを「ジャコビアン・コンセンサス」の典型と看做す解釈が、いずれもベイコン解釈としては妥当性に欠けることを主張したい。すなわち、両者の研究は「古来の国制」をめぐる原理対立の有無に関して見解の相違が窺われるものの、いずれもグーチやジャドソンらと同様に、ベイコンを一定の原理的立場に帰着させようと試みる。ところが、これまでも論じてきたように、顧問官ベイコンの政治思考の特徴はまさに、このような単一の原理にコミットすること自体を極力回避する傾向にあったと考えられる。だとすれば、彼の政治学の本質は、原理の対立か共有かという問題設定によっては理解し得ないのではないだろうか[8]。

本章では、ベイコンの政治学が、コモン・ローヤーによる立憲主義的な「古来の国制」論や、あるいはまた、いわゆる王権神授説に立脚した絶対主義理論とは質的に異なる言語と思考によって成立していたことを指摘したい。以下、本章の仮説を提示すれば、ジェイムズ期のイングランドには、「顧問官」と「法律家」によって担われた二つの異なる思考様式があったと考えられる[9]。その一つは、「法律家」を主要な媒体として、たとえばマグナ・カルタを一つの先例とした、「古来の国制」における権利や自由の歴史的正当性をめぐって議会や裁判所で展開された原理的な「法」の議論である。これに対して、「顧問官」の政治学は、人文主義的な教養や政治的思慮に立脚し、宮廷や枢密院を舞台とした助言や熟慮を通じて、個々の情況に応じた実現可能性の考慮を優先する。このような、いわば「政治」的思考に従えば、「古来の国制」の是非もまた、原理的な正当性よりも政治的な便宜と必要の観点から考慮される。他方でまた、「公共善」や「公共の福祉」を目的とした超法規的な措置を必要に応じて許容するが、それとは逆に、君主の恣意的な行動を原理的に合法化することもない。以下では、このような課題と仮説を設定したうえでまず、「法律家」の「古来の国制」論を明らかにし、続いて顧問官ベイコンと法律家との論争過程を追跡してみたい。

第一節　ジェイムズ一世期における「政治」と「法」

ジェイムズ期においてコモン・ローヤーは、二〇〇〇人弱の事務弁護士（attorney）と五〇〇人弱の法廷弁護士（barrister）を擁する一大専門集団であった。周知のように、イングランドでは他の大陸諸国と異なりローマ法の継受が積極的に行われず、コモン・ローという中世以来独自の発展を遂げたイングランド独特の法体系が成立していた。このような歴史的背景をもとに、コモン・ローヤーは、法学院というこれもまたイングランド独特の法曹養成機関で研鑽を積んだ。こうして、法的な専門知識を独占した彼らは、ローマ法の知識をもとに国際法的分野を担当した少数のローマ法学者（civil lawyer）の勢力を凌駕しつつ、ウェストミンスターを拠点として大きな政治的影響力を揮っていた⑩。

このような「法律家」の思考様式は、ポーコックによれば一六〇〇年頃、いわゆる「古来の国制」論として定式化された。イングランドの地域性を色濃く反映したその内容は、一五世紀の王座裁判所首席裁判官ジョン・フォーテスキューの『イングランド法の礼賛について（*De Laudibus Legum Angliae*）』を一つの典拠とし、ジェイムズ期においては、エドワード・クック（Edward Coke, 1552-1634）による延べ一三部にのぼる『判例集（*Les reports*, 1600-15, 56, 59）』や、アイルランド法務長官ジョン・デイヴィス（John Davies）の『アイルランド判例集（*Le primer report des cases and matters en ley resolves and adjuges en les Court del Roy en Ireland*, 1615）』に典型を見出すことができる⑪。その特徴を纏めれば、第一に、イングランド法は「記憶に残る以前の時代」から続いてきた不変の慣例であり、臣民の権利と自由はこのコモン・ローによって保障される。クックによれば、このような「古来にして卓越せるイングランド諸法は、この王国の臣民が有する生得の権利であり、かつ最古にして最良の遺産であり、それによって臣民は平和と平穏のうちに遺産と財産を享受するのみならず、生命と最愛の国土を安全に育むのである」⑫。第二に、この「古来の国制」論においては、他の法体系に対するコモン・ローの「イングランド固有の（insular）」性格と優越性が主張される。第三に、法の解釈主体が厳密に限定され、万人の有する「自然的理性（natural reason）」とは区別された「人為的理性（artificial reason）」を長い研究と経験を重ねて獲得し、イングランド法の歴史的由来を把握した職業法律家のみが法解釈に携わることができる。[13]

このような「古来の国制」論は以降、国王大権の伸長に対抗するための有力な理論装置として、一七世紀イングランドにおける「政治論争の主要なモードの一つ」となり、ロックを僅かな例外として、フィルマーやホッブズ、ハントン、ミルトン、リルバーン、ハリントン、ネヴィル、シドニーをはじめ、多数の同時代人を巻き込んだ大規模な歴史論争を喚起したとされる。[14] もっとも、ジェイムズ期にはまだ、国王大権と臣民の自由をめぐる本格的な原理対立は発生していないと考えられるが、この時期においてもすでに、コモン・ローに批判的な議論が、ローマ法学者や古事学者（antiquarian）といった他の知的専門集団によって提出されていたことも注目されねばならない。

たとえば、ローマ法学者は比較法的な観点から、ローマ法とコモン・ローの類似性を指摘し、ローマ法の有用性と自然法の普遍性を主張したが、それは他方でイングランド法の固有性を否定することを意味した。たとえば、ジョン・ヘイワードは『イングランドとスコットランド両王国の統合論（*A Treatise of Union of the Two Realmes of England and Scotland*, 1604）』のなかで、イングランド法がブルータスの時代から不変であるという議論は、「一般に受け入れられるものではなく」、「当節では季節はずれの過大な賛美」に過ぎないと主張した。[15] さらに本章の議論との関連で注目すべきは、彼らが用いたローマ法の語彙と原理のなかに、いわゆる「絶対主義」的な理論が潜在していたことであろう。すなわち、彼らが典拠の一つとした『学説彙纂（*Digesta*）』の法格言によれば、「君主の嘉することは法の効力を有する（quod principi placuit legis habet vigorem）」、あるいはまた「君主は法に拘束されない（princeps legibus solutus est）」のである。もっとも、たとえばB・P・リーヴァックが指摘するように、ユスティニアヌス法典の内容自体は両義的な性格が強く、イングランドのローマ法学者は実際に、イタリア出身のローマ法欽定講座教授アルベリコ・ジェンティリ（Alberico Gentili）のような極端な例を除き、必ずしも王権の絶対主義的な性格を強く主張した訳ではない[16]。しかしながら、次節でも見るように、大陸を起源とする彼らの法的な原理論は逆に、国王大権の伸長を容認する議論として、コモン・ローヤーから強烈な批判を浴びることになったのである。

他方でまた、ウィリアム・カムデン（William Camden）やロバート・コトンらによって一五八六年頃創設された「古事学協会（Society of Antiquaries）」に集った古事学者は、「古来の国制」の歴史的起源に関する学問的な検証を行い、コモン・ローヤーの主張に修正を加えた。たとえば、ウィリアム・ランバード（William Lambarde）は、一五九〇年代に執筆された『アーケイオン（*Archeion*）』のなかで、議会の成立がブルータス神話の時代にまで遡るものではなく、サクソンの時代に起源を有することを史料的な見地から証明した[17]。また、ジョン・セルデン（John Selden）はフォーテスキューの主張に直接反論を加え、『イングランド法の礼賛について』の注解のなかで、イングランド法が歴史的に不変ではなく、ブリテンやサクソン、デーン、ノルマンの諸慣習の「混合」であることを主張した[18]。ここで付言すれば、一〇六六年のノルマン・コンクエストによって生じた法制史上の非連続を彼らが容認し始めたことが、のちにヘンリ・スペルマン（Henry Spellman）による封建制の発見を導くことになったのである。

加えて、このような「古来の国制」をめぐる論争にみずから関与したのが、国王ジェイムズ一世であった。のちにも触れるように、法体系の異なるスコットランド出身の国王は、イングランドのコモン・ローヤーにとって大きな脅威となった。たとえばジェイムズは、王権神授説と臣民の服従を説いた『自由な君主国の真の法（*The True Law of Free Monarchies*, 1598）』の主張をイングランド議会でも繰り返し、国王は「地上における神の副官であり、神の玉座を占めるだけでなく、神みずからによって神々と呼ばれる」と明言したのである。[19] もっとも、バージェスが指摘するように、この言明のなかに絶対主義の主唱者という伝統的なジェイムズ像を直ちに読み取ることはできない。[20] 本章との関連でむしろ注目すべきは、「古来の国制」と「絶対的権力」をめぐる緊張が高まった一六一〇年議会において、ジェイムズが複数の立場と論理を使い分けたことであろう。すなわち、彼は以上の発言に重要な限定を付し、それを、あくまでも「神学者」の立場からの一般論と規定したのである。そのうえで彼は、議論の視点を切り替え、新たに「イングランド人」としての立場から「古来の国制」を容認する姿勢を打ち出した。この「イングランド人」ジェイムズの見解によれば、「原初の」王国では君主の意志が法となるが、国家が「文明と政治を確立した」のちには逆に、「王国の基本法を遵守」するよう「拘束される」のである。[21] 本書では詳しい検討はできないが、このようなジェイムズの発言は、絶対主義と立憲主義という二項対立の図式には簡単に解消し得ない、国教会の聖職者を中心とした「神学者」の思考様式が別個に存在していたことを示唆していよう。[22]

このような「古来の国制」をめぐる錯綜した論争に、人文主義的な「顧問官」の立場から発言した人物がベイコンであった。たとえば彼は、『学問の進歩』のなかで、これまでの法律論が「哲学者」や専門の「法律家」の観点からのみ記述されていたことを批判した。彼の診断によれば、哲学者は「架空のコモンウェルス」のための「架空の法律」を論じるがゆえに、「かれらの議論はあまりにも夜空に高くありすぎるために僅かな光しか送ってこない星に似ている」。これに対して法律家は逆に、所与の現実に埋没して「何が法として受け入れられているかを書き、何が法であるべきかは著述しない」（04:180）。ベイコンはさらにラテン語版『学問の進歩』のなかで、以上の哲学者や法律家の議論と異なる「立法者の知恵」として九七のアフォリズムを挙げた。ここで注目されるべきは、ベイコンが、たとえばリトゥルトンに代表される職業法律家による法概説書や判例集とは異なり、「行動を指示するに適した」アフォリズム形式を採用したことであろう。実践を重視する顧問官ベイコンは、「架空の」自然法論や「先例」を集積した法解釈論を展開するのではなく、のちに改めて指摘するように、法の運用面における実践的な改革を課題に挙げたのである。

したがって、ベイコンは「古来の国制」の所与性を絶対視する議論に対しても一定の距離を置いた。たとえば彼は一六一六年、枢密顧問官の一人として国王に助言した「イングランド法の編纂と改善に関する国王への提案（A Proposition to His Majesty...touching the Compiling and Amendment of the Laws of England）」のなかで、法に関する二つの「極論」を批判したが、その一つがクックに代表されるコモン・ローの過大な賛美であった。ベイコンによればイングランド法は「賢明かつ正当で、穏健な法」であり、クックの賞賛も根拠に欠ける訳ではないが、しかしながら、それは「ブリトン、ローマ、サクソン、デーン、ノルマンの諸慣習の混合物」（13:63, 14:362）であった。このように、ベイコンはローマ法学者や古事学者と同様に、コモン・ローを「記憶に残る以前の時代」から常に不変であったとするクックやフォーテスキューの伝統的な見解に反して、あくまでも変化する環境の所産として把握したのである。

ベイコンは、コモン・ローの固有性と優越性を絶対視することなく、外国法の参照にも消極的ではなかった。彼は一六一八年頃に執筆した寵臣バッキンガム宛の書簡のなかで、みずからコモン・ローの「専門家」と称しながらも、対外交渉の必要からもローマ法や教会法を「無視してはならない」と助言した（13:39）。また、グレイ法学院に宛てた『法論（*The Arguments of Law*）』の献辞のなかでも同様に、古典古代やフランス、イタリアなどの外国法も「価値は劣らない」との判断が示され、キケロやデモステネスの法廷弁論の方がクックの『判例集』よりも実務の訓練に役立つことが指摘された。したがって、以上の言明を考慮すれば、ベイコンが法の是非を判断する基準として、法の「伝統」や「先例」ではなく、とくに「運用（manner）」と「政治（policy）」をともに挙げたことは何ら不思議ではない。彼によれば、これらの基礎から遊離した国内法は「壁掛けの花」に過ぎないのである（7:523-4）。

以上のようにベイコンは、哲学者や法律家とは敢えて一線を画し、顧問官の立場から法的諸問題と取り組んだ。とりわけ、「グレイ法学院の劇」における第五の顧問官の助言にも盛り込まれた、不要な法の廃止や裁判手続の簡素化といった法の運用面での改革は、彼が晩年に至るまで不断に訴え続けた政治課題であった。[23] このような彼の役割認識や問題関心が、ルネサンス期の人文主義に培われたものであることは、もはや繰り返し指摘する必要はないであろう。ここで他の人文主義者の議論を挙げれば、たとえばローリは『イングランド諸議会の大権（*The Prerogative of Parliaments*, 1628）』のなかで、国王の課税権を認める根拠として、マキアヴェッリを典拠とした「必要」の主題を繰り返し提示した。[24] 同様に、ローリの作品とされた『キャビネット・カウンシル』のなかでも、あくまでも国家の維持という観点から「古来の国制」が議論された。すなわち、歴史のある君主制国家の統治が容易な理由は、マキアヴェッリが『君主論』第二章で指摘したように「古き諸法を維持すれば足りる」からであり、他方でまた、これらの諸法や慣習の破棄は、あくまでも国家が危機に陥る「主要な唯一の」原因としてのみ言及されたのである。[25]

もっとも、法曹養成機関であるグレイ法学院を活動の拠点とした彼は、みずから「専門家」とも称したように、同時代におけるコモン・ローの第一人者でもあった。実際に彼は、グレイ法学院の評議員（Bencher）や講師

(Reader)を務め、一六〇八年には最高役職である収入役(Treasurer)に就任した。彼にはまた『法の原理(*Maximes of the Law*, 1596)』をはじめ、数編の専門的な法律論があるが、とくに彼が「イングランド法の編纂と改善に関する国王への提案」のなかで提示した「法規則集(De regulis juris)」編纂の計画は、みずからクックと比較して「どちらがより偉大な法律家であるか」(13:70)を自負したほどであった。このようなベイコンの理解によれば「正しい諸法」と「真の政治(policy)」は共約不能ではない。なぜなら、「両者は精神と神経のようなもので相互に連動するからである」(015:169)。しかしながら、それだけに一層、イングランド法をともに自家薬籠中のものとするベイコンとコモン・ローヤーとの論争は、政治と法に対する両者の思考様式の相異を浮き彫りにしたと考えられる。[26] 他方でまた、このジェイムズ期にベイコンは、宮廷における政府の要職を歴任し、一六〇七年における法務次官就任を皮切りに、一三年の法務長官を経て、一六年には実際に枢密顧問官に任命されるに至る。以下では、議会や宮廷を舞台とした顧問官ベイコンと法律家の対立を、前章でも取り上げた統合問題や一六一〇年議会、そしてクックとの論争過程を通じて観察してみたい。

第二節　顧問官ベイコンと法律家

一　法の統一問題　一六〇四―一六〇七

すでに指摘したように、一六〇〇年代初頭に発生した統合問題は、イングランド法の解釈権を独占していたコモン・ローヤーたちの存在理由を根底から脅かした。なぜなら、両国の法が仮に統一された場合、イングランドの「古来の国制」がスコットランド法というローマ法の影響を受けた別個の法体系との融合によって瓦解することは必至と考えられたからである。[27] そして何よりも、スコットランド時代からすでに王権神授説を説いていたジェイムズ本人が、「古来の卓越せる」コモン・ローに疎遠であったことが、彼らの危機感をより一層強めた。実際、ジェイムズは〇七年の議会演説のなかでも、ローマ法に比較すればコモン・ローについては「精通していない」と「告白」したのである。[28] もっとも、ジェイムズは他方で、この議会でも譲歩の姿勢を示し、コモン・ローが「世界のどの法よりも優れ」、「この国の民衆にもっとも適している」ことを認めた。[29] しかし、すでに見たように、「われわれはイングランド法の変更を望まない（Nolumus leges Angliae mutari）」をスローガンに法改正に関連するあらゆる動きに抵抗を示した下院は、ついに〇七年議会では、統合を仮に実施するならばスコットランドが「我々の諸法に服属」すべきことを主張するに至ったのである。[30]

他方でまた、議会外からは逆に、あくまでもイングランドの伝統的な法秩序を死守しようとするコモン・ローヤーに対する批判が相次いだ。たとえば、すでに指摘したようにローマ法学者のヘイワードは、イングランド法がブルータスの時代から不変であるという議論を否定し、それを「季節外れの過大な称賛」と非難した。彼らはまた、ローマ法とコモン・ローの類似性を指摘して法の統一が困難でないことを証明しようと試みた。とくにスコットランドのローマ法学者クレイグは、「ブリテン王国統合論」のなかで、コモン・ローヤーの主張を「事実を隠蔽している」と批判して、両国の法が「基本原理に関して完全に一致する」ことを指摘した。[31] もっとも、法の統一を含む完全統合の実現可能性に懐疑的な意見もあり、たとえばタキトゥスの翻訳も手掛けた歴史家サヴィルによれば、「絶対的な二つの主権国家の統合」は、「征服」の場合を除いて過去に永続した事例はなかった。[32] しかし、他方で彼は、国名変更に関しては「あらゆる対立感情を除去する」効果があることを認め、これに反対したコモン・ローヤーたちの論理を「法を曲解」した「ごまかしと狡智」によるものと酷評したのである。[33]

前章で明らかにしたように、ベイコンは以上のようなローマ法学者や、コモン・ローに無知であることを自認したサヴィルと異なり[34]、イングランド法の知識を備えた学識顧問官として下院議員の反論を直接「食い止める」役割を担った。ベイコンは実際に、法の統一を漸進的に実行する立場をとり[35]、原則的に統一を「聖俗の主要で基本的な法」に限定したうえで両国の慣習法を存続させていくことを提言した（10:97）。もっとも、彼は他方でまた、法の統一が「大変な困難と時間」（230）を要することにジェイムズの注意を促した。ベイコンはローマ法学者とは異なり、両国の法の一致を必ずしも当然の前提とせず、それゆえ彼が提案したことはまず、両国の法律家の共同作業によってお互いの法律を比較対照することであった（7:732, 10:230）。しかし、彼はそれでもなお、「変革や刷新」が「いかに苛酷であるか」を重ねて指摘した。彼によれば、「祖国の慣習（patrius mos）はあらゆる人に心地好く、人々は慣習を愛でるなかで生まれ育つ」。さらに、「我々は或る一つの法律を変更するためにどれだけの論争と議論が喚起され紛糾するかを知っています。［中略］ましてや、法の全体系が変更される場合はどうでしょうか」（230-1）と訴えた彼の主張には、「記憶に残る以前の時代」からの法慣習を墨守するコモン・ローヤーも充分に同意したであろう。

しかしながら、にも拘わらずベイコンがコモン・ローヤーと袂を分かち、敢えて統合の推進を主張した所以は、彼が顧問官として政治的な判断を優先させたことにあった。彼は一六〇七年、「諸法の統一に向けた準備案（A Preparation toward the Union of Laws）」のなかで、法の統一が「政治」に「まさしく合致する」理由を説明した。彼によれば、「グレート・ブリテン全島」が「一つの法のもと」に統合されることは、「将来も決して分裂に陥らないことの最たる確証の一つ」（7:731）であった。このような政治的な観点からベイコンは、少し時間が遡るが同じ〇七年、前年末に再開された議会で下院議員たちと直接対峙した。この時、サンディスやローレンス・ハイド（Laurance Hyde）を先頭に下院は反対戦術を劇的に転換し、「スコットランドの国民が我々の諸法によって支配されること」を即時に迫った[36]。しかし、ベイコンは議会演説を通じて反論を加え、あくまでも両国の法が相互に「対等」であるという前提を崩さず、漸進的な法の統一を望んだ。さらに将来的な内乱の危険を察知した彼は、統一の論拠を政治的な理由に求め、それが両国の「分裂」を防ぐ「確固たる保証」となることを重ねて訴えたのである（10:335）。

このような顧問官の視点からベイコンはまた、法律家の職業倫理に批判の矛先を向けた。一六〇五年に出版された『学問の進歩』のなかで、彼が「自分が生活する国家の枠組みに準拠して」「何が法であるべきか」を考慮しない「法律家」を批判の俎上に乗せたことは、以上の文脈に即しても理解できるであろう。彼はまた、〇七年二月一七日の議会演説のなかで、「商人」や「ジェントルマン」とともに「法律家」の名をを挙げ、彼らが職業利害を優先させていることを次のように指弾した。

「議長殿、仮にある人物が、彼の特定の職業や地位に関連し、利害の絡んだ側面にのみ専ら関心を寄せ、国家について真摯に価値ある考察を行わないのであれば、この事項について正しい助言を与えるか、もしくは忠告を得ることは決してできないでありましょう」（10:308）。

ベイコンは、帰化問題についての「議会に対する助言」（10:307）を目的としたこの議会演説のなかで一つの論法を採用した。それは、議論の内容を予め限定しつつ、統合がもたらす政治的な「便宜（convenience）」について審議を集中させ、下院のコモン・ローヤーが得意とする「法的な（de jure）」論争を回避することであった[37]。前章で考察したベイコンの「ブリテン」統合構想は、このように職業法律家を批判し、ウェントワースの「王の二つの身体」論を用いた法解釈論を封印したうえで提示されたのである。しかしながら、下院はこのような「便宜」の議論ではなく、あくまでも帰化の「法」的な正当性の問題に審議を集中し、他方でイングランド中心の完全統合を強硬に主張した。こうして膠着状態に陥った議会は閉会され、統合問題はついに棚上げされた。しかしながら、以下で見るように、顧問官ベイコンは続く一六一〇年議会において、輸入品課徴金問題に端を発した国王大権と臣民の自由をめぐる論争のなかで、再びコモン・ローヤーと対決することになったのである。

二　輸入品課徴金問題　一六一〇

一六一〇年議会において新たに争点に浮上したのは財政問題であった。当時、エリザベス治世末期から続いた累積債務は五〇万ポンドに膨らみ、単年度赤字も一〇万ポンドを越えた。このような事態の打開をはかるため、〇八年に大蔵卿（Lord Treasurer）に就任したソールズベリ伯ロバート・セシル（Robert Cecil）は、輸入品課徴金（imposition）の増大をはかった。彼はまた議会に対しても、国王の食糧徴発権（purveyance）などの封建的諸権利を撤廃することを条件に、六〇万ポンドの議会議与金（supply）と年次二〇万ポンドの援助金（support）を求めた。ところが、この「大契約（Great Contract）」の提案に対して、議会は統合問題の時と同様に強く反発し、とくに議会の同意を得ないまま適用範囲が拡大された輸入品課徴金の違法性を追及した。こうして、国王大権と臣民の自由に関する法的な原理問題を新たな焦点とした、下院のコモン・ローヤーと法務次官ベイコンをはじめとする政府側との論争が再び幕を開けたのである。

セシルは両院協議会で財政の窮乏を説明し、ベイコンを通じて議会が「助言の院」であることを求め、「国家という船」を「嵐」の危険から回避させる必要を訴えたが[38]、にも拘わらず、議会の紛糾を事前に抑えることはできなかった。論争の発端となったのは、当時カンタベリー大主教代理であったローマ法学者ジョン・コウェル（John Cowell）の法律辞典『法解釈集（*The Interpreter; or Booke containing the Signification of Words*, 1607）』であった。ジョン・ホスキンス（John Hoskins）をはじめとするコモン・ローヤーは、二月の議会開催後間もなく、当時ベストセラーにもなったこの専門書の「国王大権」や「国王」「議会」「特別税」などに関する記述を問題視した。[39]なぜなら、ケンブリッジのローマ法欽定講座担当教授も務めたコウェルは、これらの概念をローマ法的な語彙と原理を導入して学術的に規定し、とくに国王が「彼の絶対的権力によって法を超越する」と明記したからである。[40]これに対して、「王権の定義」を嫌ったジェイムズは、「設立された国家やコモンウェルス」では「王国の基本法に触れること」は危険であるとして、この著作がコモン・ローに対して「あまりにも大胆である」ことを認め、発行禁止処分とした。[41]彼はさらに、紛糾しかけた議会の融和をはかり、すでに紹介したように三月二一日の議会演説において「神学者」の観点から王権神授説と臣民の服従を説くとともに、「イングランド人」の立場から「古来の国制」に対する理解を示した。

このような応急措置を施したうえでジェイムズは、国王大権の争点化をあくまでも回避しようと試み、セシルを中心とする枢密院を通じて、輸入品課徴金の審議は裁判所に委ねるべきとの見解を議会に伝えた。[42]ところが、これに対して下院は強く反発し、たとえばウェントワースは、ホスキンスらとともに大権が議会で審議できないのであれば「われわれは奴隷に身を売らん[43]」と抗議し、国王との仲介役のセシルや枢密院にも不信の眼を向けた。このような議会の追及を前に、法務次官ベイコンは委員会のなかで、みずから大権の「声高な主唱者[44]」ではないと断わったうえで、ジェイムズの立場を支持して論争の回避をなおも試みた。五月一九日における以下のようなベイコンの発言は、「権利」や「自由」の問題を明確な原理や定義に還元せずに、「実践を通じて」解消しようとする彼の政治思考の特徴をよく表していよう。

「国王の権利と臣民の自由の問題は書き記されたり（textual）、明確に規定されたり（positive）、学術的な研究の対象であったり（scholastical）するべきではなく、実践を通じて密かに滑り込まされるべきものであって、定義付けや体系化がなされるべきものではない」[45]。

ここでさらに注目すべきは、ベイコンが議会を説得する手段として、法的な解釈論には依らず、あくまでも人文主義的な歴史的教訓とアフォリズムを用いたことであろう。彼によれば「国王の統治権」と「議会の自由」はともに「この国の二つの要素にして原理」であり、「相互に支え合う」関係にある。そのうえで彼は、「実践を通じて」両者を「調和」すべきことを、タキトゥスのアフォリズム「神君ネルヴァがかつて対立していたもの、すなわち大権と自由を融和させた」を用いて説明した。ベイコンはここで、ジェイムズをローマの五賢帝の一人ネルヴァになぞらえ、現在の「不協和音」が彼の「卓越した賢明さと節度」によって調和され得ることを、歴史的な連想を通じて鮮やかに印象づけたのである(11:177-8)[46]。ベイコンはまた、ジェイムズの王権神授説を応用しながら、国王と枢密院が相互に不可欠な関係にあることを強調した。ベイコンによれば、国王はたしかに「地上の神」であるが、だからこそ逆に「他の人間と同様の弱さ」があり、したがって、顧問会議の政治的な「援助」と「補佐」が不可欠となる。こうして彼は、ジェイムズと枢密顧問官の「尊厳」をともに指摘し、彼らの「賢明さ」に対する信頼を訴えたのである(178-9)[47]。

しかしながら、国王大権の法的根拠を問う議会の追及は激しさを増し、たとえばウェントワースは、伝統的なフォーテスキューの見解を参照しながら、「政治的および王権的支配（dominium politicum et regale）[48]」にあるイングランドでは、フランスとは異なり、輸入品課徴金には議会の同意が必要であると主張した。彼によれば、王権に関して議論することが反逆と看做されるならば、「われわれの法律書はすべて反逆的」なのである[49]。フラーはまた、この演説に続けて、ジェイムズが「異国人」であることを繰り返し指摘し、「イングランド諸法によって何がなしうるかを」を教示すべきと訴えた[50]。さらに、ジェイムズ・ホワイトロック（James Whitelock）は、「コモンウェルスの古来の枠組み」として次の三点を主張した。すなわち、「第一にわれわれは自分自身の主人であり、われわれの同意なくして何物も奪い取られないこと。第二に、われわれの同意なくして法は制定されず、君主の勅令は法ではないこと。第三に、議会はわれわれの諸自由の貯蔵庫であること[51]」。

同日の午後、ベイコンは再び反論を試み、「一七年」に及ぶ議会経験をもとに、エリザベス期やメアリ期にも同様に、大権事項に関する審議が禁止されたことを想起させようと試みた(11:182-3)[52]。しかしながら、なおも下院の紛糾は収まらず、とくに六月二九日の委員会では、トマス・ヘドリ（Thomas Hedley）やウィリアム・ヘイクウィル（William Hakewill）らによって、「古来の国制」論が全面的な形で展開されるに至った。すなわち、ヘドリによれば、コモン・ローは「コモンウェルスの善や利益を目的に、記憶に残る以前の時代から存在し、このことが王国全土に裁判権を有する国王の諸正式記録裁判所において承認された、領国全土で用いられる理性的な慣習である[53]」。さらに、このコモン・ローは「議会よりも強力」なだけでなく、まさに「王位の相続や国王の権利を拘束し、それらを主導し指示を与える[54]」。また、ヘイクウィルは、コモン・ローが「民衆の利益やプロパティ」からの逸脱を国王に認めず、法の解釈が「国王自身の絶対的な意志や恣意」に委ねられないことを主張した。このような立場から彼は、マグナ・カルタや過去の裁判記録を論拠としながら、輸入品課徴金の法的権利は国王に認められないという解釈を提示したのである[55]。

以上のような下院のコモン・ローヤーの攻勢を前に、法務次官ベイコンもまた、ヘドリやヘイクウィルらに先立ち、ついに法的な問題に踏み込む必要に迫られた。しかし、彼は課徴金の歴史的正当化を行う一方で、違法性の審理をあくまでも裁判所の管轄とし、議会の審理は法の「行き過ぎ」を是正する場合に限定されるとの見解を示した。また、輸入品課徴金は対外問題に関わるために統治事項に属し、恩赦や法の執行、貨幣鋳造や宣戦講和と同様に「特別の信頼」を国王に置いているとして、なおも原理論争の回避を試みた（11:192, 200）。このようなベイコンの主張は、のちの法務次官ヘンリ・イェルバートン（Henry Yelverton）や当時の法務長官ヘンリ・ホウバート（Henry Hobart）といった政府側の論者によって、「国家理性」や「政治」の観点から支持された[56]。ところが、リチャード・マーチン（Richard Martin）は、このような議論を「恣意的で変則的、無制限で超法規的な王権」の立場として激しく非難した[57]。さらに他のコモン・ローヤーは、議会の同意のない課徴金の違法性を繰り返し追及した。ここでとくに、政府側が提出した「政治」の観点に対する批判を挙げれば、たとえばヘニッジ・フィンチ（Heneage Finch）によれば、貿易均衡や対外関係についての政府側の説明は、「法律家よりも商人や政治家によりふさわし」く、「法による基盤がない」と批判された[58]。また、ホワイトロックは、「政治」の議論が「権利の観点とはまったく関わりがないこと」を指摘し、逆に「われわれの、この公正なコモンウェルス」では「何人も法よりも賢い者はない（oportet neminem esse sapientiorem legibus）」と反論した。彼によれば、「国民全体の権利の侵害と破棄に至る道を開くよりも、特定の少数者が受ける短期間の損害を容認する方が、より我慢できる」のである[59]。

以上のように一六一〇年議会においても、顧問官ベイコンと「古来の国制」論に立脚したコモン・ローヤーにおける本質的な思考様式の相異が表面化した。コモン・ローヤーにとって「政治（policy）は社会の絆」であったが、それにも増して「諸法（laws）は王国の魂」であった[60]。これに対して、「正しい諸法」と「真の政治」は共約不能ではないとしたベイコンは、統合問題をめぐる論争と同様に、「権利」や「自由」に関する法的な原理論に最初から踏み込もうとせず、国王大権の争点化という事態そのものを回避しようと試みた。同時にまた、彼の課題は、人文主義的な言語と思考を駆使しながら「大権と自由の調和」をはかり、国王や枢密院の政治的思慮に対する信頼を訴えることにあったのである。

ここで注目すべきは、このような彼の政治思考が、議会のコモン・ローヤーではなく、大蔵卿セシルを筆頭とした宮廷（もしくは貴族院）の枢密顧問官のそれと共通していたことであろう。たとえば、ベイコンが「この王国でもっとも学識のある顧問官」（10:252）と評した王璽尚書（Keeper of Privy Seal）ノーサンプトン伯ヘンリ・ハワード（Henry Howard, Earl of Northampton）は、警戒を怠ったトロイの悲劇を教訓にしながら、一一月の両院協議会で財源の政治的な必要を次のように訴えた。すなわち、「政治（policy）」は「時節に即した通常の備えがあれば、悪性の疾病をそれらが動き出す前に容易に予防する」。彼はまた、国家に献身したローマの雄弁家を理想に掲げ、「国家理性」に従えば「君主とコモンウィールの維持を目的としたあらゆる配慮と義務と努力が、特定の欲望や感覚的な愉悦よりも優先されるべきである」と述べた。さらに「必要は最高次の理性であるか、もしくは理性をすべて超越する[61]」。あるいはまた、「国家の奉仕は定まった規則や、あるいは技術や経済に拘束されないため、君主は運命がもたらす有為転変に応じて彼らの指針を変更することを余儀なくされる」と主張した彼の演説は、議会の「コモン・ロー精神」とは別に、同時代における宮廷の顧問官たちに人文主義的な言語と意識がいかに浸透していたのかを物語っていると言えよう[62]。

三　ベイコンとクック　一六〇六—一六一六

ところが、以上のような顧問官と法律家の対立は、ウェストミンスターの議会に留まることなく、まさにホワイト・ホールの枢密院内部にも波及した。すなわち、コモン・ローヤーの聖典となった『判例集』の著者エドワード・クックの反抗である。一六二〇年代に議会の理論的支柱となり、のちに「下院のヘラクレス」と讃えられたクックは当時、法務職を歴任した政府の顕官の一人であった。彼は一五九二年、エセックスが強く推薦した九才年下のベイコンを斥けて法務次官に就任すると、九四年には法務長官に昇進し、エセックスの反乱やガンパウダー事件等に関する最重要の政治裁判に携わるなど、宮廷内での地位と実績を着実に築いていたのである[63]。

しかしながら、一六〇六年に民訴裁判所首席裁判官に就任すると、クックは態度を変化させ、禁止令状（writ of prohibition）の発給等の手段を用いて、高等宗務官裁判所（Court of High Commission）などの他の裁判所に対する干渉を開始した。当時のイングランドには、民訴裁判所（Court of Common Pleas）や王座裁判所（King's Bench）などのコモン・ロー裁判所とは別に、星室裁判所（Court of Star Chamber）をはじめとする枢密院直属の裁判所が存在した。とくに、大法官が主宰する大法官府裁判所（Court of Chancery）は、エクイティの原理に基づき、コモン・ローでは救済できない事件を独自に扱った。クックの行動の背景には、これらの裁判所を通じた国王大権の伸長に対するコモン・ローヤーの強い危惧があったのである。

クックは他方でまた、ジェイムズがコモン・ローに習熟していないことを指摘し、法の解釈や裁判は「人為的理性」を修得した職業法律家のみが担当し得るという「古来の国制」論を楯に、国王の政治的干渉を排除しようと試みた。こうして、「国王は何人よりも下にあらず、されど神と法の下にあるべきである（Quod rex non debet esse sub homine sed sub Deo et lege）」というブラクトンの法格言を掲げたクックは[64]、ジェイムズや大法官トマス・

エジャトン（Thomas Egerton）らと次第に対立の度合いを強めていったのである。一二年にセシルの死去によって後ろ楯を失ったクックは、ベイコンの進言もあって翌一三年、王座裁判所首席裁判官に配置転換された（11:381-2）。しかし、クックは他方で枢密顧問官に任命されてもなお、ジェイムズに懐柔されることなく、教皇尊信罪（praemunire）の拡大適用によって大法官府裁判所への訴えを禁じるなど、あくまでもコモン・ロー裁判所の首席裁判官として従来の対決姿勢を崩さなかった。

とりわけ、一六年の聖職禄委託保有事件（case of commendams）では、国王大権（聖職禄委託保有権の付与）が争点になったため、ジェイムズはベイコンを仲介役として審議の延期と国王との事前協議を求めたが、クックをはじめとする一二名の裁判官は連名の書面をもってこれを拒否した。これに対してジェイムズは六月、枢密院に一七名の顧問官とともに一二名の裁判官全員を召集し、近年における議会の「大胆不敵さ」を併せて強調しながら、聖職禄委託保有に反対したウェストミンスターの法律家を激しく非難した。ジェイムズによれば、彼が即位して以来このかた「傲慢不遜な」法律家たちは、「あらゆる議会において無礼極まりなく大権を踏みにじってきた」。さらに、ジェイムズは、コモン・ロー裁判所が「肥大化して越権的になり」、「国王大権に干渉し、他の裁判所を侵害している」（12:363）ことを批判した。ところが、このジェイムズの演説ののち、他の裁判官全員が「膝を屈し」（365）て過ちを認めたにも拘わらず、クックは唯一人、自己の意見を撤回しなかった。こうして、クックは「四つのP」、すなわち「自尊、禁止令状、教皇尊信罪、国王大権（Pride, Prohibitions, Praemunire, Prerogative）」[65]が原因となって裁判官を解任され、枢密顧問官の職も一時期停止されたのである。

他方で、クックの後塵を常に拝してきたベイコンは、一三年には法務長官に昇進し、一六年には実際に枢密顧問官に任命された。しかしながら、クックと同じ法務職を歴任しながらも、ベイコンは顧問官の立場からあくまでも政治的な配慮を優先させた。ベイコンは、自分とは対照的に、すべてを合法性の問題に還元させるクックに対して感情的なまでに批判的であった。ベイコンによれば「クック卿は彼の法学の威厳を高めるために、ときに不適当で時期外れだとしてもあらゆることがらを法学の問題に引き込んでしまう」（12:237）。さらに、クックは「自信過剰」にして「統御できない性格」であり、「彼自身の流儀には従うが、仕事の流れには従わない」（232, 242, 257）。こうしてベイコンは、クックの常套手段である「法による正当化」を「彼の古い歌」に過ぎないとして、「尚更のこと嫌悪」するに至ったのである（13:240）。

ベイコンはまた、裁判官の地位に関してもクックと見解を異にし、あくまでも顧問官と同様の役割を裁判官に求めた。すなわち、エッセイ「裁判について（Of Judicature）」によれば、裁判官は「王座の下の獅子」であり、その権限は法の解釈に厳しく限定され、法の制定や付与はできない。また、あくまでも「民衆の安寧が最高の法（salus populi suprema lex）」なのであり、審議が「国家事項（matter of estate）」に抵触する場合には国王との事前協議が必要とされる。ここで「国家事項」とは「統治権に関わることだけでなく、何であれ大きな変更や危険な先例をもたらすか、あるいは明らかに民衆の大部分に関係すること」を指す（O15:169）。こうしてベイコンは、一五年のピーチャム事件（case of Peacham）の際にも、ジェイムズの干渉に反対したクックに対して、国王が「国家理性」に従って意見を求めた場合、裁判官はそれを拒否できないとの見解を示した。ベイコンによれば、裁判官には宣誓に基づき、顧問官と同様に国王に対する助言の義務が生じるのであり、枢密院の通例であった国王による「個別」の「内密」な意見聴取は、まさに裁判官に対しても当然に実施され得るのである。これに対してクックは、裁判所は「個人の生命」を扱うがゆえに、あくまでも枢密院とは区別されると主張した。しかし、ベイコンはさらに反論を試み、「国家の問題は幾千もの生命や、あるいは宣戦講和のように個人の生命よりもずっと大切な多くの事柄に関わる」と切り返したのである（12:108）。

また、枢密院のなかでベイコンと共同戦線を張り、議会のコモン・ローヤーやクックに対抗したのが大法官エジャトンであった。セシルが死去したのち、エリザベス時代を経験した残り少ない枢密顧問官の一人となった彼もまた、ジェイムズが即位して以来、「民衆政体（Popular state）が巨大化して大胆不敵となり、会期の度に議会のうねりがひどくなる」事態を目の当たりにした[66]。彼によれば「合法的な自由や古来の特権という名目のもとに」、議会は「コモンウィールの改革」を求めるよりも「陛下の大権に非難を浴びせ」、「裁判権や様々な事件の審理過程に異を唱え」ながら、それらを「簒奪した」のである[67]。エジャトンはまた、大法官府の長としてクックに率いられたコモン・ロー裁判所と直接対峙した[68]。彼によれば、コモン・ローが救済できない事柄を「良心とエクイティ」によって解決する大法官府は「国王の至高の裁判所の一つ」であり、その地位は国王と枢密院に次ぐ[69]。ところが、最近の王座裁判所および民訴裁判所は「諸法の厳格なルール」を考慮せずに、コモン・ローとエクイティを「混同」した挙句、大法官の権限を「思いつくまま」侵害しているのである[70]。

したがって、エジャトンはクックの『判例集』に対しても批判的であった。すなわち、クックは『判例集』全体を通じて、「王権を軽んじ弱体化させ」、「他のすべての裁判所の裁判権を愚弄して切り刻むために［中略］いわば意図的に努力を重ねた」。さらには、その内容も粗雑であり、時には「実際の判決とは異なり」、時には「実際に下されていない判決」を偽って報告している。そのうえでエジャトンは、それらの誤謬が「裁判官が結審に際して実際に意図した以上の内容を慌てて読み込んだ」のか、それとも「彼自身の思惑を撒き散らし、植え付けたこと」に起因するのかは「容易には見極めがたい」と酷評したのである[71]。

ベイコンもエジャトンと同様に、『判例集』を「許容されるよりも多くの誤謬と幾つかの独断的な司法の枠を越えた結論が含まれている」(13:65) と批判した。もっとも、エジャトンが個々の判例解釈を通じてクック批判を展開したのに対して、ベイコンの議論の特徴は、それをコモン・ローの「本質 (matter)」をめぐる原理論争に発展させることなく、繁文縟礼の廃棄や刑罰の緩和、法の編纂事業といった「運用 (manner)」面での具体的な法改革論に結びつけたことにある (63)。すでに指摘したように、「イングランド法の編纂と改善についての提案」において、クックの過大なコモン・ロー賛美を批判したベイコンは、さらに『判例集』そのものを改革の対象に据えた。ベイコンによれば、イングランド法には「極端な不確定さ、多様な見解、遅延、脱法行為」(64) に起因する運用上の諸問題が山積していた。それゆえに彼は、ジェイムズに対して「ブリテンの統合」を通じた「国家の定礎者」となるだけでなく、「他にほとんど例のない」法改革を実行して「立法者」の名誉をも永遠に残すべきことを提案した (62-3)。もっとも、他方で彼は、あくまでも実践可能性を重視しながら、この改革が「危険な革新」ではないことを繰り返し強調した。すなわち、その目的はイングランド法を「掘り起こして移植する」ことにはなく、「接ぎ木」によって法の実効性を高めることにあった (67,65-6)。そのうえで彼は、法の共通理解を浸透させるための一つの手段として「提要」や「用語辞典」の必要を述べたが、なかでも『判例集』に代わるべき「船のバラスト」と看做されたのが「法規則集 (De regulis juris)」の構想であった。こうしてベイコンは、この試みを自負して「サー・エドワード・クックの判例集とわたしの規則集が後世に伝わった場合、(今はどう考えられるにせよ) どちらがより偉大な法律家であるかが果たして問題になるでありましょうか」(70) と述べるに至ったのである[72]。

以上のように、顧問官ベイコンは、ジェイムズ期における政治的諸問題、すなわち一六〇〇年代初頭の統合問題や、一六一〇年の輸入品課徴金問題、枢密院におけるクックとの論争を通じて、コモン・ローヤーとの対決を繰り返した。このことは、人文主義的な言語と思考に立脚したベイコン政治学の特徴を、法律家の「古来の国制」論との対比において鮮やかに示す。すなわち、以上に示してきたようにベイコンは、コモン・ローヤーとローマ法学者の間に見られたような「法」的な原理論争にコミットすることを極力回避し、顧問官の観点から、あくまでも政治的思慮を通じた問題解決を試みたのである。したがって、このような彼の政治学を、立憲主義か絶対主義かという従来の単純な二項対立の図式に還元することはできない。少なくともベイコンの視点から見れば、ジェイムズ期のイングランドにおいて、のちにコモン・ローに対してパトリアーカイズムや主権者命令説の立場からそれぞれ反論を加えたフィルマーやホッブズの議論が惹起した熾烈な原理論争は、むしろ回避すべき対象であったとも言えよう[73]。ベイコンの課題は、王権神授説を拡大解釈して恣意的な絶対君主や暴君の存在を正当化することや、あるいは逆に、いわゆる主権在民説を明確に打ち出して立憲主義の原理を確立することにはなかった。国王を補佐する顧問官として彼は、「古来の国制」論を権力の足枷として提示した議会の法律家と異なり、あくまでもジェイムズが「卓越した賢明さ」を発揮して、ブリテンを統合する「国家の定礎者」や法改革を遂行する「立法者」となりうる可能性を模索し続けたのである。

ところが、クックの事例に端的に象徴されるように、コモン・ローヤーによる抵抗の激化は、他方で、「立法者」を補佐すべき枢密院の求心力が低下し、政治的な危機に陥っていたことを物語っていた。すなわち、ジェイムズという異国の王の即位はまた、コモン・ローヤーの拠点であった議会や裁判所のみならず、まさに宮廷という君主制国家の政治的中枢そのものに、エリザベス期とは異なる政治運営の原則が新規に導入されることを意味したのである。ベイコンが枢密顧問官として宮廷の中枢に足を踏み入れた時にはすでに、国王と枢密院を中心とした政治的意思決定の過程に新たな変調が生じつつあった。次章では、ルネサンス期における「宮廷」を思想史的な観点から検討したうえで、統合問題やコモン・ローヤーとの対決を経験したベイコンが、一六一〇年代に表面化した宮廷の腐敗に対して、どのような政治的思慮を駆使して問題解決を試みたのかを考察したい。

（1）　G. P. Gooch, *Political Thought in England: From Bacon to Halifax* (Oxford, 1914), pp. 22, 33（堀豊彦、升味準之輔訳『イギリス政治思想—ベイコンからハリファックス』岩波書店、一九五二年）.

（2）　M. A. Judson, *The Crisis of the Constitution: An Essay in Constitutional and Political Thought in England 1603-1645* (1949; New York, 1964). とくに、pp. 168-70. 安藤高行『近代イギリス憲法思想史研究—ベーコンからロックへ—』御茶の水書房、一九八三年、二八—四二頁。

（3）　G. L. Mosse, *The Struggle for Sovereignty in England: From the Reign of Queen Elizabeth to the Petition of Right* (1950; New York, 1968), pp. 75, 80.

（4）　J. G. A. Pocock, *The Ancient Constitution and the Feudal Law: A Study of English Historical Thought in the Seventeenth Century: A Reissue with a Retrospect* (Cambridge, 1987); idem, 'Burke and the Ancient Constitution: A Problem in the History of Ideas', in idem, *Politics, Language, and Time* (1971; Chicago, 1989), pp. 202-32.

（5）　J. P. Sommerville, *Politics and Ideology in England 1603-1640* (London, 1986; 2nd ed., 1999); 'History and Theory: The Norman Conquest in Early Stuart Political Thought', *Political Studies* 34 (1986), pp. 249-61; 'Ideology, Property and the Constitution', in Richard Cust and Ann Hughes, eds., *Conflict in Early Stuart England: Studies in Religion and Politics 1603-1642* (London, 1989); 'Absolutism and Royalism', in J. H. Burns ed., *The Cambridge History of Political Thought 1450-1700* (Cambridge, 1991), pp. 347-73; 'The Ancient Constitution Reassessed: the Common Law, the Court and the Language of Politics in Early Modern England', in Malcolm Smuts ed., *The Stuart Court and Europe: Essays in Politics and Political Culture* (Cambridge, 1996), pp. 39-64.

（6） Glenn Burgess, 'Common Law and Political Thought in Early Stuart England', *Political Science* 40 (1988), pp. 4-17; 'Revisionism, Politics and Political Ideas in Early Stuart England', in *The Historical Journal* 34 (1991), pp. 465-78; *The Politics of the Ancient Constitution: An Introduction to English Political Thought, 1603-1642* (London, 1992); *Absolute Monarchy and the Stuart Constitution* (New Heaven, 1996).

（7） Paul Christianson, 'Young John Selden and the Ancient Constitution, ca. 1610-18', *Proceedings of the American Philosophical Society* 78 (1984), pp. 271-315. とくに、pp. 271-2; 'Political Thought in Early Stuart England', in *The Historical Journal* 30 (1987), pp. 955-70. このような方法的自覚に立脚したセルデン研究として、idem, *Discourse on History, Law, and Governance in the Public Carrer of John Selden, 1610-1635* (Toronto, 1996).

（8） ちなみに、「この時期には誰も、一般的な言葉を用いて原理を明確に表明しなかった」というアレンの評がある。J. W. Allen, *English Political Thought 1603-1660* (London, 1938), p. 12.

（9） このような知的集団を単位とした思想史叙述については、初期ステュアート朝の政治的言説をコモン・ロー、ローマ法、神学の三つに分類したバージェスの議論が参考となる。Burgess, *The Politics of the Ancient Constitution*, ch. 5. クリスチャンソンはさらに、「古来の国制」論内部での分岐を指摘する。Christianson, 'Royal and Parliamentary Voices on the Ancient Constitution', in L. L. Peck ed., *The Mental World in Jacobean Court* (Cambridge, 1991), pp. 71-95; idem, *Discourse on History, Law, and Governance*. 他方で、コモン・ローの言説が同時代には支配的であったという彼らに反論を加え、コモン・ロー精神を共有しない宮廷の法律家に着目したサマヴィルの議論として、Sommer-ville, 'The Ancient Constitution Reassessed'.

（10） Burgess, *The Politics of the Ancient Constitution*, pp. 119-20.

（11） John Davies, *Le primer report des cases and matters en ley resolves and adjudges en les Court del Roy en Ireland* (Dublin, 1615), A Preface Dedicatory. もっとも、ポーコックのデイヴィス解釈に対しては、デイヴィスにおけるローマ法や帝国主義の契機を強調する以下の批判が提出されている。H. S. Pawlisch, 'Sir John Davies, the Ancient Constitution, and Civil Law', *The Historical Journal* 23 (1980), pp. 689-702; *Sir John Davies and the Conquest of Ireland: A Study in Legal*

Imperialism (Cambridge, 1985).

(12) Edward Coke, *Qvinta pars relationum* (London, 1605), To the Reader. この『判例集』は一六〇〇年以降、00, 02, 02, 04, 05, 07, 08, 11, 13, 14, 15 年と継続して出版された。あくまでも推測であるが「古来の国制」論の定式化は逆に、スコットランド法の存在を強く意識せざるを得なかった一六〇〇年代初頭の統合問題を通じて促進された面もあるのではないだろうか。

(13) Pocock, *The Ancient Constitution*; idem,'Burke and the Ancient Constitution', pp. 209-10.

(14) Pocock, *The Ancient Constitution*, p. 46.

(15) John Hayward, *A Treatise of Union of the Two Realmes of England and Scotland* (London, 1604), p. 11. イングランドのローマ法学者に関しては、B. P. Levack, *The Civil Lawyers in England 1603-1641: A Political Study* (Oxford, 1973); idem, 'Law and Ideology: The Civil Law and Theories of Absolutism in Elizabethan and Jacobean England', in H. Dubrow and R. Strier eds., *The Historical Renaissance: New Essays on Tudor and Stuart Literature and Culture* (Chicago, 1988), pp. 220-41.

(16) Levack, *The Civil Lawyers in England*, ch. 3; idem,'Law and Ideology'.

(17) William Lambarde, *Archeion or, a Discourse upon the High Courts of Justice in England*, eds., C. H. McIlwain and P. L. Ward (Cambridge, Mass., 1957), pp. 126-7. 古事学者の思想的影響に関しては、Pocock, *The Ancient Constitution*, ch. 5; Burgess, *The Politics of the Ancient Constitution*, pp. 58-68, 99-102; Kevin Sharpe, *Sir Robert Cotton 1586-1631: History and Politics in Early Modern England* (Oxford, 1979).

(18) John Selden, 'Notes upon Sir Iohn Fortescve', in John Fortescue, *De Laudibus Legum Angliae*, ed., idem (London, 1616), p. 7.

(19) James I, *The Political Works of James I*, ed., C. H. McIlwain (Harvard, 1918; New York, 1965), pp. 54, 307; King James IV and I, *Political Writings*, ed., Sommerville (Cambridge, 1994), pp. 64, 181.

(20) Burgess, 'The Divine Right of Kings Reconsiderd', *English Historical Review* 107 (1992), pp. 837-61, or in idem,

Absolute Monarchy and the Stuart Constitution, ch. 4, pp. 91-123. ジェイムズ政治思想の評価は近年とみに錯綜しているが、それを象徴するのが、Peck ed., *The Mental World* 所収の三論文、Christianson, 'Royal and Parliamentary Voices', pp. 71-95; J. Wormald, 'James VI and I, Basilikon Doron and The True Law of Free Monarchies: The Scottish Context and the English Translation', pp. 36-54; Sommerville, 'James I and the Divine Right of Kings: English Politics and Continental Theory', pp. 55-70 であろう。他にも、J. N. Figgis, *The Divine Right of Kings* (1914) 以来の古典的解釈に対する修正の試みとして、Wormald, 'James VI and I: Two Kings or One?', *History* 68 (1983), pp. 187-209; Kevin Sharpe,'Private Conscience and Public Duty in the Writings of James VI and I', in J. Morrill, P. Slack, D. Woolf eds., *Public Duty and Private Conscience in Seventeenth-Century England: Essays presented to G. E. Aylmer* (Oxford, 1993), pp. 77-100; Conrad Russell, 'Divine Rights in the Early Seventeenth Century', in *ibid*., pp. 101-20.

(21) James I, *The Political Works*, pp. 307-9; King James IV and I, *Political Writings*, pp. 180-3.

(22) Burgess, *The Politics of the Ancient Constitution*, pp. 130-8.

(23) ベイコンによる法改革の提言は、たとえば一五九三年（8:214）一六〇一年（10:19）一六〇七年（10:336）議会と続けてなされた。ベイコンを中心人物の一人とする一六、七世紀の法改革運動に関しては、Barbara Shapio, 'Codification of the Law in Seventeenth-Century England', *Wisconsin Law Review* 2 (1974), pp. 428-65; 'Law Reform in Seventeenth Century England', *American Journal of Legal History* 19 (1975), pp. 280-312; 'Sir Francis Bacon and the Mid-Seventeenth Century Movement for Law Reform', *American Journal of Legal History* 24 (1980), pp. 331-62.

(24) Walter Ralegh, *The Prerogative of Parliaments, in* idem, *The Works of Sir Walter Ralegh, Kt*., vol. 8, eds., Oldys and Birch (N. Y., 1829), pp. 151-221. cf. 154, 184-5, 193, 198, 215.

(25) Ralegh, *The Cabinet-Council*, in idem, *The Works*, vol. 8, pp. 37-150. 引用は、p. 40.

(26) 本書ではベイコンの専門的な法律論の内容にまで踏み込むことはできないが、彼は「法律家」としての議論を、議会や宮廷ではなく、あくまでも裁判所のなかに限定しようと試みたのではないか。たとえばベイコンは、ジェイムズの登位以降に生まれたスコットランド人（Post-Nati）のイングランドにおける土地保有権が争われた、カルヴアン事件（Calvin's case）の審理において、議会と裁判所における議論の性格の相違を指摘した。すなわち彼は一六〇八年、財務府裁判所において「われわれは今、議会ではなく裁判席の前にいる」のであり、問題は統合の「法的理由」に絞られ、「政治的理由」には「関わらない」と言明したのである（7:659）。ベイコンの「法律家」としての具体的な活動内容については、D. R. Coquillette, *Francis Bacon* (Stanford, 1992) が詳しい。また、彼の法律論の時期的な変化を強調し、そこに「政治家の自覚への移行」を看取した議論として、菊池理夫「メティスの知―顧問官としてのF・ベーコンの思想」『松阪政経研究』第七巻第一号（一九八九年）、七七―九〇頁。引用は七九頁。

（27）法の統一問題をめぐる一連の論争内容についてはとくに、Levack, *The Formation of the British State*, ch. 3; idem, 'The Proposed Union of English Law and Scots Law in the Seventeenth Century', *Judical Review* 20 (1975), pp. 97-115.

（28）James I, *The Political Works*, p. 299; King James VI and I, *Political Writings*, p. 171.

（29）James I, *The Political Works*, p. 292; King James VI and I, *Political Writings*, p. 162.

（30）Levack, *The Formation of the British State*, p. 88; *The Parliamentary Diary of Robert Bowyer 1606-1607*, ed., D. H. Willson (New York, rep., 1971), pp. 243, 44.

（31）Thomas Craig, *De unione regnorum Britanniae tractatus*, ed., and trans., C. S. Terry (Scottish History Society, Edinburgh, 1909), pp. 322, 304., ch. 6.

（32）Sir Henry Savile, 'Historicall Collections', in Galloway and Levack eds., *The Jacobean Union: Six Tracts of 1604* (Edinburgh, 1985), pp. 184-240. 引用は、pp. 189, 194-8.

（33）*Ibid.*, p. 208.

（34）*Ibid.*, p. 208. それゆえサヴィルは、コモン・ローヤーに対する全面批判を「同業者でかつ異論を有する者」（p. 208）に委ねたが、これに該当する人物こそベイコンであったのではないか。

（35）参考までに、ベイコンの前任者であった法務次官ダドリッジは一六〇四年、統合を是認しつつも法の統一にはより慎重な見解を示した。John Doddridge, 'A Brief Consideracion of the Unyon of Twoe Kingedomes', in Galloway and Levack eds., *The Jacobean Union*, pp. 142-59. とくに、pp. 146, 148.

(36) Bowyer, *The Parliamentary Diary of Robert Bowyer*, pp. 219, 25, 30, 43, 44. なお、これに似たイングランド法のもとでの完全統一の主張はすでに一六〇五年、ブリストルの法律家ソルタンによって提示された。彼は『グレート・ブリテンの古来の法』のなかでフォーテスキューを随所で参照しながら「古来のコモン・ローがまずブリテンの時代に始まった」ことを論じて、その歴史的権威を改めて主張した。George Saltern, *Of the Ancient Lawes of Great Britaine* (London, 1605), L3. もっとも、彼の議論は神法への言及が目立ち預言論的な性格が混在している。また付言すれば、〇七年に下院が「完全統合」を主張した直接的な契機は、クックやポパン、フレミングといった各裁判所の長官が、下院と見解を異にして帰化を認容したことにあった。William Cobbet and T. B. Howell eds., *A Complete Collection of State Trials*, vol. 2 (London, 1809), cols. 561-75. これらを考慮すると「裁判官」を含めた「法律家」の態度は必ずしも一枚岩ではなかったことが窺える。

(37) ちなみに、彼の演説は逆に「法律家の観点から見れば入念な演説ではない」と評された。Bowyer, *The Parliamentary Diary of Robert Bowyer*, p. 267, n. 3.

(38) E. R. Foster ed., *Proceedings in Parliament 1610*, 2 vols (New Heaven, 1966), vol. 1, p. 7, vol. 2, pp. 29, 356-7.

(39) Sommerville, *Politics and Ideology*, pp. 121-7.

(40) John Cowell, *The Interpreter; or Booke containing the Signification of Words* (London, 1607), Qq1. コウェルに関しては、S. B. Chrimes, 'The Constitutional Ideas of Dr. John Cowell', *English Historical Review* 64 (1949), pp. 461-87.

(41) *Proceedings in Parliament 1610*, vol. 1, pp. 29, 30-1, vol. 2, p. 49; *Parliamentary Debates in 1610*, ed., S. R. Gardiner (London, 1862), pp. 23-4.

(42) *Proceedings in Parliament 1610*, vol. 2, p. 82; *Parliamentary Debates in 1610*, p. 32.

(43) *Proceedings in Parliament 1610*, vol. 2, pp. 83, 93-5.

(44) *Ibid*, p. 94.

(45) *Ibid*, p. 98.

(46) ベイコンはまた、議会の意向を伝えるためにジェイムズに謁見した際にも、このタキトゥスのアフォリズムを奏上して国王と議会の融和に努めた（11:203）。

（47）論敵のフラーからも「修辞と技巧に満ちているが、優れた内容を有していた」と称賛されたこの演説の日付に関して、フォスターはスペディングと異なり、五月一四日ではなく一九日と推測している。*Ibid*, pp. 98, n. 4.

（48）John Fortescue, *De Laudibus Legum Angliae*, ed., S. B. Crimes (1942), ch. 36（フォーテスキュー『イングランド法の礼賛について』北野かほる、小山貞夫、直江眞一共訳『法学』五三巻四―五号、一九八九年、四〇八―三八、五七四―六一二頁。『同』五四巻第一号、一九九〇年、一四八―八七頁）; idem *The Governance of England*, ed., Charles Plummer (Oxford, 1885), pp. 109-10.

（49）*Proceedings in Parliament 1610*, vol. 2, p. 108.

（50）*Ibid*, p. 109.

（51）*Ibid*, p. 109.

（52）引用は、*Ibid*, p. 111. もっとも、ベイコンは他方で、「人間の判断は多様な意見に支えられることによって最善な形に導かれる」として議論の自由を認めた（p. 110）。

（53）*Ibid*, p. 175; *Parliamentary Debates in 1610*, pp. 72-3.

（54）*Proceedings in Parliament 1610*, vol. 2, p. 174. ヘドリは演説の後半で、古来の国制論に続けて人文主義の政治論を援用した。このような論法を用いて彼が標的に据えたのは、明らかにベイコンの議会演説であった。すなわち、ヘドリはタキトゥスのアフォリズムを引用して国王大権と臣民の自由が調和可能なことを示し、さらにベイコンが前回議会で提示した「偉大な国家」論と同様に、民衆の軍事的有用性を指摘した。ところがヘドリは以上の議論を逆手にとり、国王の賢明さや「偉大さ」よりも、臣民の「財産と富」を強調し、今回の輸入品課徴金によって王国を支える民衆の自由と富がともに損なわれると主張したのである。*Ibid*, pp. 191-7. ここで付言すれば、ペルトネンのように、語彙の共有を根拠にベイコンとヘドリを同じ「リパブリカニズム」の系譜に位置づけることの問題性は、この事例において顕著となろう。Markku Peltonen, *Classical Humanism and Republicanism in English Political Thought* (Cambridge, 1995), ch. 4. とくに、pp. 220-8.

（55） William Cobbet and T. B. Howell eds., *A Complete Collection of State Trials*, 33 vols (1809-26), vol. 2, col. 415; *Parliamentary Debates in 1610*, pp. 79-83.

（56） *Parliamentary Debates in 1610*, p. 88; *Proceedings in Parliament 1610*, vol. 2, pp. 199, 206.

（57） *Parliamentary Debates in 1610*, p. 88. とくに、イェルバートンに対する非難は激しく、カールトンは書簡のなかで、委員会の論者の名前を列挙したあとに次のように記した。「わたしが名前を挙げた人物は、すべて立派であり、誰がもっとも優秀であったか甲乙付けがたいが……発言したすべての人々のなかでは、疑いなく、この厚顔無恥のヘンリ［・イェルバートン］が最低最悪の栄誉に輝いた。彼が大胆にも喚き散らした暴政的な立場のゆえに、彼に続いたすべての論者から徹底的に非難され、それ以来、滅多に顔を見せなくなった」。Thomas Birch ed., *The Court and Times of James the First*, vol. 1 (London, 1849, rep., New York, 1973), pp. 121-2.

（58） *Proceedings in Parliament 1610*, vol. 2, pp. 230, 229.

（59） *State Trials*, vol. 2, col. 518.

（60） *Proceedings in Parliament 1610*, vol. 2, p. 381.

（61） *Ibid*., vol. 1, pp. 263-4, pp. 267-8.

（62） ベイコンは一六〇七年議会でまた、スペインによる通商妨害を検討した両院協議会におけるセシルとノーサンプトンの演説を下院に報告する役目を担った。そのなかで両者はともに、スペインに対する宣戦講和は、国王と枢密院が扱う「統治の秘密」に属するという見解を示した。ノーサンプトンはさらに、州の騎士や都市の市民から構成される「単なる民主制的な」下院では「私的で地域的な知恵」を有するのみであり、「多種多様な情況に左右される国家の秘密を検討し決定するには相応しくない」と述べた。これを伝えたベイコンは、両者の演説をそれぞれ「下院に圧倒的な導きの光」を与え、「優れた内容と文飾に満ちた」演説と評価した（10:358, 360, 359）。なお、キケロ的な雄弁家を自認し、みずからもケンブリッジで修辞学とローマ法を講じたノーサンプトンに関しては、L. L. Peck, *Northampton: Patronage and Policy at the Court of James I* (London, 1982).

（63） クックの学術的な伝記研究はいまだ為されていない。唯一の伝記ではあるが、とくに前半期に関してはベイコン側の史料に多くを頼った作品として、C. D. Bowen, *The Lion and the Throne: The Life and Times of Sir Edward Coke 1552-1634* (London, 1957). 一六二〇年代に限定すれば、S. D. White, *Sir Edward Coke and "The Grievances of the Commonwealth", 1621-1628* (Chapel Hill, 1979) がある。クックの全体像を理解する手引きとしては、W. Holdsworth, *A History of English Law*, 12 vols. (London, 1909-38), vol. 5, pp. 423-93; *Some Makers of English Law: The Tagore Lectures 1937-38* (Cambridge, 1938); S. E. Thorne, *Sir Edward Coke 1552-1952* (London, 1957).

(64) クックは高等宗務官裁判所との対立をめぐって宮廷に召喚された際に、この法格言をジェイムズの面前で引用したとされるが、この有名なエピソードの典拠となった『判例集』第一二巻の記述は正確ではなく、事後的な挿入であったのではないかという疑問が以前から提出されている。R. G. Usher, 'James I and Sir Edward Coke', *English Historical Review* 18 (1903), pp. 664-75.

(65) Birch, *The Court and Times*, vol. 1, p. 437.

(66) Thomas Egerton, 'Special Obseruacions touching all the Sessions of the Last Parliament Anno 7 Regis and etc.', in L. A. Knafla, *Law and Politics in Jacobean England; The Tracts of Lord Chancellor Ellesmere* (Cambridge, 1977), pp. 254-62. 引用は、p. 254.

(67) *Ibid.*, pp. 255, 258, 259.

(68) J. P. Dawson, 'Coke and Ellesmere Disinterred: The Attack on the Chancery in 1616', *Illinois Law Review* 36 (1941), pp. 127-52; J. H. Baker, 'The Common Lawyers and the Chancery: 1616', *Irish Jurist* 9 (1969), pp. 368-92.

(69) Egerton, 'A Breviate or Direction for the Kings Learned Councell collected by the Lord Chauncellor Ellesmere, Mense Septembris 1615. Anno Jacobi Regis', in Knafla, *Law and Politics*, pp. 319-336. 引用は、pp. 320, 330, 331.

(70) Egerton, 'Memorialles for Iudicature. Pro bono publico', in *Ibid.*, pp. 274-81. 引用は、pp. 280-1.

(71) Egerton, 'The Lord Chancellor Egertons Observacions vpon ye Lord Cookes Reportes', in *Ibid.*, pp. 297-318. 引用は、p. 297. もっとも、エジャトンは他方でまた、『判例集』にも「たくさんの良い点」があることを認めていた。*Ibid.*, p. 298.

(72) ところが、コモン・ローに限らずあらゆる法に共通する規則の収集を目的としたこの事業は未完に終わり、僅かにラテン語版『学問の進歩』に収録された九七のアフォリズム等の断片が残されるのみとなった。それでも、たとえばアフォリズム75によれば、判例集は「自己の意見をあまりに好み、権威を笠に着る」裁判官ではなく、専門の学識顧問官によって作成されるべきことが主張された（1:821）。

(73) Robert Filmer, *Patriarcha*, in idem, *Patriarcha and Other Writings*, ed., Sommerville (Cambridge, 1991), pp. 1-68, esp., ch. 3; 'The Free-holders Grand Inquest', in *Ibid.*, pp. 69-130; Thomas Hobbes, *A Dialogue between a Philosopher and a Student of the Common Laws of England*, ed., Joseph Cropsey (Chicago, 1971). これらの論争の展開に関しては、Pocock, *Ancient Constitution*, ch. 7.

第五章 「顧問官」ベイコンと「宮廷」 一六〇三―一六二一

一六一〇年代の後半にベイコンは、枢密顧問官として「統治の秘密」に携わり、かつてのモアやスミスと同様に、人文主義者が理想とした活動的生活の実践を試みることになる。ところがベイコンは、「宮廷(court)」という国王と枢密院を中心に政治が営まれる「囲われた場」のなかで、君主制国家イングランドの政治運営の基礎を脅かす深刻な危機に直面した。すなわち、党派対立と寵臣バッキンガムに象徴される宮廷の腐敗である。本章では、このような顧問官ベイコンとルネサンス期の宮廷との関係に改めて焦点を絞り、ベイコン政治学の思想的意義を新たに闡明する。そのために、本章ではまず、一六世紀から一七世紀初めにかけて間断なく出版された一群の「作法書(courtesy books)」の存在に新たに着目しながら、ルネサンス期における宮廷の思想的契機を剔抉したい[1]。本章ではまた、ベイコンをはじめとする同時代の人文主義者が、この作法書の翻訳や執筆、劇の上演等を通じて、宮廷を自覚的に維持する意識と言語を持続的に再生産していたことを明らかにする。そのうえでベイコンが、一六一〇年代に表面化した、彼の政治学の存立基盤を崩しかねない危機的情況に直面して、どのような政治的思慮と顧問官の作法を駆使したのかを考察してみたい。

第一節　宮廷作法と政治学

一　作法書の世界

第一章でも論じたように、ルネサンス期イングランドの人文主義者は、宮廷社会における活動的生活論の読み替えを迫られた。たとえば、ロジャー・アスカムの『スクールマスター』によれば、「邪な集まり」と「邪な意見」がひしめく宮廷では価値が転倒しており、「間違いと夢物語が真理と判断の場を占め」、「優雅さ」とは「笑うこと、騙すこと、へつらい、表情を繕うこと」であると誤解されている。[2] ベイコンの政治学が、このような宮廷社会に対処するために、「交際」と「実務」の学問を新たに加えたことはすでに指摘した（第二章第一節）。本章では、このような読み替えを可能にした同時代の知的背景として、フィレンツェやヴェネツィアなどの都市共和国とは別個の淵源を有する、もう一つの人文主義の伝統に着目したい。すなわち、ウルビーノやフェッラーラなどイタリアの宮廷社会を発信源とする「作法書」の伝統である。[3] カスティリオーネの『宮廷人』をはじめ、ジョバンニ・デッラ・カーサ（Giovanni della Casa）の『ガラテーオ（*Il Galateo*, 1558）』やステファノ・グアッツォ（Stefano Guazzo）の『洗練された交際（*La civil conversatione*, 1574）』に代表されるこれらのイタリア作法書は、イングランドだけでなく、ヨーロッパ各国で次々と翻訳された。[4] このような作法書の受容を背景に、たとえばアスカムは、将来の顧問官となるべき貴紳の子弟に、イタリア旅行よりも『宮廷人』を熟読すべきと主張した。[5] また、ケンブリッジの大学人ガブリエル・ハーヴィ（Gabriel Harvey）は、「われわれの時代の学者は……観想的というよりは活動的な哲学者である」と主張しながら、カスティリオーネやグアッツォの作品が意欲的に受容されている現状を併せて指摘したのである。⑥

このような作法書の受容の背景には、イングランドの文化的な後進性という特有の事情があった。⑦たとえば、一五六一年に『宮廷人』を翻訳したトマス・ホビー（Thomas Hoby）は、この著作が「あらゆるキリスト教国家の宮廷」を長いこと「うろつき廻っている」ことを指摘した。彼はまた、『宮廷人』が大陸諸国で既に「高い評価」を獲得していることを意識しながら、イングランドの文化が「随分と劣っている」ことに注意を促した。⑧また、ロドウィック・ブリスケット（Lodvick Bryskett）は、一五八〇年代初めに執筆した『文明生活論（*A Discourse of Civill Life*, 1606）』のなかで、アテネとローマの「風味と洗練」がイングランドとアイルランドに「欠けている」ことを指摘した。そのうえで彼は、プラトンやアリストテレスの道徳哲学をグアッツォらによる自国語の著作を通じて学べる「イタリア人の幸福」を「心底から羨望」したのである。⑨もっとも、一五八一年にグアッツォの『洗練された交際』を英訳したジョージ・ペティ（George Pettie）は、「われわれの国が野蛮で、われわれのマナーが粗野で、われわれの民衆が洗練に欠ける（uncivile）」という悪評に反論を試みた。しかし、イングランドが「世界でもっとも文明の進んだ国」であることを強調したペティですら、大陸でのイングランド人旅行者のマナーの悪さは承認せざるを得なかった。⑩この点は、ヘンリ・ピーチャムが一六二二年に出版した『完全なるジェントルマン』のなかでも、「後進性」の証として依然嘆かれ続けたのである。⑪

「後進」国イングランドにとって大陸の宮廷は「文明」の象徴であった。⑫たとえば、『イングランドの宮廷人とカントリ・ジェントルマン』を執筆した匿名作者は、宮廷と都市での「外国風」の生活を「文明生活（civil life）」と称賛して、イングランドの伝統的な「粗野な」カントリの生活と対比させた。⑬作法書はいわば「文明」の手引きであり、その内容は以下で纏めるように、宮廷を他者との対面と交際が不可避な「社会（society）」と捉え、「活動的生活」論を支持し、他者との共存を「洗練された交際（civil conversation）」を通じた行動の秩序化によって成立させようとしたものであった。したがって、それらを英語に翻訳する行為には、行動の標準化という観点から二重の意義があったと考えられる。第一に、「イングランド」の「宮廷」における行動様式をいわば「ヨーロッパ」標準に引き上げ、他者と共通のコミュニケーション回路を確保すること。第二に、自国語訳を通じて国内に広く行動規範を浸透させ、階層秩序の安定化をはかることである。[14]

これらの作法書のなかで注目すべき第一の特徴は、人間をいわゆる近代的な自律的個人としてではなく、あくまでも「宮廷」という「文明的」な「社会」で生活を営む相互依存的な存在であると捉え、そのことを前提に作法の必要性が説かれたことにある。[15] たとえば、デッラ・カーサは一五七六年に英訳された『ガラテーオ』のなかで、「人はいつでも他人と付き合い、会話や交流を保たねばならない」ため、「礼儀に適った振舞いや洗練された作法と言葉による応接」が必要であると述べた。[16] また、一六〇七年に英訳された『宮廷人の術策（*Arte aulica*）』のなかでロレンツォ・ドゥッチ（Lorenzo Ducci）は、「宮廷」を「共通善」を目的とする「社会」と捉え、「宮廷人」を「他者の助力」によって個人の限界を相互に補うため「自発的に」主君に奉仕する存在と規定した。[17] また、グアッツォは、「人々の集まり」が「生活の基礎」であると主張して、自己と他者が相互に不可欠な存在であることを強調した。なぜなら、「われわれの判断や自己の認識は他者の判断や他者との交際に依存している」からである。[18] こうして、たとえばダニエル・タヴィル（Daniel Tuvil）は「文明的な態度（ciuill carriage）」を論じながら、「この世におけるわれわれの存在は、ただ依存によってのみ成り立つにすぎない」と復誦し、「われわれの態度がすべての人に悦ばれ受け入れられること」が「肝要」であるとの認識を改めて示したのである。[19]

したがって、作法書の第二の特徴として、このような宮廷社会のなかで「他者」と相互に関わる活動的生活が、孤独な観想的生活に比べて広く支持されたことが挙げられる。[20]たとえば、フィリベール（Philibert）は一五七五年に翻訳された『宮廷の哲学者（*The Philosopher of the Court*）』のなかで、「宮廷の哲学」の目的を「他者」との「活動的生活」に求め、「荒野の隠者」や「修道僧」の生活を否定した。[21]同様にグアッツォは、「宮廷」という「様々な国や地域から」「様々な人々」が集まる場での活動的生活を支持した。それゆえ彼は、「他者が話すことを理解し、適切な回答を用意し、人々の資質や自己の立場が要請する雰囲気を守り通すこと」を無意味な行為とせず、逆にこのような宮廷生活に「苦痛と屈従」のみを覚え、孤独な生活を擁護する議論に反駁を加えた。なぜなら、孤独は人間の本性に反するがゆえに「孤独な人物には獣か暴君の名がふさわしい」のである。[22]こうして、ブリスケットもまた、観想的生活に疑問を抱いたソクラテスの挿話に託して、人々が「自分のためだけに生まれたのではなく、文明社会（civil society）と交際（conversation）を目的に、また自分と同様に他者の善のために生まれてきたこと」を主張したのである。[23]

もっとも、すでに指摘したような宮廷と活動的生活との矛盾と緊張は、作法書のなかにも依然として潜在していた。国王と側近を中心とした人間模様から成り立つ君主制国家の宮廷社会では、有力者による個人的な庇護と寵愛が決定的に重要であり、「宮廷人」であるためには、必ずしもキケロ的な「為政者」としての人文主義的な教養と義務意識を備える必要はなかったのである。このような「宮廷人」の潜在的な非政治的傾向を端的に示した重要な作品がカスティリオーネの『宮廷人』であろう。すなわち、ウルビーノの小宮廷を舞台にした『宮廷人』では観想的生活の尊重が説かれ、政治的な事柄よりもたとえば新プラトン主義的な愛の主題が論じられたのである。[24]同様に、ジョン・キーパ（John Keper）が翻訳したアッニバーレ・ロメイ（Annibale Romei）の『宮廷人のアカデミー（*The Courtiers Academie*, 1598）』でも、「プラトン主義的な規則」に基づいた人間愛や美に関する議論が展開された。[25] こうして、たとえば『宮廷人の術策』のなかでドゥッチは、「宮廷人」を「公的な目的や政治活動からすべて除外された」存在として捉え、「為政者」や「兵士」から区別するに至った。すなわち、彼は「宮廷人」を「王室の家政に関わる事項」にのみ関与し、「国王に私的に仕える者、および王族もしくは国王の宮廷に含まれる者」に限定したのである。[26]

ルネサンス期において「宮廷人」と「為政者」は拮抗する二つの理想的な人間像であった。このことは、ホビーが『宮廷人』の訳者献呈書簡のなかで、カスティリオーネとキケロをそれぞれ「宮廷人」と「雄弁家」の典型として対比させたことによく象徴されている。[27] しかし、同時にまた、文明の発信源としてのルネサンス期の宮廷が、王室を取り巻く人間関係の結節点であるとともに、君主と枢密院を中心にした政治的な拠点として紛れもなく機能していたことを考慮すれば、キケロ的な「為政者」の資質に加え、このカスティリオーネ的な「宮廷人」の作法を兼備することが、ジェントルマンの理想として新たに要求されたことは何ら不思議ではない。[28]

こうして、作法書は人文主義者の新たな行動様式のモデルを提供した。たとえば、エリオットの『統治者論』では、他方で『宮廷人』の議論が反映され、ジェントルマンに音楽や絵画、狩猟などの技芸の習得が求められた。エリオットによれば、とりわけダンスはその動作に思慮の「イデア」が顕れており、活動的生活における振舞い方や状況判断力を身に付けるために「極めて有用」であった。[29] また、先に紹介したアスカムは、宮廷の堕落とイタリアの悪習に批判的であったにも拘わらず、「学問を上品な挙措動作と結びつけるために」、カスティリオーネの「卓越した書物」を「熟読して勤勉に実行すること」をジェントルマンの子弟に薦めたのである。[30] さらにハーヴィは、「宮廷人」が政治に深く関与している事実を重視して、「コモンウェルスに関する幾つかの特別事項や多くの細かな助言や政策について」、学識者が「思い込み」に囚われないよう、「生き生きとした経験を重ねた」「宮廷人」の指導を受けるべきとさえ主張した[31]。

二　「洗練された交際」論とベイコン政治学

ベイコン政治学の特徴の一つは、まさに以上のような作法書の世界を、新たに政治学の枠組みに組み入れたことにある。第二章第一節でも述べたように、彼は『学問の進歩』のなかで、「振舞いは精神の衣装」であるとして、「交際」の学問が、統治や仕事の実践にも不可欠であることを指摘したのである（O4:158）。

このような日常生活における交際や振舞いの重要性は、作法書のなかで常に強調されていた。たとえば、エラスムスは『少年礼儀作法論（*De Civilitate Morum Puerilium*, 1530）』のなかで、容貌や衣服などの装いが「好意を獲得し、才覚を人々の眼に披露するのに効果がある」ことを強調した。そのうえで彼は、礼儀作法が「哲学の部門としては極めて粗雑である」ことを認めながらも、それを宗教教育や自由学芸、義務意識の育成に並ぶ少年教育の一つの要とした[32]。また、デッラ・カーサも『ガラテーオ』のなかで、現実の生活では日常的な礼儀作法の方がむしろ、「めったに発揮されない」伝統的な枢要徳よりも有用であることを指摘した。彼によれば、「着こなしや振舞い、作法によって端正に品よく見せる技術」が欠ければ「美徳も損なわれ」、さらには節操のない行為によって相互の「自由」が奪われるのである[33]。もっとも、ベイコン政治学に対する作法書の影響は、彼が交際論を「これまでに見事に扱われている」（O4:158）と判断して内容を詳述していないため、必ずしも明確ではない。しかし、両者の関連は、以下で述べる「洗練された交際」論の観点からより明らかになるであろう。

ここで作法書の世界に改めて目を戻せば、その第三の特徴である「洗練された交際」を論じた重要な作品として、とくにグアッツォの『洗練された交際』が挙げられる。すでに指摘したハーヴィの言明にも窺えるように、一五八一年と八六年に英訳された『洗練された交際』は、カスティリオーネの『宮廷人』とともに、イングランドにおける作法書の一つの典拠となった。[34] たとえば、ブリスケットの『文明生活論』は、グアッツォの議論を一つの模範として、ジェントルマンを「洗練された交際」に「相応しい」存在に「成型」させようと試みた書物であった。[35] また、ジェイムズ・クレランド（James Cleland）は『貴族の子弟教育論（*Hero-Paideia, or The Institution of a Young Noble Man*, 1607）』の一巻を費やし、徳を実践に移すための「洗練された交際」を論じた。[36] そして、後でも触れるようにベイコンもまた、これらの議論の型を踏襲して「洗練された交際のための短い覚え書き（Short Notes for Civill Conversation）」（7:105-10）を書き残したのである。

グアッツォの定義によれば、この「洗練された交際」は「人間の完成」に「不可欠」であり、「誠実かつ賞賛される有徳な種類の生活を世界で営むこと」を意味した。彼によればまた、「洗練（civil）」の要件は「精神的資質」であって、地域や職業を問わず「あらゆる種類の人々」に関連を持つ。したがって、それは「都市（city）」や「都市の居住者」の属性ではなく、むしろ都市を「洗練させる作法や品行」を意味した。こうしてグアッツォは、宮廷貴族の高邁な理想像を描いたカスティリオーネとは異なり、「若者と老人、ジェントルマンとヨーマン、君侯と私人、学識者と無学者、市民と外国人、宗教者と俗人、男性と女性」との交際を論述の対象とし、他者を相手に「物事を教え、求め、相談し、取り引きし、助言し、訂正し、論争し、判断し、われわれの気持ちを表現する」うえでの作法を幅広く実践的に論じたのである。[37]

このように、「洗練された交際」を営むためには、「都市」や「宮廷」を典型とする「生活様式や生業が異なる他者」[38]との交際が必要な世界で行動の標準化をはかり、日常生活を円滑ならしめるための実践的な作法が必要であった。そして、情況の変化に応じて無限に細分化しうる作法の基本としてとくに重視されたのが、『ユートピア』の登場人物モアによって説かれた、情況に適応するための「演技の哲学」であった。グアッツォの譬えを借りれば、宮廷社会はあたかも、パードヴァからヴェネツィアに向かう船のように「男性や女性、宗教者や俗人、兵士や宮廷人、ドイツ人、フランス人、スペイン人、ユダヤ人その他、身分や国が異なるたくさんの人々」が乗り合わせた世界であった[39]。したがって、たとえばデッラ・カーサによれば、人々は「自分自身の意見や気分に従うのではなく、自分がともに生活する人を悦ばせるように、自分のマナーや行いを整え直さなければならない[40]」。それゆえ、フィリベールは「宮廷人の哲学」を「いかに宮廷の優雅さや流行に適応して生活するか[41]」に関する知識と規定して、事物の本質を考察対象とする旧来の哲学との断絶を強調した。また、ジョン・レイノルズ（John Reynolds）が一六二二年に翻訳したデュ・ルフュージュ（Du Refuge）の『宮廷論（*A Treatise of the Court*, 1622）』によれば、多様な人物が集う宮廷では「あらゆる種類の気質と装いに適応し柔軟でなければならない[42]」。したがって、彼にとって「宮廷」は、「世界の視線と目線に曝された優れて華やかな劇場」であったのである[43]。

以上の議論から明らかなように、振舞いと演技の強調において「洗練された交際」論とベイコン政治学との間に一つの大きな共通点が認められる。のみならず、より注目されるべきはベイコンの議論が逆に、「洗練された交際」論の隠れた典拠の一つとして利用されたことであろう。たとえば、クレランドの『貴族の子弟教育論』第五巻の「洗練された交際」論は、その一部がベイコンからの剽窃であった可能性が高い。すなわち、『学問の進歩』が出版された二年後、クレランドはベイコンと同様に「振舞いは精神の衣装」であることを、「戸を開けても顔を閉ざしては役に立たない」というアフォリズムを用いて説明するのみならず、その文章までも借用した（と考えられる）のである[44]。また、タヴィルの『ハトとヘビ』は、その副題「交際あるいは実務に関するあらゆる論点と原理についての多くの叙述」が示すように、ベイコン政治学が予め整理した主題をさらに敷衍した作品であった。[45]これらの点を考慮すれば、「洗練された交際」論の一つの型を提示したベイコンが、「洗練された交際のための短い覚え書き」のなかで会話の心構えを書き記したことは何ら偶然ではない。さらに言えば、「地位の高い者」や「友人」「支持者」「請願者」などの人間関係、および「礼儀作法」や「会話」「交渉」「称賛」といった交際の在り方などを論じた彼の『政治道徳論集』には、「洗練された交際」論との語彙と課題の共有が明らかに看取できる。すなわち、ベイコンが交際論に関して、すでに「見事に扱われている」(O4:158) と述べた時、彼の念頭にあったのは以上の作法書の伝統であったのである。

以上のようにベイコンは、彼の政治学のなかに「洗練された交際」に基づく「演技の哲学」を導入して、君主制国家の「宮廷」における日常生活をより実践可能なものにしようと試みた。むろん、彼が「洗練された交際」論を再評価した所以は、日常的な他者との交際の円滑化という次元にとどまるものではない。彼の交際論の特徴は、まさしく彼が「洗練された交際」の政治的有用性を見出し、顧問官としての活動的生活に応用可能な「洗練された政治哲学」として再編を試みたことにある。次節では、宮廷における活動的生活を実践するために必要とされた顧問官の作法を明らかにしたい。

第二節　顧問官の作法

ベイコンは一五九五年、戯曲「グレイ法学院の劇」のなかで、顧問官の行動様式を鮮やかに描き出した。複数の他者による助言と熟慮を重視したこの顧問官劇の内容が、唯一絶対のイデオロギーやユートピアに依拠することのないベイコン政治学の原型であったことは、すでに繰り返し指摘してきた。本節では、作法書が顧問官の行動様式の形成に寄与していたことを示す一つの根拠として、この劇の直前に読み上げられた「騎士の規則（Order of the Knighthood）」に注目してみたい。すなわち、この「騎士の規則」によれば、宮廷の騎士に対して、グアッツォやデッラ・カーサの書物や、さらには「劇場に足繁く通うこと」を通じて「洗練された交際」を「完成」させ、「会話を通じて場を司る」ことが称揚されたのである(8:330-1)[46]。

この「グレイ法学院の劇」が示唆するように、「洗練された交際」は、顧問官が他者とともに宮廷で活動的生活を営み、国務に関する助言や討議を円滑に行うために必要不可欠であった。フリオによれば、顧問官に求められる資質の一つもまた、「会話や振舞いにおいて上品で礼儀正しくすること」であった[47]。なかでも「中庸」は助言に関しても重要とされた。たとえばデッラ・カーサの『ガラテーオ』では、自分の助言を押しつけることが他人の「自由」を奪う「傲慢」な行為であることが戒められた[48]。バーンズによれば「完全なる顧問官」には、「あらゆる人の発言によく耳を傾け注意を向ける」ことが必要なのである[49]。同様にフェリペもまた、他者の意見に「辛抱強く耳を傾け」、「自分の意見を高言したり、講釈したりすることや他の顧問官の見解に反対することに時間を費やすべきではない」と述べた[50]。そのうえでグアッツォは、追従や中傷からは峻別される適度な助言と討論の意義を、エリオットやベイコンらと同様に指摘した。彼によれば「討議は真理の篩い」であった。というのも「お互いに切磋琢磨して活発な討論を行うなかで、完全な真理がもたらされる」からである。こうして「真理は共通の同意と人々の意見から得られる」とする彼は、「交際（conversation）と人々の集まり（company）」の意義を改めて強調して、国王と顧問官の関係をその一例に挙げたのである[51]。

このように、ルネサンス期イングランドの顧問官には、キケロ的な為政者の資質や古典古代の教養だけではなく、他者と対面する宮廷社会で「洗練された交際」を成立させるための作法の会得が新たに要求された。たとえばバーンズによれば、「礼儀正しさ」や「親しみやすさ」は、顧問会議を維持して分裂と党派対立を防ぐためにも不可欠であった[52]。これに対して、「病に侵された息」を吐く「追従者」は逆に、宮廷に「腐敗」と「破滅」を招く「疫病」として忌避された。同じくバーンズによれば、エリザベス朝末期における寵臣エセックスの反乱は、「邪心を抱い」た追従者が、「軽率」で「騙されやす」く「抑えがたい欲望」を有したエセックスに「取り入った」結果生じたのである[53]。次節では、このような宮廷の腐敗に対峙したベイコンの活動的生活を追跡するが、その前に以下では、「為政者」と「宮廷人」の性格を兼ね備えた「顧問官」に求められた政治的技能を、修辞と作法の二点に絞って簡単に纏めておきたい。

第一に、ルネサンス期の顧問官たちは、古典古代の「雄弁家」であるデモステネスやキケロを模範として、雄弁や修辞を宮廷という「文明的」な「社会」での説得の武器とした[54]。たとえば、一五七七年に秘書長官に就任したトマス・ウィルソン（Thomas Wilson）は、「顧問官」ウィリアム・セシルの「鏡」として、アテネの「顧問官」であったデモステネスの演説を翻訳した[55]。さらにジョン・ファーン（John Ferne）の『ジェントリの紋章（*The Blazon of Gentorie*, 1586）』によれば、この修辞学は「より文明的で（ciuill）礼儀に適った（courteous）演説の手法」であり、「聴衆を穏やかな方法で目的に誘導する」技術であった[56]。このファーンや当時のベストセラー『修辞術（*The Arte of Rhetorique*, 1553）』の著者でもあったウィルソンは、修辞の役割を強調して、理性と雄弁の力で人間が野蛮状態から「文明社会（civil society）」に脱したと主張した[57]。したがって、たとえばベイコンの理解によれば、修辞もまた政治学に含まれる。彼によれば、人間の「感情」は「理性」に従順ではなく、「絶えず謀叛と叛乱」を起こす（O4:128）。それゆえ、「聞き手に応じて」説得方法を変え、個々の感情に訴える雄弁は「活動的生活を営むうえで広く用いられている」(O4:129, 127)。このように主張したベイコンはまた、ピーチャムの『完全なるジェントルマン』のなかで実際に、「ローマの雄弁の父」キケロや「雄弁にきわめて長けた」父ニコラスとともに、「卓越した雄弁のマスター」として称賛されたのである[58]。

第二に、君主制国家の顧問官には、このような為政者の雄弁に加え、宮廷人としての作法を新たに修得する必要があった。ここでは議論の繰り返しを避け、ベイコンの同僚であった枢密顧問官ロバート・ノーントン（Robert Naunton）の『断片集（*Fragmenta Regalia*, 1653）』、およびのちの大法官府書記官ジョン・クラパンの手稿「エリザベス女王の生涯と治世の考察（Certain Observations Concerning the Life and Reign of Queen Elizabeth, 1603）」を取り上げ、彼らがエリザベス期における実際の顧問官たちの行動様式を、たんに歴史的事例としてのみならず、まさに作法書の世界観に即して具体的に評価していたことに注目したい。

ノーントンは一六三〇年頃に執筆された『断片集』のなかで、エリザベスの「寵愛」を受け「統治の秘密」に携わった「宮廷人」の毀誉褒貶を、「恩寵」「寵愛」「党派」「時」「嫉妬」「策略」「狡猾」「野心」「名声」などの語彙を駆使して活写した。たとえば、「ニッコロ〔・マキアヴェッリ〕の箴言」を体現した「狡猾」な「悪知恵の働く宮廷人」レスタ、「運命」に「テニス・ボール」のように弄ばれたローリ、「名声」と「人気」を過剰に求め「破滅」を招いたエセックス等々。また、「ダンス」の技能と「容姿」に加えて「才覚」にも恵まれたハットンは「嫉妬」を招いて失墜し、このハットンの「仇敵」であったペラトもまた「宮廷と寵愛のしきたりにそぐわない欠点」を有していた。すなわち、彼は「己の力量を頼みすぎ」、「頻繁に暇乞いをして、女王の面前に常に姿を見せるということがなかった」のである[59]。

これらの「舞台で演じられた悲劇[60]」とは異なり、宮廷作法を自家薬籠中の物として自在に操り、「機を見るに長けた」[61]ニコラス・ベイコンとともに国政を掌握した人物が、女王の「精神」とも呼ばれた秘書長官ウィリアム・セシルであった。このセシルに秘書として仕えたクラパンの「エリザベス女王の生涯と治世の考察」によれば、セシルはまさに「活動的生活」に適した人物であり、顧問会議の「主導者」として「宮廷」を片時も「離れられない」存在となった。クラパンは、「キリスト教世界でもっとも有名な顧問官」と称えられたセシルが、ついに彼の「王国」を築くに至った理由の一つを彼の「演技の哲学」に求め、次のように述べた。すなわち、セシルは他の宮廷人の嫉妬や寵臣との軋轢を「忍耐を重ね機会を待つ」ことで回避して、「あからさまな権力行使」や「女王の寵愛の誇示」に訴えることはなかった。彼はまた「自分の感情を時と場所に応じて整え統御する」「節度と知恵」を備え、たとえば「民衆の賞賛を求める渉猟者」のように権勢を誇示することもなかったのである。[62]

このセシルやベイコンの父ニコラスの存在に象徴されるように、ルネサンス期イングランドの人文主義者は宮廷の顧問官として「洗練された交際」を営み、錯雑した政治世界に対峙した。クラパンは一六〇三年、逝去したばかりのエリザベスの治世を回顧して、女王と枢密顧問官との関係が理想的であったことを強調した。彼によればエリザベスは、

「[枢密顧問官たちの]国務に関する意見を熟慮のうえ聴き入れ、時には理性の議論に従って反論し、女王の判断と権威に対して、彼らが常に敬意と畏敬の念を抱かざるをえないようにした。同時代のもっとも威厳ある経験豊かな人物が居並ぶ顧問会議に臨席した女性が、彼らの協議に検討を加え個別に統御できるなど滅多にあることではない」[63]。

この時代の宮廷は、国王および枢密顧問官を中心とした助言と討論によって国家意思を安定的に運営し維持する場であった。ベイコンをはじめとする人文主義者は、作法書の執筆や翻訳、あるいは劇の上演等を通じて行動

様式の「文明」化をはかり、活動的生活の舞台である宮廷を自覚的に維持する意識と言語を持続的に再生産していたと言えよう。しかし、ベイコンやクラパンはまた、こうした「洗練された交際」によって維持された「虚構の劇場」の瞬間的な崩壊現象にも直面することになった。一六〇三年に発生した宮廷の主宰者の交代、すなわちエリザベスの逝去に伴う、スコットランド国王ジェイムズ六世によるイングランド王位の継承がそれである。ベイコンが父ニコラスと同様に顧問官として宮廷の中枢に足を踏み入れた時にはすでに、まさに異国の王という「他者」を迎え、宮廷に異変が生じていた。以下第三節では、一六一〇年代におけるベイコンの活動的生活を取り上げ、党派対立や寵臣バッキンガムの登場に象徴される宮廷の腐敗という、ベイコン政治学の存立基盤を根底から脅かす危機に直面して、彼がいかに宮廷における政治的コミュニケーション機能の回復を試みたのかを考察してみたい。

第三節　顧問官ベイコンとジェイムズ一世期の宮廷

一　宮廷の腐敗（一）——党派

一六〇三年冬、エリザベスの死期が迫り宮廷内が騒然とするなかで、クラパンは既存の権力関係が一時的に崩壊する現象を目の当たりにした。彼が手稿のなかに書き記した、次のような宮廷内の描写は、枢密顧問官たちの「権力が宙に浮い」た価値転倒の場面を劇的に描き出したものといえよう。

「この間、宮廷の枢密顧問官たちが、ときには恐怖を顕にして悲痛な面持ちをし、ときにはまた感情を一時覆い隠しためか、あるいは主君の回復に望みをかけ、気持ちを高ぶらせながら行ったり来たりする姿が見受けられた。彼らの話し方や身振りはいつもの厳粛さとはうってかわり、物腰は柔らかで親しくなり、出会った相手には身分が卑しいと判っているはずの者にさえ名前を呼んで挨拶し、ありとあらゆる請願にきわめて愛想良く受け答え、迅速に処置を施した。これは女王が衰弱した状態にあり回復の見込みがおよそないことの明らかな証拠であった。こんな時だからゆえに重臣たちは、そうでなければ一顧だにしない人物の助けが必要とみて、あらゆる人に十分に満足を与えるようなしらじらしい世辞を言うのに躊躇しなかった。なぜなら、常日頃から嫉妬と嫌悪を招いていた彼らの権力が宙に浮いており、境遇の変化がいかなる危険を彼らにもたらすか見当がつかなかったからである。これは一般の民衆が高い地位の者よりも恵まれた境遇にあると感じた唯一の時であった」[64]。

もっとも、新たにステュアート王朝を開いたジェイムズ一世は、ウィリアムの息子ロバート・セシルをはじめ、従来の顧問官を全員残留させ、エリザベス時代との連続性を当面維持した。それゆえ、「一般の民衆が地位が高い者よりも恵まれた境遇にあると感じた」のは、クラパンの指摘にもあるように確かに一時的であった。しかし、ベイコン政治学が前提とした政治的コミュニケーション空間としての宮廷社会は、異国の王という他者を主宰者に迎えて変調を来すようになった。とりわけ、エリザベス期の顧問官たちが姿を消し始めた一六一〇年代になると、ノーサンプトン伯を筆頭とするハワード家の復権や、枢密顧問官の倍増（一六〇五年の時点で二六名）など、宮廷における意思決定の過程に新たな変数が加わった。すなわち、党派対立の発生と寵臣の登場である[65]。以下ではまず、「作法書」の伝統や「グレイ法学院の劇」を通じて持続的に再生産されてきた、いわば「開かれた」宮廷の伝統が、ジェイムズ期の「腐敗」した宮廷社会のなかで危機に瀕したことを確認してみたい[66]。

すでに指摘したように、一六世紀後半以降のイングランドでは新ストア主義やタキトゥス主義に代表されるペシミズムの昂進が見られた。タキトゥスの『同時代史』および『年代記』は、ジェイムズ期においても一六〇四年、一二年、二二年と版を重ね、たとえば以下で紹介するベン・ジョンソンの戯曲『セーヤーヌスの没落（*Sejanus his Fall*, 1603）』や、一六〇七年に翻訳されたドゥッチの『宮廷人の術策』の主要な典拠となるなどして宮廷社会に広く浸透していった。

ジョンソンが一六〇四年のグローブ座に登場させたのも「嘘をつき、へつらい、何でも宣誓し、宣誓を破り、悪口を言い、密告をし、笑って裏切り、人を罪に陥れ、他人の没収財産を自分のものにしようと物を乞い、ささやきながら人の喉をかき切り、請願者には宮殿に飛び交う空手形を売りつけ、パトロンが笑えば笑い［中略］雰囲気や習慣や衣服をくるくる変えられる」[67]人物であった。このような追従者（セーヤーヌス）と暴君（ティベリウス）の生態を舞台で暴き出したジョンソンは、彼自身もまた政府批判の嫌疑をかけられ、実際に枢密院に召喚されることになった。なぜなら、この戯曲のなかで彼は、権力の再分配をめぐって発生したノーサンプトンによる政治的陰謀を仄めかした（と疑われた）からである。すなわち、エリザベスの死期が迫り宮廷内が騒然とするなかで、ノーサンプトンはセシルとともに新たに権力奪取を企て、秘密文書の交換を通じてジェイムズとの関係を密にするとともに、宿敵ローリに反逆の罪を着せ、ついに失脚に追い込んだのである[68]。

他方で、作法書の世界でも「腐敗」した宮廷での偽装や追従が次第に認容されるようになった。たとえば、デュ・ルフュージュは、追従にも「許容される」ものがあると認め、「君主に働きかけ寵愛を繋ぎ止めるために、われわれは追従を時には容認しなければならない」と宮廷社会の真相を吐露した[69]。同様にドゥッチも、称賛を好む人間の心理を指摘しながら「軽度の追従」が「必要」と認め、また「常にどんな行動においても装ったままの自分を見せる」ことが信頼を確保する「最も確実な方法」であると断言した。[70] さらに彼は、「宮廷人」の目的が第一に「自己の利益」であると述べ、伝統的な枢要徳論の意義を明確に否定した。すなわち、彼は「宮廷人」の「名誉」が、あくまでも「位階や爵位、権力、富、名声」の追求にあると断言したのである。こうして軽度の追従を認め、いかに嫉妬を回避するかを論じ、ときに党派の力で対抗者を追放する必要を主張した彼は、「宮廷人の卓越したマスター」であるタキトゥスの議論を重ねて参照しただけでなく、セーヤーヌスを「宮廷人の術策の偉大なマスター」と称賛するに至った。このような観点からドゥッチは逆に、暴君ネロによって自殺に追い込まれたセネカを「宮廷人としては優れていない」と批判して、「彼には追従の用意がなく」、「哲学での偉大な知識に比べ、宮廷術の技量に欠けていた」と酷評したのである。[71]

世紀の転換と王朝の交代に伴い、ベイコンはまさに、匿名作者A・D・Bが「世界でもっとも広大な虚構の劇場」と称したジェイムズ期の宮廷社会に遭遇した。[72] それゆえ、ベイコンの『政治道徳論集』では、宮廷における「偽装」や「野心」「嫉妬」「虚栄」の赤裸々な実態が描かれるようになる。第二章でも指摘したように、このような陰鬱な時代情況のもとで彼は、「ヘビの知恵」や「演技の哲学」を新たに政治学に導入して活動的生活の実践を試み、一六一六年からは枢密顧問官を務め、一八年には政務の最高役職である大法官に就任した。以下では、ベイコンが顧問官の作法を駆使しながら、一〇年代に尖鋭化した党派対立に対してどのような対策を試みたのかを考察してみたい。

ところで、エリザベス期に宮廷の意思決定が円滑に機能した理由の一つは、枢密院とハウスホールド（Household）、とりわけ国王私室（Privy Chamber）との構成員と機能の厳格な区別に求められる。このため宮廷内での公私の区別がなされ、枢密院への政務の集中が可能となった。[73] ところが、ジェイムズはイングランドの宮廷にスコットランドの原則をそのまま導入して、国王寝室（Bedchamber）の制度を復活させた。この国王寝室は、当初すべての人員がスコットランド人で占められていたが、国王へのアクセスを公私にわたり独占したために政治的な重要性を帯び、スコットランド出身でのちのサマセット伯ロバート・カー（Robert Carr, Earl of Somerset）や、のちのバッキンガム公ジョージ・ヴィリアーズ（George Villiers, Duke of Buckingham）などの寵臣が活躍する温床となった[74]。

他方でまた、エリザベス期の顧問官が再任された枢密院では、ロバート・セシルを中心に新体制への移行が円滑に進み、国王寝室による政治的干渉が当面の間抑制された。しかし、すでに指摘した構成員の増員やハワード家（およびスコットランド貴族）の参入に加え、ジェイムズが頻繁にロンドンを離れることから発生した意思疎通の問題など[75]、枢密院の運営は潜在的な不安要因を常に抱えていた[76]。とりわけ一六一二年、ノーントンによって「生粋の宮廷人」[77]とも評され、秘書長官として枢密院を統轄してきたセシルが死去すると政治的求心力の低下が顕著となり、党派対立が尖鋭化するに至った[78]。すなわち、ノーサンプトンを中心とする親スペイン・カトリック派のハワード一派（および寵臣サマセット）と、反スペイン・プロテスタント派で議会に勢力基盤を有するカンタベリー大主教ジョージ・アボット（George Abbot）、大法官エジャトンおよびペンブルック伯（Earl of Pembrock）との対立である[79]。

一六一四年のいわゆる「混乱議会（Addled Parliament）」の失敗は、このような宮廷内の党派対立が一つの原因となった[80]。財政問題の解決を議会に求めたペンブルックらをハワード一派が妨害し、議会は二ヶ月で解散に追い込まれたのである。法務長官であったベイコンは翌年、国王に「病死体の腑分け」（12:182）とまで称した書簡を提出して前回の失敗原因を分析し、次回議会への対策を助言するなかで、この党派対立を激しく批判した。ベイコンによれば、議会もまた顧問官と同様に「王国の困難で重要な問題に助言と同意を与える」(24. cf. 13:38) べき存在であったが、これに反して一四年議会は、「厚顔という悪癖と節度のない自由」(182) が支配する「騒然とした党派的な議会」(181) となった。というのも、事前に国王と政府の意向を受けたヘンリ・ネヴィル (Henry Neville) を中心とする「請負人たち (Undertakers)」と、彼らを非難する「反請負人たち (Anti-Undertakers)」とが分裂して、「説得と同意のすべての手段が失われ」(182) たからである。ベイコンはさらに「このような分裂が宮中や枢密院、重臣たちの間にも入り込んでいた」ことが「もっとも有害」(182) であったと指摘して、かつては「この王国でもっとも学識のある顧問官」(10:252) と称賛したノーサンプトンを逆に、次のように名指しで非難した。[81]

「こうしてわが王璽尚書は議会に助言を与えず、請負人の多くを毛嫌いした。そして、彼らの活動を一掃して自分の面目を潰さないようにするため、請負人に反対して議会の成功を阻止しようとするすべての者に援護の旗を掲げるような態度を表明したのであった」(12:182)[82]

このような宮廷の分裂が拍車をかけ、下院議員の多くは前回の一六一〇年議会と同様、政府の課税案に強く抵抗し続けた。とくに、ホスキンスやマーチンに加え、クリストファー・ブルック (Christopher Brooke) らを中心とした法学院出身の議員たちは、以前からすでにコモン・ローの知識と詩的文才を活かして議会の内外で政府批判を展開していた。[83] ここで注目すべきは、彼らがセシルやノーサンプトンを「邪な顧問官 (evil counsellor)」として糾弾するために、法的な権利論だけでなく、暴君リチャード三世の歴史的事例を活用したことであろう。[84] たとえば、ブルックの『リチャード三世の亡霊 (*The Ghost of Richard the Third*, 1614)』や、リチャード・ニコルス

（Richard Niccols）が新たに編集した『為政者の鑑（*A Mirror of Magistrates*, 1610）』は、かつてトマス・モアが『リチャード三世史（*History of Richard III*）』で描いた歴史の教訓をもとに、宮廷の腐敗が暴君の登場を招くことを韻文詩で訴えたのである。[85] 議会のなかでも、たとえばエドウィン・サンディスは、度重なる課税によって「暴政の統治[86]」が現実化する危険を訴えた。また、ホスキンスはノーサンプトン一派と密かに結託して扇動的な演説を行い、一二八二年にシチリアで発生した異国人の圧政に対する暴動、すなわち「シチリアの晩鐘」事件に譬えてスコットランド人の宮廷進出を批判した。これらの異論が噴出するに至ってジェイムズは議会を解散し、ホスキンスはロンドン塔に投獄されたのである。[87]

ベイコンは議会開会以前から、このような「有力者」の介入と「党派」の動向を強く懸念していた（11:368）。たとえば彼はすでに、ジェイムズに周到な党派対策を求め、[88] 他方では強権発動を仄めかす「暴君の言語」を演説で用いないよう助言していたのである（11:367, 369, 12:26）。ベイコンはまた、議会の「刺々しい争論」（12:44, 45）を実際に抑えようと試みた。たとえば彼は、選挙干渉を理由に枢密顧問官トマス・パリー（Thomas Parry）に辞任を要求した下院に対して、「われわれはプラトンの理想的コモンウェルスにいるのではない」という現状認識を前提に、「穏便に議事を進め、舌鋒は鋭くとも慈愛によって結論を下す」（52）べきことを主張した。[89] こうして、紛糾する議会を前に「公共善を追求する代わりに、お互いに罵り合うためにわれわれが集まって来ているのならば、何たる悲惨な事態であろうか！」（44）と訴えるに至ったベイコンは、先の国王宛書簡のなかで、宮廷と議会における党派対策を次のように重ねて提言したのである。

「国王陛下におかれましては、御自らの偉大な知恵と絶対的な権力によって宮中の分裂を除去、もしくは少なくとも暫くの間それを鎮めるようにして頂きたく存じます。さもなくば、前回の議会のように、その分裂が議会やおそらくは両院にまで影響と感化を及ぼすことは確実であり、その結果は、はなはだ不都合な事態がもたらされるのみでありましょう。というのも隠れ教皇派、不穏な精神、野心と虚栄に酔った人物、不機嫌なピューリタン、反抗的な暴徒、人気の薄い者、もしくは愛国の徒が有力者の誰かからの公然もしくは秘密裏の支持を背景に、それを口実や頼りにして国王の政策に異を唱える限り、陛下は行く手に暴風雨以外の何物をも期待することはできないのであります。それゆえ、諸党派を抑制し、もしくは少なくとも活動を沈静化させ、全ての者が議会で助言を行い、喜んで議会に参加し、国王の業務の前進を助けることを心から願って集まるよう物事を進めていかなければならないのです」(12:188-189, cf. 13:171)。

以上のような活動的生活の経験は、ベイコンにみずからの政治学の内容を再考する機会を与えた。すなわち、彼は一二年の『政治道徳論集』第二版および二五年の第三版のなかで、党派に関する大幅な加筆を行ったのである[90]。たとえば、第二版のエッセイ「党派について(Of Faction)」では、統治者の「もっとも重要な知恵」は諸党派を主導もしくは超越することにあり、党派の動向に配慮することは「賢明でない」ことが強調された(O15:154)。また、第三版ではローマの元老院やアンリ三世の事例を題材に党派の離合集散の様相が描かれ、加えて国王が一つの党派に与することの危険が説かれた。なかでも、ベイコンが危惧したのは、党派が国内の分裂と反乱を惹起する可能性であった。エッセイ「反乱と騒動について」では第三版で、反乱の原因に「絶望的状況に追いつめられた党派」(46)が新たに挙げられ、タキトゥスやマキアヴェッリなどのアフォリズムを駆使しながら「嵐の前兆」を巧みに回避するための政治的技術が考察されたのである。

もっとも、ベイコンは一方で、党派の存在を逆に利用する必要が生じることも同様に心得ていた。彼によれば、とくに身分が低い場合には、権勢をふるうために「ほどほどに」党派に属する必要があった(O15:155)[91]。その意味で、ベイコンもまた「プラトンの理想的コモンウェルス」ではなく「悪習が大手を振るっている時代」(12:52)に身を置いていたのである。実際に彼が枢密顧問官に就任するには宮廷内の有力者、すなわち寵臣バッキンガムのパトロネジが不可欠であった。このバッキンガムは一六一五年、ハワード一派や寵臣サマセット伯に対抗するペンブルック一派の後押しで国王寝室の一員となり、その容姿やダンスの才能を活かしてジェイムズの寵愛を新たに獲得した[92]。ノーサンプトンを名指しにして党派対立を激しく批判したベイコンは逆に、のちに奸臣セーヤーヌスと同一視されたバッキンガムの党派に新たに与することで宮廷社会での権勢拡大をはからざるを得なかったのである。

しかしながら、ベイコンは他方で、サマセットやバッキンガムのような寵臣がもたらす弊害にも注意を怠ってはいなかった。たとえば、エッセイ「名誉と評判について(Of Honour and Reputation)」のなかで、寵臣は「君主の慰めとなる」だけの存在と規定され(O15:165)、国務の担当者や戦争指導者よりも名誉が劣ると評価された。また、エッセイ「助言について」の草稿では、「もっぱら追従や温情によって推薦された幸いなる者たち」による寵臣政治が、助言の象徴である「メティスを妻ではなく情婦に変え」(65, n)[93]ることが指摘されたのである。ところが、サマセットは一六一二年、セシルの後を襲って国王寝室から秘書長官に就任し、実際はジェイムズの補佐役に過ぎなかったとはいえ、枢密院を新たに統轄しうる地位を獲得した[94]。以上に挙げたベイコンの寵臣批判がいずれも、まさに時期を合わせて『政治道徳論集』第二版から削除された事実は、複数の顧問官による助言と熟慮を根幹とするベイコン政治学の存立基盤が、一六一〇年代の宮廷社会で瀕した危機の大きさを如実に物語っていると言えよう(O15:216)[95]。次節では、サマセットとバッキンガムという新たに枢密院に進出してきた二人の寵臣に対して、ベイコンがどのようにして宮廷の政治的コミュニケーション機能の回復をはかったのかを考察してみたい。

二　宮廷の腐敗（二）――寵臣

一六一五年の夏、宮廷社会を震撼させる一大スキャンダルが発覚した。寵臣サマセットによる盟友トマス・オヴァベリ殺害事件である。このオヴァベリは一六一三年、サマセットとハワード家のフランシスとの党派的な政略結婚に反対したために ロンドン塔に投獄され、同年九月に獄死していた。ところが、その謎の死の原因がサマセット夫妻の共同謀議による毒殺であったことが判明したのである。

この事件に際してベイコンは、法務長官としてクックを中心とする一連の裁判の審理に加わった。彼による公式の告発文書「オヴァベリ毒殺に関するサマセットに対する告発（The Charge against Somerset for poisoning Overbury）」では、以下のようなサマセットとオヴァベリを中心とした「悲惨な野心の抗争」（12:313）の実態が次々と暴露された。

ベイコンの告発によれば、サマセットとオヴァベリの両者はまず、宮廷における「交際」の限度を超え、秘書長官の地位を悪用して「統治の秘密」を漏洩した。オヴァベリは、「ときには開いてときには閉じたまま」サマセットから手渡された機密外交文書を、「思うがままに丹念に調べ、書き写し、記録を整理して内容一覧を作成し」、「枢密会議の面々よりも統治の秘密に精通」するに至ったのである。ところが、こうして「世界のすべての芝居を演出」しようと企んだ彼らの関係は、「最良のものが腐敗すると最悪になる」という格言通りに、次第に「恐怖」

と「死に至る憎悪」が支配するようになった。すなわち、オヴァベリは「野心と虚栄」から、サマセットが政略結婚によって自分と対立関係にあるハワードの党派と新たに結託することを嫌い、機密漏洩を逆手に結婚を中止するよう「脅迫」したのである。これに対して、のちのサマセット夫妻およびノーサンプトンは「憎悪」と「恐怖」を抱き「数多の策略」を練った。こうして彼らはオヴァベリを「罠」にはめた。すなわち、彼らはオヴァベリにわざと海外赴任命令を断らせたうえで国王侮辱の罪を着せて投獄し、さらにはロンドン塔司令官代理に腹心ヘルウィッセ（Hellwysse）を任命して密かに毒殺の実行にあたらせたのである（12:312-5）。

このような「友情を装った殺人事件」に対してベイコンは、「人間社会の崩壊」（cf. 12:215）を招きかねない「不快極まる重罪行為」であると断罪し、サマセットを「最後まで数多くの偽善と偽装を重ね続けた」人物として厳しく非難した（310, 308, 318）。また、注目すべきことにベイコンは、過去の歴史的事例にも言及を加え、この事件が暴君リチャード三世以来のロンドン塔での殺人事件であることを強調した。そのうえでベイコンは、タキトゥスが描いたティベリウスの母によるアウグストゥス毒殺疑惑との比較を試みたのである（310, cf. 214, 290）。

このように、まさに歴史的悲劇の再現によって当時の宮廷社会は「憂鬱を極め」、宮廷人の精神的動揺とペシミズムの昂進は頂点に達した。[96] たとえば、ニコルスは『トマス・オヴァベリ卿の幻影（*Sir Thomas Overbury's Vision*, 1616）』のなかで、ベイコンと同様に暴君リチャード三世および奸臣セーヤーヌスの策略に言及しながら、すでに処刑された死者たちの亡霊を通じて「王国の庭園」であった宮廷が「不潔な強欲」と「偽りの友人」によって壟断されている現状を語らせた。すなわち、ロンドン塔司令官代理ヘルウィッセの亡霊によれば「この世は虚栄の舞台」であり、またオヴァベリの亡霊によれば彼が「宮廷で寵愛を受けた」ことがそもそも「わたしのあらゆる災いの第一歩」であったのである。[97]

また、この「偽りの友人」サマセットの忠実なクライアントであったジョン・ホリス（John Holles）は、一六一七年六月の書簡のなかで、宮廷の腐敗とパトロンの失脚によって、彼を取り巻く世界が天地創造以前の混沌状態に回帰してしまったことを、次のように「告白」した。

「われわれが生活するこの時代が奇妙で、異常な事柄に満ち溢れていることをわたしは告白致します。世界の始まりは混沌であり、すべての事柄は混乱していました。それぞれの創造物は、神と自然と人間の法によって初めて、それぞれに相応しく配置されたのです。ところが今や、神の導きによってすべての事物は、それらを適切な位置と間隔に保ってきた法や規則を放棄して創造以前の時代に戻り、目下の腐敗を経て原初の混乱状態に回帰しているのです[98]」。

すでに本書のなかで引用してきた多くの発言からも明らかなように、ニコルスやホリスなどの同時代人が目撃したのは、寵臣サマセットによるオヴァベリ殺人事件に象徴される、あたかもホッブズの自然状態が具現化したかのような「悲惨な野心の抗争」が支配する腐敗した宮廷社会であった。たとえば、このような事件が続発すれば「たしかに、宮廷よりも荒野で生活するほうがまだ良いであろう」（**12:216**）と述べたベイコンの危惧は、自己保存を目的に万人が万人に対して闘争を繰り広げる現実世界、すなわち一六一〇年代の騒然とした時代状況を反映したものといえよう。しかしながら、このような「虚栄の舞台」のなかでベイコンは、のちに彼の秘書となるホッブズとは異なり、新たな社会契約の原理を説くことはなかった。

宮廷の腐敗に直面したベイコンは、顧問官として、枢密院の改革に着手する。彼は、一六一六年二月、ジェイムズ宛の書簡のなかで、大法官エジャトンの後任指名を念頭に置きながら、かつてのセシルに倣って顧問会議の発案機能を再び「強化」する意向を表明した（**12:243**）[99]。そして、このような課題を遂行するために改めて必要とされた政治的技術こそ、「洗練された政治哲学」としての宮廷作法であったのではないか。以下で紹介する二通の書簡が示すように、寵臣サマセットの糾弾に携わったベイコンの次なる政治的課題は、宮廷内で新たに台頭しつつあった寵臣バッキンガムに対して腐敗の除去と顧問官の作法を改めて助言し、宮廷の政治的意思決定機能の回復を試みることにあったのである[10]。

一六一六年頃に執筆された第一の書簡でベイコンは、バッキンガムに寵臣の義務と責任を説いた。ベイコンによれば、「地上の神」である国王にも個人としての限界があり、信頼すべき「眼」や「耳」や「手」が必要となる。したがって、国王から「絶大な信頼」を受けているバッキンガムが「諫言者」となり、「時機を捉えて警告を発する」ことはまさしく寵臣の義務であった。これに反して「国王にへつらえば彼を裏切り」、「正義と名誉に関わる真理を隠蔽すれば［中略］国家に対する反逆者の如く危険な存在となる」(13:15)。ベイコンはまた、宮廷における寵臣の作法を説き、宮廷の内部行政には深く「干渉」せずに他者の「嫉妬」を避け、国王の補佐に徹し、「追従者」には耳を貸さないように訴えた(25)。さらに、枢密院の審議に臨んでは、国王を主宰者に仰ぎながらも、議論や決定の「自由」を同時に確保すべきことや、枢密顧問官の選出には「出自」よりも「知識」を重視すべきことを強調した(19, 20)。とりわけ、ベイコンは「グレイ法学院の劇」と同様に熟慮の必要を指摘し、審議の最終決定は「決して急ぐことなく、第一日目に提案され議論されたすべての事柄は翌日に改めて考慮し直し、そのうえで確定するか、もしくは第二案に変更すべき」(19)ことを重ねて助言したのである。

ベイコンは、このような助言を繰り返し、二年後の一六一八年には内容を大幅に増補した同趣旨の書簡を執筆した。この頃になると、バッキンガムはハワード一派の勢力を凌駕して国王の寵愛と権勢を独占しつつあり、「単なる宮廷人ではなく、国王寝室の一員として主人の眼と耳であり、今をときめく寵臣として胸の内にいる」

(13:27) 存在となっていた。[101] ベイコンは、このバッキンガムに腐敗の除去を直に訴え、宗教、法、顧問会議、外交、戦争、交易、植民、宮廷の八項目に亘る国政の基本事項を改めて説いたのである。たとえばベイコンは、州長官や治安判事の指名をめぐる腐敗を次のように厳しく糾弾した。

「わたしはまた、最近になって宮廷（の裏階段）に忍び込んだ風習を心底から軽蔑してやみません。すなわち、金銭を目当てに、州長官に指名された者や役職に適した人物が候補者名簿から外されるように骨を折り、他方で州長官には相応しくない、まったく思いもよらなかった人物が指名される事態であります」(13:36, 37)。

もっとも、ベイコンは同時にまた、「プラトンのコモンウェルス」とは異なるルネサンス期イングランドの「腐敗」した為政者の一人として、逆に批判を浴びるようになっていた。たとえば、聖職者はキリスト者の立場から、宮廷の腐敗とともに、ベイコンをはじめとする人文主義者の為政者論を併せて批判した。[102] なかでも、サミュエル・ウォード (Samuel Ward) は、ベイコンに献呈した『エテロの治安判事 (*Iethro's Iustice of Peace*, 1618)』のなかで、為政者の「腐敗」を糾弾するために、モーセの時代の古代イスラエルとイングランドの現状を対比させた。ウォードによれば、聖書こそが「世界の偉大な政治家に対する最良の助言者」であり、とくにモーセに対するミディアンの祭司エテロの助言は、のちの時代に書かれた為政者論の「清らかな源泉」であった。これに対して、人文主義者が依拠したリプシウスやマキアヴェッリの世俗的な政治学は、それぞれ「蜜蜂の巣」や「蜘蛛の巣」に過ぎない。[103] こうして、ティベリウスに象徴される為政者の腐敗に対抗するため、ウォードはキリスト教的な道徳論を説き、「ユートピア」的理想論の意義を改めて肯定した。すなわち、この「瀕死の世界」を改革するために彼は、「われわれがいる地上に天国を創り出す」ことを呼びかけ、まさにベイコンが議会で斥けた「プラトンのコモンウェルス」を新たに「エテロのイデア」に立脚して実現しようと試みたのである[104]。他方でウォードはまた、下級為政者を監督する立場にあるベイコンに職務の自覚を求め、エテロを彼の「諫言者」とするよう求めた[105]。

しかしながら、すでに見てきたように、ベイコンが「助言」を求めたのはエテロではなく、あくまでもリプシウスやマキアヴェッリの人文主義の政治思想であった。第二の書簡で加筆された以下の助言はむしろ、君主制国家イングランドの腐敗した宮廷のなかでベイコンが、枢密顧問官の義務と役割の遂行を持続的に試みていたことを鮮やかに示していよう。

「わたしは畏れ多くも次のような助言を敢えて致したいと存じます。すなわち、寵愛によって目をかけた人物をこれらの役職に就かせ、彼らに任地での面目と評判を与えるのではなく、ただ国王に対する奉仕のみを考慮すべきであり、誰であれ有力者の不興を理由に役職を追放されないようにしなければなりません。情実任用はあまりにも頻繁に行われてきたことですが、国王陛下にとっては善くない奉仕の在り方であったのです」(13:37)[106]。

このようにベイコンは、一六一〇年代の政治的危機に臨みながら「リヴァイアサン」や「ユートピア」を新たに構想するのではなく、あくまでも腐敗した宮廷政治の現場から、顧問官の義務、すなわち助言と説得を通じて寵臣政治の弊害を除去しようと試みたのである。ベイコンはさらに、このような顧問官の作法を、バッキンガムに対して繰り返し説いた。とりわけ、枢密院の運営に関して彼が想起したのは、クラパンと同様に「わたしが生を享け、何年も過ごす幸運に恵まれた時期」(13:40) であるエリザベス期の政治原則であった。ベイコンは当時の枢密院を模範に掲げ、構成員の数を抑制しながら質的向上をはかり、王国の要職には宗教や法、軍事、外交の各分野に通暁した人物を加えるべきと主張した (40, 41)。そのうえで彼は、顧問官の義務と作法を以下のように改めて提示したのである。

「枢密顧問官の国王に対する義務は、単に指定された日時に枢密院に出席して提案事項を審議するだけではなく、国王の名誉と安全、王国の善を前進させるような事柄を研究し、適切な機会に国王もしくは仲間の顧問官たちと意見の交換をすること（to communicate）にあります。そしてこれは、侯爵殿、貴方が国王の愛情をたくさん占めているがゆえに、他の者よりも貴方にずっと関係してくることなのです」（13:40）。

以上のように、ベイコンは、ジェイムズ一世期におけるイングランドの宮廷で、党派対立および寵臣の登場によって新たに発生した政治的危機に直面した。顧問官による洗練された交際を根幹とするベイコン政治学は、彼が枢密顧問官として宮廷に足を踏み入れた瞬間に、その存立基盤を根底から脅かされたのである。しかし、この所与の現実に対峙しながら、ベイコンは役割演技を持続的に試み、党派対立の除去を国王ジェイムズに訴え、寵臣バッキンガムに顧問官の義務と作法を重ねて助言した。このような一六一〇年代におけるベイコンの政治的および知的営為から帰納した場合、宮廷作法を新たに組み入れた彼の政治学がまさに、国王と枢密院を中心に政治が営まれる「宮廷」という政治的コミュニケーション空間の維持運営を一つの課題とした、顧問官の政治学であったことが理解できるのである。

（1）　エリアスが主張した「宮廷」の政治的および文化的重要性は、近年改めて見直されつつある。もっとも、その定義や関心は多様であり、たとえばエルトンは「宮廷」の行政機構的側面に着目して、とくに枢密院や星室庁に関心を向ける。G. R. Elton, 'Tudor Government: The Points of Contact III: The Court', *Transactions of the Royal Historical*

Society 26 (1976), pp. 211-28. これに対して、「宮廷」の人格的側面を重視して、宮廷人と顧問官の同一性を指摘し、「ハウスホールド（Household)」とりわけ「国王私室（Privy Chamber)」に焦点を当てた解釈として、David Starkey, ed., *The English Court: From the Wars of the Roses to the Civil War* (London, 1987). また、「宮廷」を広義に捉え、ホワイトホールから貴族の邸宅、法学院をも含む流動的かつ多核的な存在と規定した研究として、L. L. Peck ed., *The Mental World of the Jacobean Court* (Cambridge, 1991); R. M. Smuts, *Court Culture and the Origins of a Royalist Tradition in Early Stuart England* (Philadelphia, 1987).

思想史研究の分野に目を転じれば、たとえばザゴリンは、トレヴァ＝ローパーの議論を継受して「宮廷」と「カントリ」の分析枠組みを導入した。Perez Zagorin, *The Court and the Country* (London, 1969)。しかし、少なくともルネサンス期に限れば、両者は政治的な対立軸を形成しておらず、「宮廷」批判はそれ自体が「宮廷」文化の「主要なモチーフ」であったとする解釈がある。Smuts, *Court Culture*, pp. 2-4, 64-7, 73-5, 95-8. 引用は、p. 74; Kevin Sharpe and Peter Lake eds., *Culture and Politics in Early Stuart England* (Houndmills, 1994)。

なお、「宮廷」（狭義）の物理的側面に触れれば、約一七〇〇人の構成員、すなわち「ハウスホールド」に日常的な出入りが許された貴族、枢密顧問官、近侍（八〇〜一〇〇人）、宮廷の日課や儀式を担当する宮内府上局（Household above stairs, 約五〇〇〜六〇〇人）、生活必需品の調達を担当する宮内府下局（Household below stairs, 約一〇〇〇人）から成立していた。もっとも、「宮廷」は可動的な「車輪付きホテル」であり、国王の巡幸や移動に伴いホワイトホールからグリニッジ、ウィンザー、貴族の邸宅などに随時場所が移された。

（２）　Rodger Ascham, *The Scholmaster* (London, 1570), fos. 14-5.

（３）　「作法書」研究の古典として、J. E. Mason, *Gentlefolk in the Making: Studies in the History of English Courtesy Literature and Related Topics from 1531-1774* (1935; New York, 1971); Ruth Kelso, *The Doctrine of the English Gentleman in the Sixteenth Century* (1929; Gloucester, Mass., 1964). 近年ではたとえば、Sidney Anglo, 'The Courtier: The Renaissance and Changing Ideals', in *The Courts of Europe: Politics, Patronage and Royalty・1400-1800*, ed., A. G. Dickens (London, 1977), pp. 33-53; Frank Whigham, *Ambition and Privilege: The Social Tropes of Elizabethan Courtesy Theory*

(Berkeley, 1984); Jacques Carré ed., *The Crisis of Courtesy: Studies in the Conduct-Book in Britain, 1600-1900* (Leiden, 1994); Anna Bryson, *From Courtesy to Civility: Changing Codes of Conduct in Early Modern England* (Oxford, 1998). また、三枝幸夫「ヘンリー・ピーチャム『完全なるジェントルマン』―イギリス・ルネサンスにおけるコンダクト・ブックの一断面―」、中央大学人文科学研究所編『イギリス・ルネサンスの諸相：演劇・文化・思想の展開』中央大学出版部　一九八九年所収、二四一―七九頁。なお、この伝統は少なくとも一八世紀まで持続的に再生産されたと考えられる。拙稿「宮廷から文明社会へ―初期近代ブリテンにおける『文明』と『作法』―」『政治研究』（九州大学政治研究室）第五〇号（二〇〇三年三月）。

（4）　とくに、カスティリオーネ『宮廷人』の西欧諸国への伝播については、Peter Burke, *The Fortunes of the Courtier* (Cambridge, 1995). また、これらの作法書のイタリア語版に関しては、Baldassarre Castiglione, *Il libro del Cortegiano* (Venetia, 1528)（対訳版『カスティリオーネ宮廷人』清水純一、岩倉具忠、天野恵訳、東海大学出版会、一九八七年所収）; Stefano Guazzo, *La civil conversatione,* a cura di Amendo Quondam (Modena, 1993); Giovannni della Casa, *Galateo* (Milano, 1992) をそれぞれ参照した。

（5）　Ascham, *The Scholmaster*, fol. 20.

（6）　Gabriel Harvey, *Letter-Book of Gabriel Harvey, A. D. 1573-1580*, ed., E. J. L. Scott, Camden Society, 2nd. ser., 33 (London, 1884), pp. 78-9.

（7）　Bryson, *From Courtesy to Civility*, pp. 75-6, 187., but, pp. 76-81.

（8）　Baldassare Castiglione, *The Book of Courtier*, trans., Sir Thomas Hoby, intro., Walter Raleigh (New York, 1967), pp. 5, 6, 8.

（9）　Lodowick Bryskett, *A Discovrse of Civill Life* (London, 1606), pp. 3, 24.

（10）　Stefano Guazzo, *The Civile Conversation*, trans., George Pettie and Barth Young, intro., Edward Sullivan, vol. 1 (New York, 1967), p. 10.

（11）　Henry Peacham, *The Complete Gentleman* (London, 1622), B2^{r}.

(12) ジャビッチが指摘するように、本来は諷刺作品であったフィリベールの『宮廷人の哲学』の議論がフランス本国とは異なり、イングランドでは逆に模範として受け取られた事実は、両国の「文明」度の落差を示すものとも解釈できよう。Daniel Javitch, '"The Philosopher of the Court": A French Satire Misunderstood', *Comparative Literature* 23 (1971), pp. 97-124.

(13) Anon, *Cyuile and Vncyuile Life* (London, 1579), B1^{v}. この作品は一五八六年に、*The English Courtier and the Country Gentleman* と改題された。

(14) もっとも逆に、翻訳による知識の拡散を懸念して、「高貴な人物」にのみふさわしい「高邁な知識」と「卓越した作品」は「一般の視線からは隠されるべき」とする意見が存在した。しかし、キーパはこれに反論して、「もっとも文明の進んだ」国々では、むしろ「百家争鳴」の混乱を解決するために、プラトンやアリストテレス、プルタルコスなどの原典の翻訳が試みられたことを指摘した。Count Annibale Romei, *The Courtiers Academie*, trans., John Keper (London, 1598), A3^{v}.

(15) Cf. エリアス『文明化の過程（上）』序章、とくに三四頁以下。

(16) Giovanni della Casa, *Galateo*, trans., Robert Peterson (London, 1576), p. 2（池田廉訳『ガラテーオ：よいたしなみの本』春秋社、一九六一年）. 訳文はピーターソンの英訳を参照した。

(17) Lorenzo Ducci, *Ars Avlica or The Courtiers Arte*, trans., Ed. Blovnt (London, 1607), ch. 1.

(18) Guazzo, *The Civile Conversation*, vol. 1, pp. 18, 115-6.

(19) Daniel Tuvil, *Essayes, Morall and Theologicall* (London, 1609), pp. 37-8; idem, *Vade Mecum: A Manuall of Essayes Morrall, Theologicall* (London, 1629), pp. 39-40. さらに、ウィリアム・マーチンは、「礼儀作法（courtesy）」が騒乱を防いで相互の融和をもたらすことを指摘して、「人間のあらゆる社会は礼儀作法と人間らしさによって維持される」ことを説いた。William Martyn, *Youths Instruction* (London, 1612), p. 80.

(20) Cf. Mason, *Gentlefolk*, p. 294.

(21) Philibert de Viene, *The Philosopher of the Court*, trans., George North (London, 1575), B2-3. ただし、フィリベール

は政治に若者は携わるべきでないとして、「孤独な観想的生活」によって「宮廷の哲学」を修得すべきとも述べている。

（22） Guazzo, *The Civile Conversation*, vol. 1, pp. 17, 30. ピーチャムもまた「すべての徳は活動に存する」として、「完全なジェントルマン」にコモンウェルスへの貢献を求め、「灯りの暗いカンテラ」のような「観想」や「ストア的隠棲」を批判した。Peacham, *The Complete Gentleman*, p. 2.

（23） Bryskett, *A Discourse of Civill Life*, p. 208. この引用文が示すように、作法書のなかでも、キケロ『義務論』の一節「われわれは自分のためだけに生まれたのではなく、祖国もまたわれわれの生命の一部を自ら要求する」が繰り返し言及された。たとえば、Anon, *The Institution of Gentleman* (London, 1555), D6; Anon, *Cyuile and Vncyuile Life*, B4; A. D. B., *The Court of Most Illustrious and Most Magnificent James, the First* (London, 1619), pp. 13, 19.

（24） 清水純一、岩倉具忠、天野恵訳『カスティリオーネ宮廷人』東海大学出版会、一九八七年。観想的生活に関しては、六六七頁。このことは作法書の世界の多様性を示唆していよう。たとえば、バークは自己の涵養を主眼としたウルビーノ型の（あるいは女性が主宰する）小宮廷を対象とした『宮廷人』と、スペイン・フランス型の絶対君主のもとで演技と順応の必要を説く作法書との相違を指摘している。Burke, *The Fortunes of the Courtier*, pp. 117-24.

なお、ここで付言すれば、「第四の書」では助言を通じた君主教育が宮廷人の役割であることも論じられている。しかし、この「第四の書」の後半部分で議論がまったく一転し、プラトン的な愛の主題が謳い上げられたことに象徴されるように、『宮廷人』の特徴は、政治的な事柄がまさに非政治的な話題の一つに換骨奪胎されていることにあるのではないか。Cf. Bryson, *From Courtesy to Civility*, pp. 199-201. また、このような『宮廷人』の審美的傾向が逆に、イングランドでは「ほとんど反響がなかった」ことを指摘した議論として、たとえば、Mason, *Gentlefolk*, p. 35.

（25） Romei, *The Courtiers Academie*, A2.

（26） Ducci, *Ars Avlica*, pp. 11-4.

（27） Castiglione, *The Book of Courtier*, trans., Thomas Hoby, pp. 7-8. 両者の相違を強調した議論として、たとえば、Daniel Javitch, *Poetry and Courtliness in Renaissance England* (Princeton, 1978), esp. ch. 1. もっとも、次註（28）参照。

(28)　他方でまた、『宮廷人』の議論自体がキケロの影響を強く受けていたことも指摘されてきた。Cf. Starkey, 'The Court: Castiglione's Ideal and Tudor Reality', p. 233. このような観点から注目されるべきは、キケロ『義務論』における decorum の議論であろう（1-27ff）。

(29)　Thomas Elyot, *The Boke named the Gouernour*, ed., Foster Watson (Everyman's Library, London, 1907), p. 96. (Bk. 1, ch. 22).

(30)　Ascham, *The Scholmaster*, fol. 20.

(31)　Harvey, *Letter-Book of Gabriel Harvey*, p. 80.

(32)　Erasmus, *De Civilitate Morum Puerilium*, trans., Brian McGregor, in *Collected Works of Erasmus*, vol. 35, ed., J. K. Sowards (Toronto, 1985), pp. 269-89. 引用は、p. 273.

(33)　Della Casa, *Galateo*, pp. 2-4, 57, 62.

(34)　イングランドにおけるグアッツォの受容に関しては、J. L. Lievsay, *Stefano Guazzo and the English Renaissance 1575-1675* (Chapel Hill, 1961); Daniel Javitch, 'Rival Arts of Conduct in Elizabethan England: Guazzo's *Civile Conversation and Castiglione's Courtier*', *Year Book of Italian Studies* 1 (1971), pp. 178-98.

(35)　Bryskett, *A Discovrse of Civill Life*, pp. 5, 18.

(36)　James Cleland, *Hero-Paideia; or The Intitvtion of a Yovng Noble Man* (Oxford, 1607), Bk.5.

(37)　Guazzo, *The Civile Conversation*, vol. 1, pp. 35, 56, 1, 109, 35.

(38)　*Ibid*, p. 22.

(39)　*Ibid*, p. 21.

(40)　Della Casa, *Galateo*, p. 4.『カスティリオーネ宮廷人』二二七、二七九頁。同様にまた、宮廷の振舞いを説いた作品として、S[imon] R[obson], *A New Yeere's Gift. The Covrte of Civill Courtesie* (London, 1577); Haly Heron, *A Newe Discourse of Morall Philosophie, entitled the Kayes of Consaile* (London, 1579), pp. 50-1.

(41)　Philibert de Viene, *The Philosopher*, p. 13.

(42) Etienne du Refuge, *A Treatise of the Court or Instructions for Courtiers*, trans., John Reynolds, vol. 1 (London, 1622), pp. 124, 176.

(43) Du Refuge, *A Treatise of the Court*, vol. 1, p. 3. 同様にまた、クレランドも情況への適応を「舞台の芝居」に譬え、「それゆえ、貴方は足取りに気を配り、どんな面持ちや容貌で歩いているかを考慮しなければなりません」と忠告した。Cleland, *Hero-Paideia*, p. 170.

(44) Cleland, *Hero-Paideia*, p. 172. ベイコンの原文は (O4:157)。

(45) Daniel Tuvil, *The Dove and the Serpent. in which is contained a Large Description of all such Points and Principles, as tend either to Conuersation and Negotiation* (London, 1614).

(46) *Gesta Grayorum: or the History of the High and Mighty Prince, Henry* (London, 1688), reprinted in W. Canning, *Gesta Grayorum 1688* (The Malone Society Reprints, Oxford, 1914), pp. 29-30.

(47) Federico Furio [Ceriol], *A Very Brief and Profitable Treatise declaring hovve Many Counsells, and what Maner of Counselers a Prince that will Governe well ought to have*, trans., Thomas Blundeville (London, 1570) , K3ᵛ. Cf. Bartholomew Phillip, *The Covnseller: A Treatise of Counsels and Counsellers of Princes*, trans., John Thorus (London, 1589), fol. 52.

(48) Della Casa, *Galateo*, pp. 57-62.

(49) Barnabe Barnes, *Four Bookes of Offices* (London, 1606), p. 99.

(50) Phillip, *The Covnseller*, fol.101.

(51) Guazzo, *The Civile Conversation*, vol. 1, pp. 41-2.

(52) Barnes, *Four Bookes of Offices*, p. 93.

(53) *Ibid*., p. 98.

(54) ルネサンス期イングランドにおける「レトリック」の伝統については、菊池理夫『ユートピアの政治学―レトリック・トピカ・魔術―』新曜社、一九八七年。Quentin Skinner, *Reason and Rhetoric in the Philosophy of Hobbes* (Cambridge, 1996); David Norbrook, 'Rhetoric, Ideology and the Elizabethan World Picture', in Peter Mack ed.,

Renaissance Rhetoric (New York, 1994), pp. 140-64.

(55)　Demosthenes, *The Three Orations in Favour of the Olynthians*, trans., Thomas Wilson (London, 1570), ★ 2^{r}. ウィルソンはまた、デモステネスの翻訳が政治的に有用であることを、対外的脅威に直面した当時のアテネとイングランドとの時代の類似性に求めた。なぜなら「世界が変わらなく続く限り」、「同様の時代は同様の事例をもたらす」からである。*Ibid.*, ★★ 1^{v}. なお、「テューダー時代の縮図」とも評されるウィルソンの多彩な政治的および知的営為については、差し当たり、P. E. Medine, *Thomas Wilson* (Boston, 1986); A. J. Schmidt, 'Thomas Wilson, Tudor Scholar-Statesman', *The Huntington Library Quarterly* 20 (1957), pp. 205-18; idem, 'Thomas Wilson and the Tudor Commonwealth: An Essay in Civic Humanism', *The Huntington Library Quarterly* 23 (1959), pp. 49-60.

(56)　John Ferne, *The Blazon of Gentrie* (London, 1586), p. 45.

(57)　Wilson, *The Art of Rhetoric*, ed., P. E. Medine (Pennsylvania, 1994), pp. 41-3; Ferne, *The Blazon of Gentry*, p. 45; Peacham, *The Complete Gentleman*, p. 8. 同様に、人間が「野蛮状態」を脱して「文明社会」を形成するに至った要因をアムピーオンやオルフェウスの存在に求め、「詩」の「甘美で雄弁な」説得力を高く評価する議論も提示された。[George Puttenham], *The Arte of English Poesie* (London, 1589), pp. 3-4. 因みに、この著作のなかでパトナムは、「作為」の観点から詩の創作と宮廷人の偽装に共通性を看取した。*Ibid.*, pp. 250-7 (ch. 25).

(58)　Peacham, *The Complete Gentleman*, pp. 53, 44.

(59)　Robert Naunton, *Fragmenta Regalia* (London, 1870), pp. 26, 29, 47, 49, 54, 44, 41-2.

(60)　John Clapham, *Elizabeth of England: Certain Observations concerning the Life and Reign of Queen Elizabeth*, eds., E. P. Read and C. Read (Philadelphia, 1951), p. 58.

(61)　Naunton, *Fragmenta Regalia*, p. 38. Cf. Clapham, *Elizabeth of England*, p. 80.

(62)　Clapham, *Elizabeth of England*, pp. 80, 73, 79, 76, 77, 80, 83. Cf. Naunton, *Fragmenta Regalia*, pp. 30-1.

(63)　Clapham, *Elizabeth of England*, p. 70. Cf. Naunton, *Fragmanta Regalia*, p. 16.

(64)　Clapham, *Elizabeth of England*, pp. 99-100.

(65) なお、この時代の「党派」はパトロネジを通じた個人的派閥の色彩が濃く、いわゆる近代的な組織政党とは異なり、イデオロギーや政策の明確な対立を伴っていなかった。ルネサンス期イングランドの党派研究としては、E. W. Ives, *Faction in Tudor England* (London, 1979); David Starkey, 'From Feud to Faction: English Politics circa 1450-1550', *History Today* 32 (Nov. 1982), pp. 16-22; Simon Adams, 'Faction, Clientage and Party: English Politics, 1550-1603', *Ibid.*, 32 (Dec. 1982), pp. 33-9; Kevin Sharpe, 'Faction at the Early Stuart Court', *Ibid.*, 33 (Oct. 1983), pp. 39-46. また、一五九〇年代を例外として、実質的な党派対立が存在しなかったとされるエリザベス期の宮廷に関しては、Simon Adams, 'Eliza Enthroned? The Court and its Politics', in Christopher Haigh ed., *The Reign of Elizabeth I* (Houndmills, 1984), pp. 55-77; idem, 'Favourites and Factions at the Elizabethan England', in R. G. Asch and A. M. Birke eds., *Princes, Patronage and the Nobility: The Court at the Beginning of the Modern Age c. 1450-1650* (Oxford, 1991), pp. 265-87. 逆に、セシルとエセックスの党派対立が激化した一五九〇年代を「第二次エリザベス朝」と捉え、それまでの治世との非連続性を強調する研究として、John Guy ed., *The Reign of Elizabeth I: Court and Culture in the Last Decade* (Cambridge, 1995). また、一六世紀中頃から一七世紀初めにかけての「寵臣」に関する政治的言説を分析した論文として、R. P. Shephard, 'Royal Favorites in the Political Discourse of Tudor and Stuart England', Ph. D. thesis, Claremont Graduate School (1985). 一六・七世紀のスペインとフランスも対象に含めた、近年における寵臣研究の進展を示す論文集として、J. H. Elliot and L. W. B. Brockliss eds, *The World of the Favorite* (New Heaven, 1999).

(66) 初期ステュアート期における枢密院の「危機」を指摘した論稿として、Kevin Sharpe, 'Introduction: Parliamentary History 1603-1629: In or out of Perspective?', in idem ed., *Faction and Parliament: Essays on Early Stuart History* (Oxford, 1978), pp. 1-42. とりわけ、pp. 37-42. また、当時の政治的言説における中心的主題であった「腐敗（corruption)」の問題については、L. L. Peck, *Court Patronage and Corruption in Early Stuart England* (London, 1990).

(67) Ben Jonson, *Sejanus his Fall*, ed., P. J. Ayres (Manchester, 1990), pp. 79-80; David Norbrook, *Poetry and Politics in the English Renaissance* (London, 1984), ch. 7; Blair Worden, 'Ben Jonson among the Historians', in Sharpe and Lake eds., *Culture and Politics*, pp. 67-89.

(68) Ayres, 'Introduction', in Jonson, *Sejanus*, ed., Ayres, pp. 17-8; Peck, *Northampton: Patronage and Policy at the Court of James I* (London, 1982), pp. 19-21.

(69) Du Refuge, *A Treatise of the Court*, vol. 1, p. 163, vol. 2, p. 22.

(70) Ducci, *Ars Avlica*, ch. 20. 引用は、pp. 155, 170.

(71) *Ibid*., pp. 17, 33, 269, 155, chs. 20, 35, 33. なお、同様に偽装を容認したデュ・ルフュージュですらも逆に、セネカを「賢明な宮廷人」と称賛して、「誠実な人物」は腐敗を食い止めるために「暴君や強欲な君主への接近を望むべき」と主張していた。Du Refuge, *A Treatise of the Court*, vol. 2, trans., John Reynolds (London, 1622), pp. 16-8.

(72) A. D. B., *The Covrt of the Most Illvstrious and Most Magnificent James*, p. 13; *The Mental World of the Jacobean Court*, ed., L. L. Peck (Cambridge, 1991).

(73) Starkey, 'Introduction: Court History in Perspective', in idem ed., *The English Court*, pp. 1-24.

(74) Neil Cuddy, 'Anglo-Scottish Union and the Court of James I, 1603-1625', *Transactions of the Royal Historical Society*, 5th ser., 39 (1989), pp. 107-24; idem, 'The Revival of Entourage: The Bedchamber of James I, 1603-1625', in Starkey ed., *The English Court*, pp. 173-225.

(75) セーヤーヌスが考案した数多の策略の一つは、ティベリウスを首都から遠ざけ権力を独占することにあった（『年代記』4-41; Jonson, *Sejanus*, pp. 171-2）。ベイコンは、この事例をジェイムズに想起させながら、威厳を保つためにロンドンをなるべく離れないよう助言したことがある（12:130, 188）。

(76) Pauline Croft, 'Robert Cecil and the Early Jacobean Court', in Peck ed., *The Mental World*, pp. 134-47.

(77) Naunton, *Fragmanta Regalia*, p. 59. さらに、セシルは「術策（art）と機知（cunning）の学園」である「時と宮廷」の指導を受けた人物として描写された。*Ibid*, pp. 59-60.

(78) ちなみに、セシルは秘書長官の地位を論じて、君主から「信頼」と「格別な厚情」を賜るがゆえに「自己の裁量で内外と交渉する自由」を有し、君主に「もっとも容易かつ自由に接見する」立場にある秘書長官はとくに、「党派的な一族」と関係を持つべきでないことを示唆した。Robert Cecil, *The State and Dignity of a Secretary of State's*

Place (London, 1642), in *The Harleian Miscellany*, vol. 2 (London, 1809; New York, 1965), pp. 281-5. 引用は、p. 281.

(79) とくにエジャトンの議会や枢密院での活動に関しては、L. A. Knafla, *Law and Politics in Jacobean England: The Tracts of Lord Chancellor Ellesmere* (Cambridge, 1977), chs. 3-4.

(80) T. L. Moir, *The Addled Parliament of 1614* (Oxford, 1958).

(81) ノーサンプトンはルネサンス期を通じて唯一、大学（ケンブリッジ）の教師（修辞学、ローマ法講師）となった貴族であった。世襲貴族としてあくまで血統を重視しながらも、カスティリオーネを称賛し、人文主義的な雄弁家の理想を体現した彼の精神世界については、Peck, 'The Mentality of a Jacobean Grandee', in idem ed., *The Mental World*, pp. 148-168. ベイコンは少なくとも一六〇八年の時点で、このノーサンプトンから「好まれてはいない」ことに気付き、セシルと友好関係を保つ「必要」を再認識していた（11-52, 53）。

(82) もっとも、死期を控えたノーサンプトン個人の影響力が実際には低下していたとの指摘がある。Peck, *Northampton*, pp. 205-12.

(83) フリート・ストリート（Fleet Street）のマイタ・タヴァーン（Mitre Tavern）」に集い、「マーメイド・クラブ（Mermaid Club）」に参加した彼らの活動については、Michelle O'Callaghan, '"Talking Politics": Tyranny, Parliament, and Christopher Brooke's *The Ghost of Richard the Third* (1614)', *The Historical Journal* 41 (1998), pp. 97-120; idem, *The 'Shepheards Nation'Jacobean Spensarians and Early Stuart Culture, 1612-1625* (Oxford, 2000); Norbrook, *Poetry and Politics*, ch. 8; Annabel Patterson, 'All Donne', in E. D. Harvey and K. E. Maus eds., *Soliciting Interpretation: Literary Theory and Seventeenth-Century English Poetry* (Chicago, 1990), pp. 37-67; I. A. Shapiro, 'The "Mermaid Club"', *Modern Language Review* 45 (1950), pp. 6-17.

(84) 一五世紀末から一六世紀初めにかけてのリチャード三世史の流行は、リチャードと身体的特徴を共有したセシルの政治経歴と一致する。これを指摘した論稿として、Pauline Croft, 'The Reputation of Robert Cecil: Libels, Political Opinion and Popular Awareness in the Early Seventeenth Century', *Transactions of the Royal Historical Society*, 6th ser., 1 (1990), pp. 43-69. とくに、pp. 54-7.

（85）モアの『リチャード三世史』に関しては、T. F. Mayer, 'Tournai and Tyranny: Imperial Kingship and Critical Humanism', *The Historical Journal* 34 (1991), pp. 257-77. なお、ピーチャムはこの著作をベイコンの『政治道徳論集』やフッカーの著作と並ぶジェントルマンの必読書に挙げた。Peacham, *The Complete Gentleman*, p. 53. Cf. Clapham, *The History of England* (London, 1602), A3^{v}.

（86）*Proceedings in Parliament 1614*, ed., Maija Jansson (Philadelphia, 1988), pp. 310-6.

（87）*Ibid*, pp. 422-3; Moir, *The Addled Parliament*, p. 140.

（88）もっとも、ベイコンの現状分析は誤りを含んでいた。すなわち、ベイコンはジェイムズに議会開催を提案するなかで、イェルバートン（Yelverton）、サンディス、クルー（Crew）、ハイド（Hyde）、ブルック、ネヴィル、バークリ（Berkeley）、マーチン、ディッグス（Digges）、ホリスらを中心とした前議会の「党派」を、すでに「殆ど解体した」ものと判断していたのである（11:365, 370）。

（89）*Proceedings in Parliament 1614*, p. 189. すでに議会開会前からベイコンが懸念していたように（11:368）、このパリーが議員を辞職した結果、下院における政府側の指導力の低下はさらに決定的となった。一四年議会では三人の顧問官（Stanhope, Knollys, Wotton）が授爵によって貴族院に移り、一人（Herbert）は出馬しなかった。新たに補充された二名の顧問官（Winwood, Lake）は、いずれも議会開会の一週間前に任命されたばかりであり、議会の経験者は僅かに一名（Caesar）に過ぎなかった。Moir, *The Addled Parliament*, pp. 164-6.

（90）『政治道徳論集』における加筆、修正、削除等の過程については、Kiernan のオックスフォード版の他に、Edward Arber, *A Harmony of the Essays* (London, 1871) が参考になる。

（91）党派の政治的効用を一部容認する見解は、この時代にも散見される。たとえばウィルソンは、党派間で官職の相互監視が行われている現状を観察した。Thomas Wilson, 'The State of England Anno Dom. 1600', in *Camden Miscellany* vol. 16, Camden Society 3rd. ser., vol. 52 (London, 1936), pp. 42-3. また、ライトは党派の是非を論じながら、マキアヴェッリと同様にローマの平民と貴族の例を挙げ、党派対立がコモンウェルスに「健康をもたらすこともある」と述べた。Henry Wright, *The First Part of the Disquisition of Truth, concerning Political Affaires* (London, 1616), sect. 1, ch. 13. 引用は、p. 86. さらに、デゥ・リュフュージュによれば、党派対立が常態的な宮廷で中立を保つことは「極めて困難」であり、したがって、複数の党派と「秘密裏に」友好関係を維持することが「もっとも安全で名誉な手段」であるとされた。Du Refuge, *A Treatise of the Court*, vol. 2, pp. 74, 76.

（92） Roger Lockyer, *Buckingham: The Life and Political Career of George Villiers, First Duke of Buckingham 1592-1628* (London, 1981).

（93） Arber, *A Harmony of the Essays*, p. 318.

（94） P. R. Seddon, 'Robert Carr, Earl of Somerset', *Renaissance and Modern Studies* 14 (1970), pp. 48-68. ジェイムズは秘書長官職をめぐる党派間の抗争を回避するため、二年もの間、実質的な後任者を任命せず、サマセットにはあくまでも一時的に役割を分担させたにすぎなかった。*Ibid*., pp. 55-7.

（95） また、これとは逆に、第二版で新たに収録されたエッセイ「野心について」では、寵臣批判に対する擁護がなされ、寵臣は逆に「野心ある有力者」の台頭を抑える「何にも増して最良の対策である」という見解が示された（O15:116）。

（96） Norbrook, *Poetry and Politics*, p. 213; Peck, *Court Patronage and Corruption*, pp. 173-8.

（97） Richard Niccols, *Sir Thomas Overbury's Vision* (1616), in *The Harleian Miscellany*, vol. 7, pp. 178-88. 引用は、pp. 179, 185, 179. このオヴァベリは皮肉にも、「性格論（Characters）」のなかで宮廷人の生態を自ら描き、「面従腹背」の偽装者や、「どんな役も表情で演じ分け、顧問官に昇進できない所では、道化になりかわって奉仕する」追従者などを諷刺していた。Thomas Overbery, 'Characters, or Wittie Descriptions of the Properties of Sundrie Persons', in idem, *A Wife. Now the Widow of Sir Tho: Overberie* (London, 1614), C4. また、オヴァベリ殺害の実行者を激しく非難した匿名作者I・Tは、同時代の「世界」を、「野心」と「欲望」と「追従」がはびこる「混乱の館」と称した。I. T., *The Iust Downfall of Adultery, Murder, Ambition* (London, 1615), $A2^v$.

（98） John Holles, *Letters of John Holles 1587-1637*, ed., P. R. Seddon (Nottingham, Thoroton Society Record Series vol. 31, 1975), p. 167. もっとも、ベイコンは他方で、このホリスを典型とする「出過ぎた人物」が、自分が「顧問官」であ

るかのように「世界」を語り、「自分の思い込みをあたかも世間一般の意見であるかのように披露する」傾向を批判していた（12:222)。なお、ホリスの書簡を通じて当時のパトロネジの仕組みを浮き彫りにした研究として、Peck, *Court Patronage and Corruption*, ch. 1.

(99)『政治道徳論集』第三版のなかでベイコンは、「今日の顧問会議はどこでも馴れ合いの集まり（familier meeting）に過ぎず、案件は討論されるよりもむしろ話題にされる」と書き加えた（O15:67)。

(100) ベイコンは一六〇八年の「手記（Comentarus Solutus)」のなかに、顧問会議に関する対策メモを書き残している。そのなかで彼は、枢密院運営の重要性を改めて確認しながら（11:73, 75)、国王の意向を常に知悉しておく必要や、すべての有力人物と接触を続けること、演説の心構えなどをメモした（93-4, 46)。ここで注目すべきは、当時法務次官であったベイコンが秘書長官セシルを支援する一方で、顧問官の経験が浅いサフォーク伯に照準を合わせ、彼に「顧問会議で扱われる事項を呑み込ませ」、「公的な場での演説に装飾を施させる」ことを画策していたことであろう（93)。

(101) サマセット失脚後の秘書長官は、ハーバート（John Herbert, 1600-16)、ウインウッド（Ralph Winwood, 1614-7）に続き、レイク（Thomas Lake, 1616-9)、ノーントン（1618-23）が務めた。しかし、いずれもセシルのような影響力に欠け、たとえばノーントンは、ジェイムズとバッキンガムに対して「極めて従属的な立場」にあり、国王と顧問会議との「仲介役」でしかなかった。R. E. Schreiber, *The Political Career of Sir Robert Naunton 1589-1635* (London, 1981), pp. 26, 30-2. ちなみに、ベイコンはクックの再婚問題を巡ってウインウッドと対立関係に入り、クックと組んだ彼に「党派」の疑いをかけ、「最悪」の人物と酷評するに至った（13:223, 243)。

(102) たとえば、ベイコンに献呈された説教『神と国王の責務』では、コモンウェルスの繁栄が、「人間的思慮」としての「歴史」の知恵よりも、「神の畏き摂理」による「祝福」によってもたらされることが強調され、異教徒ゆえに「視界が曇っている」はずのプラトンやキケロでさえも同様の見解を抱いていたと主張された。William Pemberton, *The Charge of God and the King* (London, 1619), A6.

(103) Samuel Ward, *Iethro's Iustice of Peace* (London, 1618), pp. 3-4.

(104) *Ibid*, pp. 62-3. これに対してベイコンは、一六二一年議会でも同じレトリックを用い、議長に苦情申し立ての件数を増やさないよう求めながら、「プラトンのコモンウェルスのように」問題を一挙に解決することはできないことを重ねて訴えた（14:178）。

なお、文脈は異なるが、ベイコンの前任者エジャトンも同様に一六〇八年、帰化問題をめぐる議論のなかで、国王と法に関する原理問題を回避するためにユートピア論の無効性を指摘した。すなわち、エジャトンによれば、プラトンやアリストテレスの見解も時代と場所が異なるため、「トマス・モアのユートピアやどの市場にも見かけるパンフレットのように、国王や王国に諸法を与える正典とはならない」のである。Thomas Egerton, 'The Speech of the Lord Chancellor of England, in the Eschequer Chamber, touching the *Post-Nati*', in Knafla, *Law and Politics*, pp. 202-53. 引用は、p. 247.

(105) Ward, *Iethro's Iustice*, A4.『出エジプト記』のなかで、エテロは舅であるモーセに、いわば下級為政者に対する権限の分担を助言し、神を畏れる有能な人物から千人隊長、百人隊長、五十人隊長、十人隊長を指名させた（18-21, 22, 23）。

(106) ベイコンは一六一八年二月、星室庁で演説を行い、この治安判事と巡回裁判所をコモンウェルスの運営に欠かせない制度と看做した。彼によれば、イングランドに独自の治安判事の制度は、もともと軍事に携わってきた貴族を「穏和にさせ」、「平和の道具」として「真に貴族的」な存在に転換するのみならず、ジェントルマンや騎士を含めた貴紳階層全体を一体化させ、さらには法の制定と運営を円滑化する重要な機能を有していた（13:303, 304）。このような認識を示したうえで彼は、ジェイムズの言葉として、この治安判事の「党派化」を「暴政的な」事態と同一視して強く警告を発した（305, Cf. 213）。

終章　「顧問官」ベイコンのユートピア？　一六二一―一六二六

一六一〇年代の後半以降、僅かの期間であったがベイコンは、国王の顧問官としての最高の名誉を得た。一七年三月に国璽尚書に就任した彼は、盛大な就任式典を執り行う傍ら(13:181)[1]、スコットランドに旅立ったジェイムズの代理として、半年もの間イングランドをまさに統治した。その後も翌一八年、政務の最高役職である大法官に昇進したベイコンは、ボヘミアで勃発した三〇年戦争やオランダとの通商問題をはじめとする数々の「統治の秘密」に携わり、「賢明な顧問官」としてジェイムズから「多大な信頼」を獲得するに至った（14:43, 49）。バッキンガムの書簡によれば、ジェイムズは「あらゆる事柄」に亘って「役割を充分に演じた」ベイコンの、「きわめて優れ」「一分の隙もない」「卓越した」「絶え間ない」活躍に、「一方ならぬ喜び」を示したのである。[2]このような信頼と評価に応えてベイコンもまた、「人生の義務は生命よりも価値がある」（13:209, 14:32）との立場から、「舞台の仕事」に力を尽くし、「他者のために自分の自由を用いる」決心を繰り返し表明した（47, 85）。たとえば彼は実際に、ジェイムズにコモンウェルスの諸問題を扱う九つの常任委員会（織物業、財務、穀物交易、手工業、生活環境、干拓、苦情、植民、軍事）の新設を求めた。他方でまた、彼は財政問題の解決にも積極的に取り組んだ（71-2, 85-90）。こうして、新たにヴェルラム男爵（一八年）に叙せられたベイコンは、邸内牧師ウィリアム・

ローリ（William Rawley）によれば、「国家の顧問官」として「最善の方法で助言を与え」、「軽率にして悲痛を伴う路線」を回避し、ジェイムズを「穏和で公正な行動に導いた」のである（1:13）。

このように、一六一〇年代の政治的危機と格闘しながら、顧問官として国務の中枢を担ったベイコンは、二〇年代に入ってもなお、「可能性の技術」としての政治学を実践し続けた。たとえば彼は二〇年一〇月、ボヘミア問題をめぐって七年振りに開会される議会を前に、軍隊の派遣と特別税の必要を付記した議会召集の布告草案をジェイムズに提出した。その文書には、人文主義の言語と思考に立脚したベイコンの状況判断が鮮やかに記されていた[3]。彼によれば、「世界」の「劇場」のなかでは、平和の維持こそが「コモンウィール」にとって有益であり、「真の偉大さ」は侵略戦争ではなく植民や内地の開発に求められる（14:124）。しかしながら、スペインによるファルツ侵攻という、キリスト教社会の「勢力均衡」を崩しかねない「情勢の変化」が生じた現在、戦争に備えることこそが「国家理性」に適った「優れた政治（good policy）」であると判断したのである（125-6）。

ベイコンはまた、「作為（art）」と「偶然（chance）」の間に「先見（providence）」があるという確信を基に、ジェイムズやバッキンガムに「念には念を入れた」議会対策を提言した（14:155）。たとえば彼は、議会の紛糾を見通して、独占権問題に関する事前対策が必要であることを繰り返し助言した（146, 148-9, 151）。さらに彼は、かつてバッキンガムに諭したように、議会の議員に対しても、「顧問官」と同様の政治的作法を求めた。すなわち、彼は議会冒頭の演説において、「プラトンのコモンウェルス」のように物事は「一度に」解決しないことに注意を促した。他方で彼は、自己中心的な「論争」や「思弁的で抽象的な」助言を避け、「アルゴスの百眼」を通して「何度も再考され」「よく吟味された」「経験に基づく」助言をすべきと主張したのである（179, 178, 171-2）。

しかしながら、この一六二一年議会に、新たにセント・オールバンズ子爵として臨んだベイコンは、独占権を放棄せずに議会の批判を招いたバッキンガムのスケープ・ゴートとなり、収賄の罪を問われて突然失脚する。こうして、「上昇するよりも早く地位を失う」（14:15）宮廷人の常に倣い、「公の舞台で破滅を演じた」[4]ベイコンは、二六年に死去するまでの五年間、ついに政治の舞台に復帰することはなかった。以下では晩年の作品『ヘンリ七世治世史』および『ニュー・アトランティス』を考察の中心に据えながら、政治世界そのものから乖離する危険に直面した彼の思考過程を考察する。そのうえでまた、ベイコン政治学を「リパブリカニズム」や「ユートピア」思想の系譜に位置づけてきた通説的見解の妥当性を改めて問い直してみたい。

一 顧問官と歴史

一四八五年のボズワースの戦いにおけるリッチモンド伯、のちのヘンリ七世の勝利は、ランカスターとヨーク家の慢性的な内乱（バラ戦争）を実質的な終結に導き、ルネサンスという新たな時代の幕開けとなった。一六二二年に出版されたベイコンの『ヘンリ七世治世史』は、まさに暴君リチャード三世を倒したリッチモンドが全軍を前に賛美歌を奏でる場面に始まる。「政治の劇場」から退場し、残された「ブリテン史」の執筆に再び着手した晩年のベイコンは、ルネサンス期イングランドという歴史的舞台を新たに再現する作業を通じて、何を時代の記録として残し、何を読者に伝えようとしたのだろうか。[5]

ベイコンによれば、ルネサンスの時代を特徴づけるのは、かつてのような「偉大な戦争や征服」ではなく、ときには「一つの道程に固執するのではなく、二つの方策を同時に試みる」ことを迫られる「多種多様な事態と変転」であった（V98:213, 211）。『ヘンリ七世治世史』が対象としたのは、政治的思慮が新たに要求される錯雑した時代であった。そのうえでベイコンは、この作品を通じて、「世界でもっとも技量に優れた思慮深い君主の一人」であるヘンリを「可能な限り甦ら」せようと試みたのである（276, 25）。

たとえば、このヘンリが対峙した最大の困難は、王位僭称者の度重なる出現によってもたらされた。とくに大きな混乱を惹起したのが、リチャード三世に惨殺された皇太子ヨーク公リチャードを装ったパーキン・ウォーベック（Perkin Warbeck）の出現であった。ウォーベックは、一四九一年から八年もの間、ケント、スコットランド、コーンウォールの各地に出没してヨークの残党とともに執拗に反乱を煽動し続けた。このウォーベックの変身に関する次のようなベイコンの心理描写は、序章冒頭で紹介したジョンソンのアフォリズムと同様に、虚実交錯した時代情況を端的に物語るものと言えよう。

「パーキンは自分の役割を不足なく演じた。すなわち、優雅で君主に相応しい振舞いや、周到で適切な受け答え、あるいは彼に近寄る者に愉悦を与え、親しみを込めて応対し、疑いが生じれば微かな侮りを見せること。これらすべてを彼は見事に演じた。それゆえに、貴賤の区別を問わず、彼がまさしく公爵リチャードであると一般に信じられたのであった。それどころか、彼自身も長いこと偽装を続け、虚言を繰り返してきたために、周囲と同様に自分もリチャードであると思い込み、詐欺師から信者へと変身してしまったのである」（V98-102）。

もっとも、このような混乱を招いた最大の原因は、何よりもまずヘンリ自身の正統性の根拠が薄弱であることに由来した。すなわち、ランカスター家の傍系である彼は、軍事上の勝利と、ヨーク家エドワード四世の長女との結婚を約束することによって辛うじて王位の正統性を担保していたのである。しかしながら、ベイコンが着目したのは、正統性に関する法的な原理問題ではなかった。彼の主眼はむしろ、「荒れ狂う海瀟」や「暴風雨」（V98-21）とも表現された時代情況に対峙しながらも、ヘンリが縦横無尽に発揮した政治的思慮であった。たとえばベイコンは、議会に王位承認を求める場面で、正統性問題の争点化を回避するためにヘンリが用いた「偉大な知恵」を次のように称賛した。

「王位の相続に関しては……彼は偉大な知恵と方策によって事を運んだ。というのも、彼は議案の起草にあたって王位の宣言や権利の認容という方式を採らないように指示し、他方でまた、新法や勅令の形式も回避したのである。これらとは異なり、彼は中間の道を選択し、曖昧で不明瞭な言葉を使った規定に依ったのである。曰く『王位の継承は国王のもとに存し、国王に留まり、国王に宿る、等々』。これらの文言は、王位が彼に引き継がれることを意味するが、しかしながら、前述の王位継承権を彼が保有しているかどうか（それには疑問があった）、もしくは事実上の獲得による王位（それは誰もが否定しなかった）なのかどうかは、どのようにも解釈できたのである。そしてまた、王位の継承順位については、彼は彼自身と直接の後継者に関する以外は強いて踏み込まず、真の継承者が誰になるかについては言及を避け、法の決定するところに委ねた。それゆえ、王位の継承順位は、ヨーク家の権利の完全放棄とならず、むしろ彼と彼の子息に対する個人的な好意に基づくものと思われるようにしたのである」（V98-15）。

ベイコンは作品全体を通じて、このような政治技術を駆使して「運命」を克服し「危険を幾度となく回避した」（V98-203, 212）ヘンリの統治を、「偉大な知恵」「賢明」「思慮」「先見」「技術」もしくは「国家理性」といった人文主義的な語彙を用いて活写した。たとえば、「思慮深い」ヘンリの「偉大な知恵」は、平和的な形でロンドンに入城したことに示された。すなわち、ヘンリは「征服の恐怖」に怯える民衆感情に配慮して、「剣」ではなく「法」によって統治する姿勢を「迅速に」表明したのである（11, 14-5)。ヘンリはまた、エンクロージャーによる人口減少問題に関しても、「強圧的な禁止令」に依らず、土地保有制度の見直しによる独立自営農民の創出を通じて「結果的に」解決が導かれるように政策的な工夫を凝らした(64-5)。さらに、コーンウォールの反乱に際しても同様に、ヘンリは「国家理性」に従って「時機を選び、決断を下すと全速力で攻撃を仕掛けたが、それには先見と安全が伴い、冒険や運命に委ねることはまるでなかった」(139)のである。

このように『ヘンリ七世治世史』の課題は、「思慮深い君主」ヘンリを「可能な限り甦らせる」ことによって、かつての暴政と内乱の再現を抑え、君主制国家イングランドの歴史的な基礎を築いた政治的知恵を剔抉することにあった。換言すれば、この作品は、ルネサンス期イングランドの所与の現実に対して、政治的アクターが「可能性の技術」を用いていかに対峙してきたかを伝える、同時代の人文主義者による歴史的回顧の書であったとも言えよう。

他方で以上の議論を裏返せば、この『ヘンリ七世治世史』は、マキアヴェッリやグイッチャルディーニに代表される人文主義者の歴史書と同様、かつての顧問官による歴史的教訓を活用した政治的助言の書としても解釈できよう[6]。ベイコンによれば、「歴史の真の役目は、出来事をそのまま助言とともに提示して、評価や結論は各人の判断の自由と能力に委ねることにある」(O4:70)。彼は、たとえば顧問会議に関して、かつてクラパンがエリザベスの治世を回顧して述べたように、ヘンリと顧問官との関係が理想的であったことを次のように描写した。

「顧問会議に関しては、彼はたくさんの事柄を諮問にかけ、自らもしばしば臨席した。というのも、そのことが彼の権力を支え、彼の判断を伝達する方策と知っていたからであった。この点に関して彼はまた、自分の見解を披露するまでは助言や投票を自由に行わせ、賢くもそれに耐えたのである」(V98-201)。

もっとも、ベイコンの診断によれば、他方でヘンリは「秘密主義的な君主であり、限りなく猜疑的な」人物であった。しかし、にも拘わらずヘンリが人材の起用に優れ、若干の例外を除いて「決して顧問官や身近な家臣を罷免したり追放したりすることがなかった」（V98-202）ことをベイコンは見逃さない。ヘンリの高邁さを称賛する次のような性格分析の裏には、寵臣バッキンガムの政治的影響力が肥大化するなかで、あえて枢密院の政治的意思決定機能の回復を試み、ついに宮廷から追放された顧問官による辛辣な批判が込められていたのではないか。

「彼［ヘンリ］は高邁な精神を有し、彼の意志や彼の方法を好んだ。彼は自己を尊び、そしてまた、まさしく統治を担うに相応しい人物であったのである。彼がもし市井の人物であったならば高慢な人物と呼ばれたであろう。しかし、賢明な君主において高邁さは、臣民との適切な距離を保つことに繋がる。実際に彼は誰に対してもそうであり、誰であれ彼の権力や秘密に近寄り、すべてに関与することを許さなかった。なぜなら、彼は誰からも支配されなかったからである」（V98-199）。

のちにハリントンは、『オシアナ共和国（*The Commonwealth of Oceana*, 1656）』のなかで、一七世紀中葉の共和政樹立に至る歴史的必然性を論証するために、この『ヘンリ七世治世史』や『政治道徳論集』の議論を活用し、とくに独立自営農民の育成を促したヘンリの土地分配政策に言及した[7]。しかし、このことは、たとえばペルトネンが指摘するような「リパブリカニズム」の萌芽を意味しない。以上で示したように、『ヘンリ七世治世史』におけるベイコンの意図は、ハリントンとは異なり、かつての顧問官の立場から、バラ戦争後の混乱状態から君主制国家イングランドの基礎を築いたヘンリの政治的思慮を摘出することにあった。ベイコンはまた、このような「政治の劇場」から得られた歴史的教訓を、一六二五年に出版した『政治道徳論集』第三版にも掲載した。しかし、そこで強調されたのは、国王と顧問会議との協調や独立自営農民が偉大な国家に必要であること、貴族階層の政治的懐柔などであった(O15:65, 93, 62)。これらを考慮するならば、二七年後に断頭台に登る皇太子チャールズに献呈された『ヘンリ七世治世史』を、内乱と共和政府を擁護する「リパブリカニズム」のテクストとして解釈することは難しい。逆に、皮肉にもそれは、バラ戦争以来の内乱の再発を予防し、君主制国家イングランドを安定的に維持運営するための政治学が記された作品であったのではないだろうか。

二 「ユートピア」と「リヴァイアサン」の間

ところが一方で、現実世界ではすでに顧問官の役割を奪われ、宮廷から疎外されていたベイコンは、「仲間と離れ孤独で慰めのない」「惨めな」情況のもとで、孤独な観想的生活に沈潜しつつあった(14:321, 383-4)。とはいえ、他方で彼は、「再び公の舞台に」(349)復帰する意志をすぐに喪失した訳ではない[8]。たとえば、死後に出版された『政治小論集(*Certaine Miscellany Works*, 1629)』に収録された「イングランド法の摘要作成に関する国王への提案(An Offer to the King of a Digest to be made of the Laws of England, 1622)」「聖戦に関する提言(Advertisement touching an Holy War, 1622)」「対スペイン戦争に関する考察(Considerations touching a War with Spain, 1624)」などの作品群が示すように、彼は「埋火」とみずから称するごとく、「かつて顧問官の宣誓をした者」として、政治への関心をなおも強く抱き続けていた(351, 378)[9]。もっとも、彼は一方で、ジェイムズとの謁見に備えたメモのなかで、「もしわたしがわたしの思い通りになるならば」、今後は自然哲学の研究に専心するという回答を用意していた。しかし、彼は周到にも、「もし陛下がわたしを再び拾い上げてくだされば」、宮廷に復帰する意志があることを言い添える準備を怠らなかったのである(351, 349-50, 392)[10]。

このような「運命」の転変に対峙したベイコンは、他方でまた、デモステネスやキケロ、セネカといった古代の賢人を「わたしの顧問官」として呼び起こし、みずからの「運命」の行く末を見定めようとした（14:297, 371-2)。ところが、ベイコンが歴史から得た教訓はむしろ、「故国の重要な役職に就いた」古代の賢人たちが、いずれも「裁判と判決」によって「破滅した」人物であるという事実であった（371)。こうして、かつては古典古代から「活動的生活」の理念と「故国に対する義務」を学んだベイコンは逆に、たとえば晩年のセネカのように「わたしの時間をすべて著述に費や」し、「私的な生活に慰めを求める」ようになっていく（373, 372, 391, 410)。そして、ベイコンがユートピア作品『ニュー・アトランティス』の執筆に着手したと考えられるのは、まさにウィリアム・ローリによって「国務と活動的生活から身を引き、観想と学問に専念した」(1:8) と想起された、この「孤独で慰めのない」晩年の時期であった。本書では最後に、この作品が『ヘンリ七世治世史』とは対照的に、顧問官ベイコンの理想社会が描かれた「ユートピア」物語として解釈することはできない、という序章以下で提示してきた仮説を検証してみたい。

第一に注目されるのは、ベイコンにそもそもユートピア作品を執筆する積極的な意図が存在しなかったことが、テクストの構成内容や成立事情から窺われることである。周知のように『ニュー・アトランティス』の公刊はベイコン本人に依らず、彼の死の翌年である一六二七年にローリの手を通じて為された。それはまた、研究所である「サロモン館」の内部描写が中心となる未完の短編であった[11]。仮に、C・デイヴィスの見解に従って、政治制度の詳細な記述が「ユートピア」の特徴だとするならば、『ニュー・アトランティス』は奇妙にも、肝心の理想社会の描写に欠けた作品であることに気づかざるを得ない[12]。さらにここで注目すべきは、以上の理由に関してローリが、ベイコンによる執筆意欲の喪失を指摘していたことであろう。すなわち、同作品に付されたローリの序言によれば、ベイコンは当初「最善の形態のコモンウェルス」を描こうとしたが、それは「長い作品」になると考えて、「それよりもずっと大事にした、自然誌の収集の方に関心を向けた」(3:127) のである。こうしてローリは実際に、『ニュー・アトランティス』を独立した作品として出版せず、ベイコンが「ずっと大事にした」自然誌の作品『森の森 (*Sylva Sylvarum*, 1627)』の巻末に収録した。このように、テクストの性格を踏まえた場合、少なくとも、これまでのように『ニュー・アトランティス』が彼の「最終決定的な」理想を示した作品であるかどうか疑問が湧いてくる。

つぎに、本論から以下の情況証拠を抽出してみたい。たとえば、第二の理由として、ベイコン自身による『ニュー・アトランティス』に関する言及は、同じ晩年の作品である『ヘンリ七世治世史』と異なり、殆ど見受けられない。その僅かな一例として、「グレイ法学院の劇」における第二の顧問官による助言はこれまで、「サロモン館」の構想を胚胎したものと理解されてきた。しかしながら、第二章第二節で指摘したように、この提言は複数の顧問官から批判を浴びた。したがって、この提言はあくまでも一人の顧問官の助言に過ぎないのであり、『ニュー・アトランティス』も、これらの批判に対する積極的な回答を与えてはいないのである。

第三に、マキアヴェッリをはじめとする他の人文主義者と同様、活動的生活を擁護したベイコンは、ユートピア的な思考様式に対する批判を繰り返してきた。「善い考え」も「実行に移されねば善き夢想とあまり異ならない」(O15:34) とするベイコンにとって、「空想上のコモンウェルス」を想定する「哲学者」の議論は、「あまりに空高くありすぎて僅かしか光を送ってこない星に似ている」(O4:180)。彼はまた、同時代のイングランドが「プラトンのコモンウェルス」ではないことを幾度となく強調した。[13] 晩年においてもベイコンは、可能性の問題を執拗に問い続けた。たとえば一六二二年の「聖戦に関する提言」のなかでは、「善き望みもそれを実行に移す力がなければ」「善き夢想にすぎない」(7:18) との立場から、対トルコ戦争の是非をめぐる論争のなかで「何が手堅く現実で、何が見かけ倒しで空虚なのか」(24) を見極めようとした。さらに、秘書長官コンウェイ (Conway) に提示した「利子論」のなかでは、利子の廃止を求める意見を「ピューリタンの異論」と斥け、功利的な人間の本性にそぐわない空論として「ユートピアに送らねばならない」と一蹴したのである (14:418, 415, 416)[14]。

第四に、ベイコンが顧問官として実際に提示した一つのヴィジョンは「ニュー・アトランティス」ではなく、拡大国家「ブリテン」であった。第二章で明らかにしたように、一七世紀初頭の統合問題に臨んだ彼は、「小さな国家を偉大にする」ことを職務とした顧問官として、スコットランドを統合し、アイルランドを従え、オランダと同盟を結び、アメリカに新たな植民地を求める「帝国」のヴィジョンを提示した。それはまた、古代ローマ帝国を模範とした軍事国家であり、ヨーロッパ随一の海軍だけでなく独立自営農民を中核とした勇敢な歩兵を擁し、外国人の帰化に寛大な「偉大な」国家であった。このような人文主義的な拡大国家「ブリテン」のヴィジョンは、「大海の密室」(3:140) としての「ニュー・アトランティス」とは内容的におよそ相容れない。それは、他国との交流を閉ざし、アラビア語で「平和の子」を意味するベンサレム島に位置する孤立した自足的な科学技術国家なのである[15]。これに対して、ベイコンは「ブリテン」のヴィジョンを晩年においても提示し続けた。たとえば彼は、一二年のエッセイ「王国の真の偉大について」を増補してラテン語版『学問の進歩』や『政治道徳論集』第三版に再度掲載した。さらに、二二年の「対スペイン戦争に関する考察」においてもまた、歴史の教訓や「経験と理性」(14:482) を駆使しながら、ファルツに侵攻したスペインに対する防衛戦争の必要や、ブリテンの「偉大さ」がスペインに優ることを繰り返し訴えたのである。

以上を考慮すれば、ベイコンが、少なくとも顧問官としての役割演技を自覚的に継続している限り、みずから批判の対象としていたユートピア作品の執筆に着手する蓋然性は極めて乏しかったと考えられる。言い換えれば逆に、『ニュー・アトランティス』という未完の作品の存在はむしろ、政治の舞台から退場した晩年の彼が、活動的生活と観想的生活の是非をめぐって再び発生した思想的危機のなかでメランコリーに襲われ、孤独な内面世界に沈潜しつつあったことを物語ってはいないだろうか。

むろん、ヨーロッパ政治思想史におけるユートピア思想の系譜は、たんなる孤独な思想家の夢想と理解すべきではない。これまでも繰り返し指摘されてきたように、ユートピア思想は、既成の現実に囚われない人間の「構想力の解放」や「思惟の独立」の観点からむしろ積極的に評価されるべきであろう。[16] たしかに、プラトンの『国家』をはじめとするユートピア作品が、所与の現実と理想との乖離に対する真摯な問題意識と原理的批判のうえに成立していたことは疑いない。しかしながら、活動的生活の実践を試みていた時期のベイコンは、このような批判的理性を共有していたがゆえにこそ、改善すべき現実と可能性の模索を放棄したユートピアの自己撞着もまた、鋭く看取し得たのではないか。「準則化」が困難な政治世界に批判的に内在した顧問官の視点からすれば、「運命」と「実力」が席巻し、「万人の万人に対する戦い」が繰り広げられる所与の歴史的現実は、そもそも、唯一絶対の合理的な「ユートピア」や「リヴァイアサン」にはおよそ還元し得ない。しかし、裏返してみれば、それはまた、複数の人間の作為と意見を通じて仮構された、それゆえに可塑的な擬制的世界とも観じられたのではないか。このような関心から、本書では、ペルーと日本の間の太平洋上に想定された「ニュー・アトランティス」島ではなく、イングランドとスコットランド（およびウェールズ）から構成される「ブリテン」島を舞台に展開された、ベイコン政治学の思想史的な意義を探ってきた。

ベイコンは死を迎える数ヶ月前、キケロやデモステネスの故事に倣い、リンカーン主教ジョン・ウィリアムズ（John Williams）およびランカスター公爵領長官ハンフリ・メイ（Humphrey May）に遺言として、顧問官として国家事項に関わってきた自分の演説と書簡を託した（14:546, 540）。ベイコンによれば、歴史的アクターの「言葉」が記された書簡は「何よりも優る」史料であり、「それを精読する者にとってはそれ自体が最高の歴史」なのである（O4:72-3）。これに応えて、ベイコンの後任として国璽尚書を四年間務めたウィリアムズもまた、書簡が「真実を率直に語り」、それらが書かれた「時代に眩しい光を与える」ことに同意した（14:547）。ここで、このような彼の「言葉」の束を通じて改めて帰納を試みるならば、顧問官の政治学の全貌は、以下のようにまとめられる。

ベイコンの政治学は、人文主義的な教養に加え、彼の四〇年に亘る活動的生活の実践を通じて培われた「可能性の技術」であった。中世的な封建社会から中央集権的な主権国家への移行とともに、広大な帝国の建設や洗練された文明社会への展望が新たに開けたイングランドの歴史的過程のなかで、ベイコンは、顧問官として実際に、「ブリテン」の統合問題や「宮廷」の腐敗をはじめとする、国家運営の基礎を脅かす政治的危機に直面した。他方で、ルネサンスの時代は、「世界と人間の発見」とともに生じた深刻なペシミズムの時代でもあった。とくに、新ストア主義やタキトゥスの流行に象徴される、一六世紀後半以降の錯雑した時代情況のなかでベイコンは、あくまでも、古代ローマの執政官キケロを模範とする活動的生活の理念を擁護し続けた。

ベイコンはまた、マキアヴェッリやリプシウスと同様に、ユートピア的な思考様式を自覚的に退け、「人間は何をするか」という実践的な観点から、古典古代の歴史的教養と現実の政治経験に立脚した政治的思慮を用いて所与の現実に対峙した。ところが、政治学は他の学問とは異なり、「最も具体的な主題に関わる」がゆえに「準則化」が「最も困難」であった。それゆえに彼は、たとえばホッブズが構築した体系的な政治学とは異なり、歴史や寓話、アフォリズムを駆使しながら実践的な政治技術を説いた。そのうえでベイコンは、コモンウェルスの繁栄、ステイトの維持、帝国の拡大という複数の政治的ヴィジョンを定め、個々の情況に応じた具体的な助言を、国王や寵臣、あるいは枢密顧問官や下院議員といった政治的アクターに向けて絶え間なく発信した。

ベイコン政治学の特質はさらに、都市共和国の広場とは異なる宮廷社会のなかで、他者との共同的な活動的生活を実践するために、「交際」と「実務」の学問を新たに組み入れたことに求められる。モアやエリオット、スターキ、スミスをはじめとするイングランドの人文主義者は、キケロやデモステネス、セネカをはじめとする古典古代の賢人に倣い、枢密院の顧問官や書記として実際の政治運営に携わった。人文主義者はまた、カスティリオーネやグアッツォが説いた作法を駆使して、役割演技と実務の遂行を試みた。唯一絶対の「ユートピア」や「リヴァイアサン」を排したベイコンの政治学は、「グレイ法学院の劇」を原型とする。その主要な課題の一つは、宮廷という文明的な政治的意思決定の舞台を安定的に維持運営することにあった。

このように、かつては「ピューリタン革命」に至る近代立憲主義の成立過程として単線的に理解されてきたルネサンス期のイングランドには、『ユートピア』や『リヴァイアサン』とは異なる、古典古代以来の「実践学」としての政治学の伝統を吸収した独自の思想的営為が息づいていた。とくにベイコンは、ピューリタンの宗教的熱狂や貴族的な騎士道の理念、あるいは観想的生活の価値を強調する新ストア主義やカントリ論、コモン・ローヤーの古来の国制論といった、同時代の様々な思想的伝統との対決を繰り返しながら、あくまでも顧問官の立場から政治学の実践を試みた。仮に「政治的世界では俳優ならざる観客はありえない」（丸山眞男「科学としての政治学」[17]）とするならば、ベイコンの政治学はまさに、君主制国家における「舞台のアクター」として、所与の擬制的世界における人間の作為の可能性を切り開く「顧問官の政治学」であった。ルネサンス期イングランドの政治には、その登場人物の一人として、以上のような人文主義的な意識と言語を備えたアクターが自覚的に携わっていたのである。

（1）チェンバレンはカールトンに宛てた書簡（1617.5.10）のなかで、この模様を次のように伝えた。「われわれは……新しい国璽尚書が騎上に跨り、華やかな行列を作ってウェストミンスターに向かうのを見物した。翌日にも同様に彼は、ロンドン近郊にいる大部分の顧問官や貴紳を付き従え、二〇〇騎を超える騎士達を伴い、裁判官や法学院の者がそれに続いた。国王不在の折にしては期待を遥かに越えた華やかで素晴らしい騎士の式典であり、王妃や皇太子はともに彼らの従者をすべて派遣し、他の友人たちも彼を称えるのに全力を尽くした」。John Chamberlain, *The Letters of John Chamberlain*, vol. 2, ed., N. E. McClue (Philadelphia, 1939), pp. 72-3.

（2）14:52, 68, 64, 68, 75, 52, cf. 394.

（3）もっとも、本文で引用した文言は「一般民衆（vulger）」に対する「国家事項」の「公開」を嫌うジェイムズの指示によって削除された（14:128）。しかし、これに対してベイコンは、「今日ではあらゆる人々はただの民衆ではなく、みなが政治家なのです」と弁明した（129）。

（4）Robert Naunton, *Fragmenta Regalia* (London, 1870), p. 38.

（5）ルネサンス期イングランドにおける歴史叙述研究としては、たとえば、F. S. Fussner, *The Historical Revolution: English Historical Writing and Thought, 1580-1640* (London, 1962); F. J. Levy, *Tudor Historical Thought* (San Marino, Cal., 1967); D. R. Woolf, *The Idea of History in Early Stuart England: Erudition, Ideology, and 'The Light of Truth' from the Accession of James I to the Civil War* (Toronto, 1990). なお、『ヘンリ七世治世史』におけるベイコンの政治的偏向を不必要に強調した議論として、Jonathan Marwil, *The Trials of Counsel: Francis Bacon in 1621* (Detroit, 1976).

（6）歴史の教訓を用いた人文主義的な政治的助言の伝統に関しては、Levy, *Tudor Historical Thought*, ch. 7; Woolf,

The Idea of History in Early Stuart England, ch. 5.

（7） James Harrington, *The Commonwealth of Oceana*, in idem, *The Political Works of James Harrington*, ed., J. G. A. Pocock (Cambridge, 1977), pp. 157-8, 197.

（8） これに対して、ベイコンの晩年における知的営為をすべて、学問の「大革新」という「単一の目的」に還元して解釈した典型的な議論として、Benjamin Farrington, 'Francis Bacon after His Fall', *Studies in the Literary Imagination* 4 (1971), pp. 143-58. 引用は、p. 157.

（9） これらの作品はローリによって「小政治学（Parua Politica）」と呼ばれた。Bacon, *Certaine Miscellany Works of the Right Honourable, Francis Lo. Verulam, Viscount S. Alban* (London, 1629), $\mathrm{A4}^{r}$.

（10） ベイコンは実際に、一六二三年一月にバッキンガムの仲介でジェイムズとの接見を果たし、その直後に枢密院復帰の噂が流れたことがある（14:399, 402）。

（11） 『ニュー・アトランティス』未完の理由に関しては、これまで様々な解釈がなされてきた。たとえばワインバーガーは、近代テクノロジーの問題という現代的な観点から積極的な評価を与えた。彼によれば、マキアヴェッリやホッブズといった「近代科学計画の定礎者」と異なり、ベイコンは古典の知識によって人間本性の限界を学び、確実性や完全性を求める近代の「新しい計画の限界と問題」を理解していた。Jerry Weinberger, *Science, Faith, and Politics: Francis Bacon and the Utopian Roots of the Modern Age* (Ithaca, 1985), pp. 9, 19, 21, 27, 33-4. したがって、ワインバーガーは、政治制度の叙述の欠如を、近代が目指す「完全な知識それ自体が問題である」ことを「間接的」に教示するものと評価した。Idem, 'Science and Rule in Bacon's Utopia: An Introduction to the Reading of the New Atlantis', *The American Political Science Review* 70 (1976), pp. 865-85. また、テクストの未完性を、進歩の契機を有するベイコン哲学の動態性の反映として解釈した議論として、Denise Albanese, 'The New Atlantis and the Uses of Utopia', *English Literary History* 57 (1990), pp. 503-28. さらに、権力と知の関連を読者に実感させるための寓話的意匠とする見解として、Susan Bruce, 'Introduction', in idem ed., *Three Early Modern Utopias* (Oxford, 1999), pp. xxvii-xxxvi. 逆に、ユートピアの実現可能性に対するベイコンの悲観的見解を看取する議論として、J. C. Davis, *Utopia and the*

Ideal Society: A Study of English Utopian Writing 1516-1700 (Cambridge, 1981), pp. 106-37; Ian Box, 'Bacon's Essays: From Political Science to Political Prudence', *History of Political Thought* 3 (1982), pp. 31-49. なお、ボックスは他方で、『ニュー・アトランティス』と『政治道徳論集』との非一貫性を強調しながら、科学技術の発達がもたらした「ニュー・アトランティス」の非政治的性格を指摘し、それをベイコンの進歩的な科学観と保守的な政治観とが「完全には両立できない」ことに対する「暗黙の承認」とも解した。Box, *The Social Thought of Francis Bacon* (Lewiston, N.Y., 1989), pp. 127-8, 135-44, 187-8.

(12) デイヴィスは理想社会論の類型化を通じて、「ユートピア」論の特徴が、詳細な政治機構の叙述にあり、その意味で「現実的」な内容を有することを指摘した。デイヴィスによれば、「ユートピア」論は「桃源郷（Cockaygne）」や「アーケイディア」、「完全なコモンウェルス」「千年王国」論と異なり、人間の欲求充足と資源の問題を解決する方法を、人間の改善や理想的な自然環境にではなく、「組織」に求める。「ユートピア」論は個人レベルでの完璧な問題解決を目指さず、より「現実的」な機構や教育、法、制裁による社会問題のコントロールに関心を寄せたという。Davis, *Utopia and the Ideal Society*, pp. 37-8, 12-40. Cf. idem, 'Utopianism', in J. H. Burns ed., *The Cambridge History of Political Thought 1450-1700* (Cambridge, 1991), pp. 329-44; Miriam Eliav-Feldon, *Realistic Utopia: The Ideal Imaginary Societies of the Renaissance 1516-1630* (Oxford, 1982). しかしながら、多くの「ユートピア」論は実際に、イングランドの内乱期と一九世紀を除き、その現実化を目指した議論ではなかったというシュクラールの指摘もある。Judith Shklar, 'The Political Theory of Utopia: From Melancholy to Nostalgia', in F. E. Manuel ed., *Utopias and Utopian Thought* (Boston, 1966), pp. 101-15.

(13) たとえば、O4:17, O15:126. cf. 12:52, 14:178.

(14) ベイコンはこの「利子論」を『政治道徳論集』第三版のなかに再録したが、その際にこの「ピューリタンの異論」という表現は削除された。

(15) Box, *The Social Thought of Francis Bacon*, pp. 135-44, 182-9. ボックスはまた、「ニュー・アトランティス」の内容が「非政治的」かつ「非歴史的」であり、学問の進歩を目指したベイコンの「大革新」の計画とも両立しないことを指摘した（pp. 128-35）。

（16）　たとえば、福田歓一『近代の政治思想』岩波新書、一九七〇年、五七―八頁。同『政治学史』東大出版会、一九八五年、第四章第三節。藤田省三「体制の構想」『藤田省三著作集四　維新の精神』みすず書房、一九九七年所収、一三二―二〇〇頁。菊池理夫「ユートピアの終焉？―ユートピアの再定義に向けて―」『法学研究』第六七巻第一二号（一九九四年）一八一―二〇二頁。

（17）　丸山眞男「科学としての政治学」『丸山眞男集』第三巻、岩波書店、一九九五年所収、一三三―五二頁。引用は、一四九頁。

あとがき

エリザベス朝末期の一六〇一年二月七日、ロンドンのグローブ座でシェイクスピアの王位簒奪劇『リチャード二世』の上演が強行された。この公演を迫ったのは寵臣エセックスの一派であったが、彼らは翌日、まさに「舞台」の芝居を「国家のなかで再現」(9:290)しようと試み、約二〇〇騎の手勢とともに蜂起した。第一章第二節でも触れたように、ベイコンがかねてから強い危惧を抱き、彼自身もかつてのパトロンを断罪する側に回ったこの事件は、ルネサンス期を象徴する「芝居小屋の衣装替え」に過ぎない悲劇的な「運命の転変」を端的に物語っている。

この『リチャード二世』に関して、政治思想史の観点からさらに注目すべきは、その終幕に際して、人間の「思想」が招く悲劇が描かれていたことであろう。すなわち、「阿諛追従の雑言」に耳を塞がれ、ついに王位を簒奪されたリチャードは、ポンフレット城の牢獄のなかで「思想という子孫」を育て、「一人でおおぜいの人間を演じて」想像上のユートピアを構築しようと試み、挫折したのである。

「こうしておれは、一人でおおぜいの人間を演じてもどの役にも満足することがない。ときには王になる、すると謀反に出会って、乞食になりたいと思う。そこで乞食になる、すると貧窮にうちひしがれて王であったときのほうがまだましだったと思う。そこでまた王になる、ところがそのうちにボリングブルックのために王位を奪われて、なにものでもなくなってしまう」(小田島雄志訳、第五幕第五場)。

ベイコンによれば、このような「架空的で舞台的な世界を作り出す」（1:164）人間の思想的営為に内在する謬見こそ、まさに「劇場のイドラ（Idola Theatri）」であった。このような観点からすれば、政治思想史とは、永遠の真理が具現化する過程ではなく、たんに人間が仮構した物語の集積に過ぎない。しかしながら、仮に政治と人間の世界が本来、「イドラ」で構成される「架空的で舞台的な世界」だとすれば、そのなかで、かつて人は何を思い、何を語り、何に悩み、格闘し、何の役割を演じ、いかに生きてきたのか。筆者の関心は、今でも、政治思想史という観点から、その悲喜劇性の意味を考えてみることにある。

＊＊＊

本書が思いもかけず形になるまでには、多くの方々からの手厳しい「指導」と温かい「助言」を戴いた。東京都立大学の政治学自主ゼミ以来、半澤孝麿先生から受けた学恩は、汲めども尽きることはない。一九八九年の夜中の教室で、まさに秋霜烈日の講義に接した時の衝撃は今でも忘れられない。そこは、学問が生まれる現場であった。研究者を志してからは、学問の作法と倫理を徹底的に叩き込んで頂いた。先生が身を以て示された教えに背かぬよう、自戒を込め、迂曲羊腸の山道を一歩一歩踏みしめながら、地道な研究の蓄積を心掛けていきたい。

宮村治雄先生の講義とゼミは、わたしにとって絶えざる「開国」経験の場であった。先生は、半澤先生の退職後に指導教官を引き継ぎ、学内業務で多忙を極めるなかで博士論文の主査を務めて下さった。深く感謝したい。また、副査を担当された川出良枝先生からは、親身な助言と綿密なコメントを頂いた。都立大で以上の三先生のアグレッシブで魅力的な思想史研究に身近で触れたことは、わたしのひそかな自慢である。

故塚田富治先生には、博士論文の副査にとどまらず、ルネサンス研究の先達として、また頼もしい同門の先輩として大変お世話になった。先生はよく、執筆中の作品について、駆け出しのわたしにも遠慮のない批判を求め、それを真摯に受け止めて下さった。国立の森で本書をお渡しすることはもはやできない。無念である。

東京都立大学法学部には、一〇年以上に亘りお世話になった。とくに、大学院政治学総合演習において強力な集団指導を受けた経験は、今では誇りとなっている。なかでも野上和裕先生と渕倫彦先生の学識には圧倒された。また、すでに都立大を離れてしまわれたが、水谷三公先生と御厨貴先生からは、ともに政治と歴史の醍醐味を学ばせて頂いた。助手の石川紀子さんから受けた数々のご配慮も忘れられない。

大学院に非常勤で来られた佐々木武先生、松本礼二先生、田中治男先生、加藤節先生には思想史研究の第一人者として数々の御教示を頂いた。また、成蹊大学の思想史研究会では前記の先生方や亀島庸一先生をはじめ、多くの研究者との交流の場を与えて頂いた。政治思想学会（於一橋大学 1998, 大東文化大学 2000）では本書の一部を発表する機会を与えられた。司会や討論者を務めて頂いた渡辺浩先生、吉岡知哉先生、菊池理夫先生に改めてお礼申し上げたい。

故塚田先生をはじめ、同門の先輩である杉田孝夫、鈴木朝生、高濱俊幸、小林淑憲の各氏には、厳しい批判を通じて何度も鍛え直して頂いた。この場を借りて感謝申し上げたい。大学院では専門分野を越えた多くの先輩や学友に恵まれた。今では進む道を異にされた方も多く、すべての名前を挙げることは出来ないが、とくに激変の時期に机を共に囲んだ、武田知己、金児茂、真壁仁、相原耕作、大久保健晴の各氏に感謝したい。

九州大学では関口正司先生に一方ならぬお世話になっている。ドラスティックな大学改革が進む中、九大政治学の伝統にどれだけ貢献できるか甚だ心許ないが、福岡大学に移られた小山勉先生をはじめ、政治学スタッフの皆様にはこれからもお礼とお詫びを申し上げる機会が増えると思う。政治研究会や思想史研究会での報告に際しては、参加者の皆様から貴重なコメントを頂いた。関口先生の指導の下、九大大学院の政治学史研究は充実度を増している。安武真隆氏や清瀧仁志氏をはじめ、久野真大（ホッブズ）、朝倉拓郎（ロック）、鹿子生浩輝（マキアヴェッリ）、遠山隆淑（バジョット）、鎌田厚志（ヒューム）、磯野紘子（アレント）の各氏を擁する布陣は他に例がない。吹き荒れる嵐の中で、九大を母港として「職業としての学問」に携わることができた幸いを素直に喜びたい。

木鐸社の坂口節子氏と能島豊氏には何度もご迷惑をお掛けした。深謝したい。
私事になるが、この頁を開いてくれたすべての友人に感謝する。また、斉藤家の皆様にはこれからもご迷惑をお掛けすることになると思う。妻・真弓はいつも心の支えである。たまき、重人、弘典、そして父・健二と母・静子は、それぞれ、わたしが無理な背伸びをして研究者の道を歩むことを温かく見守り、何度も力強く励ましてくれた。心より感謝したい。

なお、本書は一九九九年九月に東京都立大学大学院社会科学研究科に提出した博士論文を原型としている。本書の一部は、平成一二・一三年度日本学術振興会科学研究費補助金（奨励研究A）の成果である。また、本書の出版に際しては、日本学術振興会平成一四年度科学研究費補助金（研究成果公開促進費）の交付を受けた。

二〇〇三年一月

木村俊道

索　引

＊ 註でのみ参照した文献の著者名は原則として省略した。

ア行

アーサー　Arthur　139
アーミティッジ　David Armitage　158
アウグスティヌス　St. Augustine　16
アウグストゥス　Augustus, Roman Emperor　117
アクィナス　Thomas Aquinas　81
アスカム　Roger Ascham　20, 49, 83, 90, 105, 210, 214
アパテイア　77
アフォリズム　Aphorism　32, 54, 104, 112, 116, 119-22, 130, 181, 189, 204-5, 208, 217, 230, 256, 266
アボット　George Abbot　227
アリストテレス　Aristotle　9, 17, 20, 23, 44, 52, 111, 136, 211, 241, 252
アルトジウス　Althusius　111
アルビオン　Albion　143
アレン　J. W. Allen　110, 200
アントン　Henry Unton　65-6
アンリ３世　Henry III　230
イェルバートン　Henry Yelverton　162, 191, 206, 249
偉大（さ）　greatness, grandezza　28, 107, 127, 141, 149-50, 152-61, 170-1, 205, 259, 263
イングランド・スコットランド統合問題→統合問題
ヴァウェル　John Vowell　62
ヴィッカーズ　Brian Vickers　34
ウィッグ史観　174
ウィリアムズ　John Williams　169, 265
ウィルソン　Thomas Wilson (councilor, humanist)　24, 220, 245
ウィルソン　Thomas Wilson　249
ウィンウッド　Ralph Winwood　251
ウェーバー　Max Weber　18, 57
ヴェネツィア　Venezia　43, 82, 92, 149-50, 153, 166, 169-70, 210, 217
ウェルギリウス　Vergilius　119
ウェントワース　Peter Wentworth　64, 66-7, 69, 88
ウェントワース　Thomas Wentworth　155-6, 186, 188-9
ウォード　Samuel Ward　236-7
ウォードン　Blair Worden　29
ウォーベック　Perkin Warbeck　256
ウォトン　Henry Wotton　92
ウォリン　Sheldon Wolin　26
ウルビーノ　Urbino　73, 210, 213, 242
ウルフ　D. R. Woolf　164
運命　Fortuna　18, 100, 111, 192, 221, 257, 260, 264
エジャトン　Thomas Egerton　143, 193-4, 196-7, 207, 227, 234, 248, 252
エセックス　Robert Devereux, 2nd Earl of Essex　33, 66, 67-73, 75, 91, 117, 134, 193, 220-1, 246
エテロ　236-7, 252
エドワード４世　Edward IV　256
エドワード６世　Edward VI　23, 151
エピクテトス　Epictetus　52
エピクロス（派）　Epicurus　52, 61
エラスムス　Desiderius Erasmus　17, 35, 58, 101, 215
エリアス　Norbert Elias　24, 238
エリオット　Thomas Elyot　24, 63, 103-4, 113-4, 130, 134, 214, 219, 266
エリザベス１世　Elizabeth I　16, 21, 23, 25, 26, 33, 50, 56, 57, 59, 66, 70, 73, 74, 91, 99, 105, 106, 117, 129, 139-42, 152-3, 222-3, 225, 258
エルダー　John Elder　151

カ行

サ行

タ行

ナ行

ハ行

マ行

ヤ行

ラ行

ワ行

文献一覧

＜略号＞

EHR *English Historical Review*
HJ *The Historical Journal*
HLQ *The Huntington Library Quarterly*
HPT *History of Political Thought*
JHI *Journal of the History of Ideas*
TRHS *Transactions of the Royal Historical Society*

＜一次資料＞

Anon., *Cyuile and Vncyuile life* (London, 1579).

Anon., 'A Discourse against the Union', Public Record Office, S. P. Dom. 14/7/65-66.

Anon., *A Discourse of the Commonweal of This Realm of England,* ed. Mary Dewar (Charlottesville, 1969).

Anon., 'A Discourse on the Union as being Triple-headed: In Head, in Laws, and in Priviledges', Public Record Office, S. P. Dom. 14/7/61-62.

Anon., *Horae Subseciuae: Observations and Discovrses* (London, 1620).

Anon., *The Institution of Gentleman* (London, 1555).

Anon., 'A Treatise about the Union of England and Scotland', in Galloway and Levack eds. *Jacobean Union*, pp. 39-74.

Anon., *A Two-Fold Treatise, the One Decyphering the Worth of Speculation, and of a Retired Life: The Other containing a Discoverie of Yovth and Old Age* (Oxford, 1612).

Roger Ascham, *The Scholemaster* (London, 1570).

Thomas Aquinas, *Summa Theologiae*, vol. 46, trans. Jordan Aumann (London, 1966).

Edward Ayscu, *A Historie contayning the Warres, Treaties, Marriages, and Other Occurrents between England and Scotland* (London, 1607).

A. D. B., *The Covrt of the Most Illvstrious and Most Magnificent James, the First; King of Great Britaine, France, and Ireland: &c* (London, 1619).

Francis Bacon, *Of the Advancement and Proficience of Learning* (Oxford, 1640). British Library, C. 46. i.1.

Certaine Miscellany Works of the Right Honovrable, Francis Lo. Verulam, Viscount S. Alban (London,1629).

A Harmony of the Essays ed. Edward Arber (London, 1871).

The Works of Francis Bacon, eds. J. Spedding, R. L. Ellis, D. D. Heath, 14 vols (London, 1857-74; Stuttgart, 1963).

The Essayes or Counsels, Civill and Morall, ed. Michael Kiernan (Oxford, 1985).

Francis Bacon, ed. Brian Vickers (Oxford, 1996).

The History of the Reign of King Henry the Seventh, ed. Jerry Weinberger (Ithaca, 1996).

The Oxford Francis Bacon, general ed. Graham Rees and Lisa Jardine, 15 vols (Oxford, 1996-).

The History of the Reign of King Henry VII, ed. Brian Vickers (Cambridge, 1998).

Barnabe Barnes, *Four Bookes of Offices* (London, 1606).

Roger Baynes, *The Praise of Solitarinesse, set down in the Form of a Dialogue, wherein is conteyned, a Discourse Philosophical, of the Lyfe Actiue, and Contemplatiue* (London, 1577).

Thomas Birch ed. *The Court and Times of James the First*, 2 vols., (London, 1849; New York, 1973).

William Blandy, *The Castle, or Picture of Pollicy* (London, 1581).

Pierre Boaistuau, *Theatrum Mundi*, trans. John Alday (London, 1566?).

Jean Bodin, *The Six Bookes of a Commonweale*, trans. Richard Knolles (London, 1606).

Giovanni Botero, *The Magnificencie and Greatness of Cities*, trans. Robert Paterson (London, 1606).

The Reason of State, trans. P. J. and D. P. Waley (London, 1956).

Nicholas Bodrugan alias Adams, 'Nicholas Bodrugan alias Adams's Epitome of King Edward 6's Title to the Souereigntie of Scotlande', in Murray ed. *Complaynt*, pp. 247-56.

Robert Bowyer, *The Parliamentary Diary of Robert Bowyer 1606-1607*, ed. D. H. Willson (1931; New York, 1971).

Richard Brathwait, *The English Gentleman* (London, 1630).

Nicholas Breton, *The Court and Country, or a Brief Discourse between the Courtier and Country-Man: of the Manner, Nature, and Condition of Their Liues* (London, 1618).

Christopher Brooke, *The Ghost of Richard the Third* (n. p. 1614).

Susan Bruce ed. *Three Early Modern Utopias* (Oxford, 1999).

Lodowick Bryskett, *A Discovrse of Civill Life* (London, 1606).

Robert Burton, *The Anatomy of Melancholy*, vol. 1. ed. Holbrook Jackson (London, 1932).

William Camden, *Remaines of a Greater Worke* (London, 1605).

W. Canning, *Gesta Grayorum: or the History of the High and Mighty Prince, Henry* (London, 1688), reprinted in *Gesta Grayorum 1688* (The Malone Society Reprints, Oxford, 1914).

Gesta Grayorum or the History of the High and Mighty Prince Henry Purpoole Anno Domini 1594, ed. Desmond Bland (Liverpool, 1968).

Giovanni della Casa, *Galateo*, trans. Robert Peterson (London, 1576)（池田廉訳『ガラテーオ：よいたしなみの本』春秋社，1961年）.

Baldassare Castighione, *Il cortegiano* (Venice, 1528)（清水純一，岩倉具忠，天

野恵訳『カスティリオーネ宮廷人』東海大学出版会，1987年）.
The Book of Courtier, trans. Thomas Hoby (New York, 1967).
Robert Cecil, *The State and Dignity of a Secretary of State's Place* (London, 1642), in *The Harleian Miscellany*, vol. 2 (London, 1809; New York, 1965), pp. 281-5.
[William Cecil], *The Execution of Justice in England for Maintenaunce of Publique and Christian Peace* (London, 1583).
John Chamberlain, *The Letters of John Chamberlain*, vol. 2, ed. N. E. McClue (Philadelphia, 1939).
Peter Charron, *Of Wisdome*, trans. Samson Lenard (London, n. d).
Cicero, *De Officiis*, trans. Walter Miller (London, 1913)（泉井久之助訳『義務について』岩波文庫，1961年）.
John Clapham, *The Historie of England* (London, 1602).
The Historie of Great Britannie (London, 1606).
Elizabeth of England: Certain Observations concerning the Life and Reign of Queen Elizabeth, eds. E. P. Read and C. Read (Philadelphia, 1951).
James Cleland, *Hero-Paideia; or The Intitvtion of a Yovng Noble Man* (Oxford, 1607).
William Cobbet and T. B. Howell eds. *A Complete Collection of State Trials*, 33 vols (London, 1809-26).
Edward Coke, *Les Reports*, 13 vols (London, 1600-15, 56, 59).
Commons Journal, vol. 1.
William Cornwallis, *Essayes* (London, 1600).
Discovrses upon Seneca the Tragedian (London, 1601).
The Miracvlovs and Happie Union of England and Scotland (London, 1604).
John Cowell, *The Interpreter; or Booke containing the Signification of Words* (London, 1607).
Thomas Craig, *De Unione Regnorum Britanniae Tractatus*, ed. and trans. C. S. Terry (Scottish History Society, Edinburgh, 1909).
John Davies, *Le primer report des cases and matters en ley resolves and adjudges en les Court del Roy en Ireland* (Dublin, 1615).
John Dee, *General and Rare Memorials pertayning to the Perfect Arte of Navigation* (n. p. 1577).
Demosthenes, *The Three Orations in Favour of the Olynthians*, trans. Thomas Wilson (London, 1570).
Robert Devereux, *To Maister Anthonie Bacon. An Apologie of Earle of Essex, against Those which fasly and maliciously taxe Him to be the Onely Hinderer of the Peace, and Quiet of His Country* (n. p. 1603).
Simonds D'Ewes, *The Journals of All the Parliaments during the Reign of Queen Elizabeth, both of the House of Lords and House of Commons* (London, 1693).
John Doddridge, 'A Brief Consideracion of the Unyon of Twoe Kingedomes', in Galloway and Levack eds. *The Jacobean Union*, pp. 142-59.
Etienne du Refuge, *A Treatise of the Court or Instructions for Courtiers*, trans.

John Reynolds, 2 vols (London, 1622).

Lorenzo Ducci, *Ars Avlica or The Courtiers Arte*, trans. Ed. Blovnt (London, 1607).

Thomas Egerton, 'The Speech of the Lord Chancellor of England, in the Eschequer Chamber, touching the Post-Nati', in L. A. Knafla, *Law and Politics in Jacobean England; The Tracts of Lord Chancellor Ellesmere* (Cambridge, 1977), pp. 202-53.

'Special Obseruacions touching all the Sessions of the Last Parliament Anno 7 Regis and etc.', in Knafla, *Law and Politics*, pp. 254-62.

'Memorialles for Iudicature. Pro bono publico', in Knafla, *Law and Politics*, pp. 274-81.

'The Lord Chancellor Egertons Observacions vpon ye Lord Cookes Reportes', in Knafla, *Law and Politics*, pp. 297-318.

'A Breviate or Direction for the Kings Learned Councell collected by the Lord Chauncellor Ellesmere, Mense Septembris 1615. Anno Jacobi Regis', in Knafla, *Law and Politics*, pp. 319-36.

John Elder, 'A Proposal for Uniting Scotland with England, addressed to King Henry VIII', in *The Bannatyne Miscellany*, vol. 1, pp. 7-18.

G. R. Elton ed. *The Tudor Constitution* (Cambridge, 2nd ed. 1982).

Thomas Elyot, *The Bankette of Sapience* (London, 1534).

The Boke named the Gouernour, ed. Foster Watson (Everyman's Library, London, 1907).

A Critical Edition of Sir Thomas Elyot's The Boke named the Governer, ed. D. W. Rude (New York, 1992).

Desiderius Erasmus, *De Civilitate Morum Puerilium*, trans. Brian McGregor, in Erasmus, *Collected Works of Erasmus*, vol. 35, ed. J. K. Sowards (Toronto, 1985), pp. 269-89.

John Ferne, *The Blazon of Gentrie* (London, 1586).

Robert Filmer, *Patriarcha*, in idem, *Patriarcha and Other Writings*, ed. J. P. Sommerville (Cambridge, 1991), pp. 1-68.

'The Free-holders Grand Inquest', in idem, *Patriarcha and Other Writings*, pp. 69-130.

Thomas Floyd, *The Picture of Perfit Commonwealth* (London, 1600).

E. R. Foster ed. *Proceedings in Parliament 1610*, 2 vols (New Heaven, 1966).

Edward Forset, *A Comparative Discourse of the Bodies Natural and Politique* (London, 1606).

John Fortescue, *The Governance of England* in his *On the Laws and Governance of England*, ed., Shelley Lockwood (Cambridge, 1997).

De Laudibus Legum Angliae, ed. John Selden (London, 1616).

De Laudibus Legum Angliae, ed. S. B. Crimes (1942)(フォーテスキュー『イングランド法の礼賛について』北野かほる，小山貞夫，直江眞一共訳『法学』53巻 4 - 5 号，1989年，408-38，574-612頁。『同』54巻第 1 号，1990年，148-87頁).

Federico Furio [Ceriol], *A Very Brief and Profitable Treatise declaring hovve Many Counsells, and what Maner of Counselers a Prince that will Governe well ought to have*, trans. Thomas Blundeville (London, 1570).
Thomas Gainsford, *The Vision and Discovrse of Henry the Seventh. concerning the Vnitie of Great Brittaine* (London, 1610).
[Thomas Gainsford], *The Rich Cabinet* (London, 1616).
B. R. Galloway and B. P. Levack eds., *The Jacobean Union: Six Tracts of 1604* (Edinburgh, 1985).
Innocent Gentillet, *A Discovrse vpon the Means of VVel Governing*, trans. Simon Patericke (London, 1602).
Anthony Gilby, *An Admonition to England and Scotland to call them to Repentance* (Geneva, 1558), in John Knox, *The Works of John Knox*, vol. 4. ed. David Laing (Edinburgh, 1860), pp. 541-71.
John Gordon, *England and Scotlands Happinesse* (London, 1604).
Enotikon or a Sermon of the Vnion of Great Brittannie, in Antiquitie of Language, Name, Religion, and Kingdome (London, 1604).
Laurentius Grimaldus [Goslicius], *The Covnsellor*, trans. Anon (London, 1598).
Fulke Greville, *A Treatise of Monarchy* in idem, *Fulke Greville, Lord Brooke: The Remains being Poems of Monarchy and Religion*, ed. G. A. Wilkes (Oxford, 1965).
A Dedication to Sir Philip Sidney in idem, *The Prose Works of Fulke Greville, Lord Brooke* ed., John Gouws (Oxford, 1986).
Stefano Guazzo, *The Civile Conversation*, trans. George Pettie and Barth Young, intro. Edward Sullivan, 2 vols (New York, 1967).
Joseph Hall, *Mundus Alter et Idem* (London, 1605).
Characters of Vertves and Vices (London, 1608).
The Discovery of a New World or a Description of the South Indies, hetherto unknown, trans. An English Mercury (London, 1609).
James Harrington, *The Commonwealth of Oceana*, in idem, *The Political Works of James Harrington*, ed. J. G. A. Pocock (Cambridge, 1977).
Stephen Harrison, *The Archs of Trivmph* (London, 1604).
Gabriel Harvey, *Letter-book of Gabriel Harvey, A. D. 1573-1580*, ed. E. J. L. Scott, Camden Society, 2nd ser. 33 (London, 1884).
John Hayward, *A Treatise of Union of the Two Realmes of England and Scotland* (London, 1604).
James Henrisoun, 'A Scottisheman's Exhortacion to Scottes to conform to the Will of Englande', in Murray ed. *Complaynt*, pp. 207-36.
Haly Heron, *A Newe Discourse of Morall Philosophie, entitled the Kayes of Consaile* (London, 1579).
John Hitchcock, *A Sanctvary for Honest Men: or an Abstract of Humane Wisdome* (London, 1617).
Thomas Hobbes, *A Dialogue between a Philosopher and a Student of the Common Laws of England*, ed. Joseph Cropsey (Chicago, 1971).

John Holles, *Letters of John Holles 1587-1637*, ed. P. R. Seddon, Thoroton Society Record Series vol. 31(Nottingham, 1975).
Raphael Holinshed, *Chronicles of England, Scotland and Ireland* (London, 1577).
Thomas Hughes, *The Misfortunes of Arthur* ed. B. J. Corrigan (New York, 1992),（清水あや訳『アーサー（ユーサー・ペンドラゴン子息）の悲運』ドルフィン・プレス，1992年）.
William Hull, *The Mirrovr of Maiestie. wherein the Mother-Church inviteth Her Damsels to contemplate the Harbourlesse Ghest, yet waiting at the Doore of Mans Heart for Entertainment* (London, 1615).
James I, *The Political Works of James I*, ed. C. H. Mcllwain (Harvard, 1918; New York, 1965).
(King James IV and I), *Political Writings*, ed. J. P. Sommerville (Cambridge, 1994).
Maija Jansson, ed. *Proceedings in Parliament 1614* (Philadelphia, 1988).
Ben Jonson, *Timber, or, Discoveries, Made upon Men and Matter,* in idem, *Ben Jonson*, ed. Ian Donaldson (Oxford, 1985).
Sejanus his Fall, ed. P. J. Ayres (Manchester, 1990).
John Knox, *The First Blast of the Trumpet against the Monstrous Regiment of Women*, in idem, *On Rebellion*, ed. R. A. Mason (Cambridge, 1994), pp. 3-47.
Appellation to the Nobility, in idem, *On Rebellion*, ed. Mason, pp.72-114.
William Lambarde, *Archeion or, a Discourse upon the High Courts of Justice in England*, ed. C. H. McIlwain and P. L. Ward (Cambridge, Mass., 1957).
Pierre de La Place, *Politiqve Discourses, treating of the Differences and Inequalities of Vocations, as well Pubulique, as Private*, trans. Aegremont Ratcliffe (London, 1578).
Justus Lipsius, *Six Books of Politics or Civil Doctorine*, trans. James William (London, 1594).
Humphrey Llwyd, *The Breuiary of Britayne*, trans. Thomas Twyne (London, 1573).
Rene de Lucinge, *The Beginning, Continvance, and Decay of Estates*, trans. I. F (London, 1606).
T. B. Macaulay, 'Lord Bacon', in *Critical and Historical Essays by Thomas Babington Macaulay,* vol. 2, arranged by A. J. Grieve (Everyman's Library, London, 1907), pp. 290-398.
John Mair, *A History of Greater Britain* (Scottish History Society, Edinburgh, 1892).
William Martyn, *Youths Instruction* (London, 1612).
Charles Merbury, *A Briefe Discovrse of Royall Monarchie, as of the Best Common Weale* (London, 1581).
George Meriton, *A Sermon of Nobilitie: preached at White-hall, before the King in February 1606* (London, 1607).
John Milton, *Complete Prose of John Milton*, vol. 2, ed. D. M. Wolfe (New

Heaven, 1953).
Michel de Montaigne, *The Essayes or Morall, Politike, and Millitarie Discourses*, trans. John Florio (London, 1603).
Thomas More, *A Fruteful and Pleasaunt Worke of the Beste State of a Publyque Weale, and of the neweyle called Utopia*, trans. Raphe Robinson (London, 1551).
Historia Richardi Regis Angliae Eius Nominis Tertii, in idem, *The Complete Works of St. Thomas More*, vol. 2, ed. Richard Sylvester (New Heaven, 1963).
De optimo reipublicae statu deque nova insula Utopia in idem, *The Complete Works*, vol. 4, eds. Edward Surtz and J. H. Hexter (New Heaven, 1965)（沢田昭夫訳『ユートピア』中公文庫，改版1993年）.
J. A. H. Murray, ed. *The Complaynt of Scotland* (The Early English Text Society, London, 1872).
Robert Naunton, *Fragmenta Regalia* (London, 1870).
Richard Niccols, *Sir Thomas Overbury's Vision,* in *The Harleian Miscellany,* vol. 7 (London, 1811; New York, 1965), pp. 178-88.
Thomas Overbury, *A Wife. Now the Widow of Sir Tho: Overburie* (London, 1614).
Henry Peacham, *The Compleat Gentleman* (London, 1622).
William Pemberton, *The Charge of God and the King* (London, 1619).
William Perkins, *A Treatise of the Vocations, or Callings of Men, with the Sorts and Kinds of Them, and the Right Use thereof* in idem, *The Works of That Famovs and Worthy Minister of Christ in the Vniuersitie of Cambridge, Mr. William Perkins* vol. 1 (London, 1612), pp. 747-79.
Philibert de Viene, *The Philosopher of the Court*, trans. George North (London, 1575).
Bartholomew Phillippe, *The Covnseller: A Treatise of Counsels and Counsellers of Princes*, trans. John Thorus (London, 1589).
Robert Pont, 'Of the Union of Britayne', in Galloway and Levack eds. *The Jacobean Union*, pp. 39-74.
Samuel Pufendorf, *De jure naturae et gentium libri octo*, trans. C. H. and W. A. Oldfather (Oxford, 1934).
[George Puttenham], *The Arte of English Poesie* (London, 1589).
Walter Ralegh, *The History of the World*, in idem, *The Works of Walter Ralegh*, vols. 1-7, eds. Oldys and Birch (New York, rep. 1965).
Maxims of State, in *The Works*, vol. 8, pp. 1-36.
The Cabinet-Council, in *The Works*, vol. 8, pp. 37-150.
The Prerogative of Parliaments, in *The Works*, vol. 8, pp. 151-221.
'A Discourse of the Invention of Ships, Anchors, Compass &c.', in *The Works*, vol. 8, pp. 317-34.
'Observations touching Trade and Commerce with Hollander, and Other Nations', in *The Works*, vol. 8, pp. 355-90.

'Observations concerning the Causes of the Magnificency and Opulency of Cities', in *The Works*, vol. 8, pp. 541-7.
William Rankin, *The English Ape, the Italian Imitation, the Foote-steppes of France* (London, 1588).
G. P. Rice ed. *The Public Speaking of Queen Elizabeth* (New York, 1951).
S[imon] R[obson], *A New Yeere's Gift. The Courte of Civill Courtesie* (London, 1577).
Count Annibale Romei, *The Courtiers Academie*, trans. John Keper (London, 1598).
Francis Rous, *The Diseases of the Time, attended by Their Remedies* (London, 1622).
John Russell, 'A Treatise of the Happie and Blissed Unioun', in Galloway and Levack eds. *The Jacobean Union*, pp. 75-141.
George Saltern, *Of the Antient Lawes of Great Britaine* (London, 1605).
Miles Sandis, *Prudence: The First of the Cardinall Virtues* (London, 1635).
Henry Savile, *The End of Nero and the Beginning of Galba* (London, 1591).
'Historicall Collections', in Galloway and Levack eds. *Jacobean Union*, pp. 185-239.
John Selden, 'Notes upon Sir Iohn Fortescve', in John Fortescue, *De Laudibus Legum Angliae*, ed. John Selden (London, 1616).
William Segar, *Honor, Military, and Ciuill, contained in Foure Bookes* (London, 1602).
William Shakespeare, *As You Like It*（小田島雄志訳『お気に召すまま』白水社）.
Richard II（小田島雄志訳『リチャード二世』白水社，1983年）.
Algernon Sidney, *Discourses Concerning Government*, ed. T. G. West (Indianapolis, 1990).
Thomas Smith, *De Republica Anglorum*, ed. Mary Dewar (Cambridge, 1982).
Somerset, 'The Lord Protector Somerset's Epistle or Exhortacion to vnitie and peace sent to the Inhabitauntes of Scotlande', in *Complaynt*, pp. 237-46.
Anthony Stafford, *Stafford's Niobe: or His Age of Tears* (London, 1611).
John Speed, *The Theatre of the Empire of Great Britaine* (London, 1611).
The History of Great Britaine (London, 1611).
Thomas Starkey, *A Dialogue Reginald Pole and Thomas Lupset*, ed. K. M. Burton (London, 1948).
A Dialogue between Pole and Lupset, ed. T. F. Mayer (London, 1989).
I. T., *The Iust Downfall of Adultery, Murder, Ambition* (London, 1615).
J. R. Tanner ed. *Constitutional Documents of the Reign of James 1 : A. D. 1603-1625* (Cambridge, 1930).
John Thornborough, *A Discourse plainely proving the Evident Utilitie and Urgent Necessitie of the Desired Happie Union of the Two Famous Kingdomes of England and Scotland* (London, 1604).
The Joiefull and Blessed Reuniting the Two Mighty and Famous Kingdomes,

England and Scotland, into Their Ancient Name of Great Brittaine (Oxford, n.d.).
Daniel Tuvill, *Essayes, Morall and Theologicall* (London, 1609).
The Dove and the Serpent: in which is conteined a Large Description of all such Points and Principles, as tend either to Conversation, or Negotiation (London, 1614).
Vade Mecum: A Manuall of Essayes Morrall, Theologicall (London, 1629).
W. Vaughan, *The Golden-groue, moralized in Three Bookes* (London, 1600).
John Vowell alias Hooker, *The Order and Usage of the keeping of a Parliament in England,* in V. F. Snow ed. *Parliament in Elizabethan England: John Hooker's Order and Usage* (New Haven, 1977).
Samuel Ward, *Iethro's Ivstice of Peace* (London, 1618).
Peter Wentworth, *A Pithie Exhortation to Her Maiestie for establishing Her Svccessor to the Crowne* (n. p. 1598).
A Treatise containing M. Wentworths Iudgement concerning the Person of the Trve and Lawfull Successor to These Realmes of England and Ireland (n. p. 1598).
John Williams, *Great Britains Salomon* (London, 1625).
Thomas Wilson, *The Art of Rhetoric*, ed. P. E. Medine (Pennsylvania, 1994).
Thomas Wilson, 'The State of England Anno Dom. 1600', in *Camden Miscellany* vol. 16, Camden Society 3rd. ser., vol. 52 (London, 1936), pp. 1-47.
Henry Wotton, *A Parallell between Robert Late Earl of Essex, and George Late Duke of Buckingham* (London, 1641).
The Life and Letters, 2 vols. ed. L. P. Smith (Oxford, 1907).
Henry Wright, *The First Part of the Disqvisition of Trvth, concerning Political Affaires* (London, 1616).
アリストテレス『ニコマコス倫理学』高田三郎訳，全二巻（岩波文庫，1971，3年）。
グイッチャルディーニ『リコルディ』（永井三明訳『政治と人間をめぐる断章』清水弘文堂，1970年，同訳『フィレンツェ名門貴族の処世術』講談社学術文庫，1998年）。
タキトゥス『年代記』（国原吉之助訳『タキトゥス』筑摩書房，世界古典文学全集22，1965年）。
マキアヴェリ『政略論』（永井三明訳，会田雄次編『世界の名著16　マキアヴェリ』中央公論社，1966年所収）。
モンテーニュ『随想録』松浪信三郎訳，全二巻（河出書房，世界の大思想4，1966，7年）。
モンテスキュー『法の精神』野田良之他訳，全三巻（岩波文庫，1989年）。
プラトン『国家』藤沢令夫訳，全二巻（岩波文庫，1979年）。

＜二次資料＞
Simon Adams, 'Faction, Clientage and Party: English Politics, 1550-1603',

History Today 32 (Dec. 1982), pp. 33-9.
'Eliza Enthroned? The Court and its Politics', in Christopher Haigh ed. *The Reign of Elizabeth I* (Houndmills, 1984), pp. 55-77.
'Favourites and Factions at the Elizabethan England', in R. G. Asch and A. M. Birke eds. *Princes, Patronage and the Nobility: The Court at the Beginning of the Modern Age c. 1450-1650* (Oxford, 1991), pp. 265-87.
Denise Albanese, 'The New Atlantis and the Uses of Utopia', *English Literary History* 57 (1990), pp. 503-28.
Stephen Alford, *The Early Elizabethan Polity: William Cecil and the British Succession Crisis, 1558-1569* (Cambridge, 1998).
Don Cameron Allen, *Mysteriously Meant: The Rediscovery of Pagan Symbolism and Allegorical Interpretation in the Renaissance* (London, 1970).
J. W. Allen, *English Political Thought 1603-1660* (London, 1938).
Sidney Anglo, 'The Courtier: The Renaissance and Changing Ideals', in A. G. Dickens ed. *The Courts of Europe: Politics, Patronage and Royalty・1400-1800* (London, 1977), pp. 33-53.
David Armitage, 'The Cromwellian Protectorate and the Languages of Empire', *HJ* 35 (1992), pp. 531-55.
'John Milton: Poet against Empire', in D. Armitage, A. Himy, and Q. Skinner eds. *Milton and Republicanism* (Cambridge, 1995), pp. 206-25.
The Ideological Origins of the British Empire (Cambridge, 2000).
J. H. Baker, 'The Common Lawyers and the Chancery: 1616', *Irish Jurist* 9 (1969), pp. 368-92.
Hans Baron, *The Crisis of Early Italian Renaissance: Civic Humanism and Republican Liberty in an Age of Classicism and Tyranny* (Princeton, 1966).
S. T. Bindoff, 'The Stuarts and Their Style', *EHR* 60 (1945), pp. 192-216.
C. D. Bowen, *The Lion and the Throne: The Life and Times of Sir Edward Coke 1552-1634* (London, 1957).
Ian Box, 'Bacon's Essays: From Political Science to Political Prudence', *HPT* 3 (1982), pp. 31-49.
The Social Thought of Francis Bacon (Lewiston, 1989).
A. T. Bradford, 'Stuart Absolutism and the "Utility" of Tacitus', *HLQ* 46 (1983), pp. 127-55.
Brendan Bradshaw and John Morrill eds. *The British Problem, c. 1534-1707: State Formation in the Atlantic Archipelago* (Houndmills, 1996).
John Briggs, *Francis Bacon and the Rhetoric of Nature* (London, 1989).
Julia Briggs, *This Stage-Play World: English Literature and its Background 1580-1625* (Oxford, 1983).
Anna Bryson, *From Courtesy to Civility: Changing Codes of Conduct in Early Modern England* (Oxford, 1998).
Geoffrey Bullough, 'Bacon and the Defence of Learning', in Brian Vickers ed. *Essential Articles for the Study of Francis Bacon* (Hamden, Connecticut, 1968), pp. 93-113.

Glenn Burgess, 'Common Law and Political Thought in Early Stuart England', *Political Science* 40 (1988), pp. 4-17.
'Revisionism, Politics and Political Ideas in Early Stuart England', in *HJ* 34 (1991), pp. 465-78.
The Politics of the Ancient Constitution: An Introduction to English Political Thought, 1603-1642 (London, 1992).
'The Divine Right of Kings Reconsidered', *EHR* 107 (1992), pp. 837-61.
Absolute Monarchy and the Stuart Constitution (New Heaven, 1996).
Peter Burke, 'A Survey of the Popularity of Ancient Historians, 1450-1700', *History and Theory* 5 (1966), pp. 135-52.
'Tacitism', in *Tacitus*, ed. T. A. Dorey (London, 1969), pp. 149-71.
'Tacitism, Scepticism and Reason of State', in Burns ed. *The Cambridge History of Political Thought*, pp. 479-98.
The Fortunes of the Courtier (Cambridge, 1995).
J. H. Burns ed. *The Cambridge History of Political Thought 1450-1700* (Cambridge, 1991).
Douglas Bush, *Mythology and the Renaissance Tradition in English Poetry* (New York, 1957).
English Literature in the Earlier Seventeenth Century 1600-1660 (Oxford, 2nd ed. 1962).
Martin Butler, 'The Invention of Britain and the Early Stuart Masque', in Malcolm Smuts ed. *The Stuart Court and Europe* (Cambridge, 1996), pp. 65-85.
N. P. Canny, 'The Ideology of English Colonization: From Ireland to America', *William and Mary Quarterly*, 3rd ser. 30 (1973), pp. 575-98.
Jacques Carré ed. *The Crisis of Courtesy: Studies in the Conduct-Book in Britain, 1600-1900* (Leiden, 1994).
Fritz Caspari, *Humanism and the Social Order in Tudor England* (Chicago, 1954).
S. B. Chrimes, 'The Constitutional Ideas of Dr. John Cowell', *EHR* 64 (1949), pp. 461-87.
Paul Christianson, 'Young John Selden and the Ancient Constitution, ca. 1610-18', *Proceedings of the American Philosophical Society* 78 (1984), pp. 271-315.
'Political Thought in Early Stuart England', in *HJ* 30 (1987), pp. 955-70.
'Royal and Parliamentary Voices on the Ancient Constitution', in Peck ed. *Mental World* (1991), pp. 71-95.
Discourse on History, Law, and Governance in the Public Career of John Selden, 1610-1635 (Toronto, 1996).
S. L. Collins, *From Divine Cosmos to Sovereign State: An Intellectual History of Consciousness and the Idea of Order in Renaissance England* (Oxford, 1989).
Patrick Collinson, *The Elizabethan Puritan Movement* (Oxford, 1967).
'Sir Nicholas Bacon and the Elizabethan VIA MEDIA', in idem, *Godly People* (London, 1983), pp.135-53.

'The Monarchical Republic of Queen Elizabeth I', *Bulletin of the John Rylands Library* 69 (1987), pp. 394-424 or idem, *Elizabethan Essays* (London, 1994), pp. 31-57.

'De Republica Anglorum: Or, History with the Politics Put Back', in idem, *Elizabethan Essays* (London, 1994), pp. 1-29.

F. W. Conrad, 'The Problem of Council Reconsidered: The Case of Sir Thomas Elyot', in P. A. Fideler and T. F. Mayer eds. *Political Thought and the Tudor Commonwealth* (London, 1992), pp. 75-107.

D. R. Coquillette, *Francis Bacon* (Stanford, 1992).

Pauline Croft, 'The Reputation of Robert Cecil: Libels, Political Opinion and Popular Awareness in the Early Seventeenth Century', *TRHS* 6th ser.1 (1990), pp. 43-69.

Neil Cuddy, 'Anglo-Scottish Union and the Court of James I, 1603-1625', *TRHS* 5th ser. 39 (1989), pp. 107-24.

'The Revival of Entourage: The Bedchamber of James I, 1603-1625', in Starkey ed. *The English Court*, pp. 173-225.

J. C. Davis, *Utopia and the Ideal Society: A Study of English Utopian Writing 1516-1700* (Cambridge, 1981).

'Utopianism', in Burns ed. *The Cambridge History of Political Thought*, pp. 329-44.

J. E. A. Dawson, 'William Cecil and the British Dimension of Early Elizabethan Foreign Policy', *History* 74 (1989), pp. 196-216.

J. P. Dawson, 'Coke and Ellesmere Disinterred: The Attack on the Chancery in 1616', *Illinois Law Review* 36 (1941), pp. 127-52.

Richard M. Douglas, 'Talent and Vocation in Humanist and Protestant Thought', in T. K. Rabb and J. E. Seigel eds. *Action and Conviction in Early Modern Europe: Essays in Memory of E. H. Harbison* (Princeton, 1969), pp. 261-98.

John Dunn, *Western Political Theory in the Face of the Future* (Cambridge, 1979)（ジョン・ダン『政治思想の未来』半澤孝麿訳，みすず書房，1983年）.

Miriam Eliav-Feldon, *Realistic Utopia: The Ideal Imaginary Societies of the Renaissance 1516-1630* (Oxford, 1982).

G. R. Elton, *Tudor Revolution in Government: Administrate Changes in the Reign of Henry VIII* (Cambridge, 1953).

'Thomas More, Councillor', in R. S. Sylvester ed. *St. Thomas More: Action and Contemplation* (New Heaven, 1972), pp. 87-122.

Reform and Renewal: Thomas Cromwell and the Commonweal (Cambridge, 1973).

'Tudor Government: The Points of Contact III: The Court', *TRHS* 26 (1976), pp. 211-28.

Anthony Esler, *The Aspiring Mind of the Elizabethan Younger Generation* (Durham, N. C., 1966).

Benjamin Farrington, 'Francis Bacon after His Fall', in *Studies in the Literary*

Imagination 4 (1971), pp. 143-58.
R. K. Faulkner, *Francis Bacon and the Project of Progress* (Maryland, 1993).
A. B. Ferguson, *The Articulate Citizen and the English Renaissance* (Durham, N. C., 1965).
The Chivalric Tradition in Renaissance England (Washington, 1986).
J. N. Figgis, *The Divine Right of Kings* (1914; Bristol, 1994).
C. H. Firth, '"The British Empire"', *The Scottish Historical Review* 15 (1918), pp. 185-9.
F. S. Fussner, *The Historical Revolution: English Historical Writing and Thought, 1580-1640* (London, 1962).
Bruce Galloway, *The Union of England and Scotland 1603-1608* (Edinburgh, 1986).
Eugenio Garin, *L'umanesimo italiano: filosofia e vita civile nel rinascimento* (Roma-Bari, 1952)（清水純一訳『イタリアのヒューマニズム』創文社，1960年）．
John Gillingham, 'The Beginnings of English Imperialism', *Journal of Historical Sociology* 5 (1992), pp. 392-409.
G. P. Gooch, *Political Thought in England: Bacon to Halifax* (Oxford, 1914)（堀豊彦，升味準之輔訳『イギリス政治思想Ｉ―ベーコンからハリファックス』岩波書店，1952年）．
Stephen Greenblatt, *Sir Walter Ralegh: The Renaissance Man and His Roles* (New Heaven, 1973).
Renaissance Self-Fashioning: From More to Shakespeare (Chicago, 1980)（高田茂樹訳『ルネサンスの自己成型：モアからシェイクスピアまで』みすず書房，1992年）．
W. H. Greenleaf, *Order, Empiricism and Politics: Two Traditions of English Political Thought 1500-1700* (Oxford, 1964; Westport, 1980).
John Guy, 'The Privy Council: Revolution or Evolution?', in Christopher Coleman and David Starkey eds. *Revolution Reassessed* (Oxford, 1986), p. 59-86.
Tudor England (Oxford, 1988).
'The Henrician age', in Pocock ed. *Varieties*, pp. 13-46.
'The Rhetoric of Counsel in Early Modern England', in Dale Hoak ed. *Tudor Political Culture* (Cambridge, 1995), pp. 292-310.
ed. *The Reign of Elizabeth I: Court and Culture in the Last Decade* (Cambridge, 1995).
'Tudor Monarchy and its Critiques', in idem, ed. *The Tudor Monarchy* (London, 1997), pp. 78-109.
P. E. J. Hammer, 'Patronage at Court, Faction and the Earl of Essex', in John Guy ed. *The Reign of Elizabeth I,* pp. 65-86.
The Polarisation of Elizabethan Politics: The Political Career of Robert Devereux, 2nd Earl of Essex, 1585-1597 (Cambridge, 1999).
Frederick Hard, 'Myth in English Literature: Seventeenth and Eighteenth

Century', in chief ed. P. P. Wiener, *Dictionary of the History of Ideas* (1968), vol. 3, pp. 297-300（加藤光也訳「神話（17，18世紀英文学における）」荒川幾男編訳『西洋思想大辞典』第 3 巻所収，平凡社，1990年，26-33頁）.

T. E. Hartley, *Elizabeth's Parliaments: Queen, Lords and Commons 1559-1601* (Manchester, 1992).

Denys Hay, 'The Use of the Term "Great Britain" in the Middle Ages', *Proceeding of the Society of Antiquaries of Scotland* 89 (1956), pp. 55-66.

William Holdsworth, *A History of English Law*, 12 vols (London, 1909-38).

Some Makers of English Law: The Tagore Lectures 1937-38 (Cambridge, 1938).

Roger Howell Jr., 'The Sidney Circle and the Protestant Cause in Elizabethan Foreign Policy', *Renaissance and Modern Studies* 19 (1975), pp. 31-46.

G. K. Hunter, *John Lily, The Humanist as Courtier* (Cambridge, Mass., 1962).

E. W. Ives, *Faction in Tudor England* (London, 1979).

Marvyn James, *Society, Politics and Culture: Studies in Early Modern England* (Cambridge, 1986).

Lisa Jardine and Alan Stewart, *Hostage to Fortune: The Troubled Life of Francis Bacon 1561-1626* (London, 1998).

Daniel Javitch, '"*The Philosopher of the Court*": A French Satire Misunderstood', *Comparative Literature* 23 (1971), pp. 97-124.

'Rival Arts of Conduct in Elizabethan England: Guazzo's *Civile Conversation* and Castiglione's *Courtier', Year Book of Italian Studies* 1 (1971), pp. 178-98.

Poetry and Courtliness in Renaissance England (Princeton, 1978).

M. A. Judson, *The Crisis of the Constitution: An Essay in Constitutional and Political Thought in England 1603-1645* (1949; New York, 1964).

Ruth Kelso, *The Doctrine of the English Gentleman in the Sixteenth Century* (1929; Gloucester, Mass, 1964).

T. D. Kendrick, *British Antiquity* (London, 1950).

L. A. Knafla, *Law and Politics in Jacobean England; The Tracts of Lord Chancellor Ellesmere* (Cambridge, 1977).

Richard Koebner, 'The Imperial Crown of This Realm: Henry 8, Constantine the Great, and Polydore Vergil', *Bulletin of the Institute of Historical Research* 26 (1953), pp. 29-52.

Empire (Cambridge, 1961).

H. G. Koenigsberger, '*Dominium Regale or Dominium Politicum et Regale*: Monarchies and Parliaments in Early Modern Europe', in idem, *Politicians and Virtuosi: Essays in Early Modern History* (London, 1986), pp. 1-25.

Peter Lake, *Anglicans and Puritans?: Presbyterianism and English Conformist Thought from Whitgift to Hooker* (London, 1988).

John E. Leary, Jr., *Francis Bacon and the Politics of Science* (Ames, Iowa, 1994).

B. P. Levack, *The Civil Lawyers in England 1603-1641: A Political Study* (Oxford, 1973).

'The Proposed Union of English Law and Scots Law in the Seventeenth

Century', *Judicial Review* 20 (1975), pp. 97-115.

The Formation of the British State: England, Scotland, and the Union 1603-1707 (Oxford, 1987).

'Law and Ideology: The Civil Law and Theories of Absolutism in Elizabethan and Jacobean England', in H. Dubrow and R. Strier eds. *The Historical Renaissance: New Essays on Tudor and Stuart Literature and Culture* (Chicago, 1988), pp. 220-41.

F. J. Levy, *Tudor Historical Thought* (San Marino, Cal., 1967).

'Philip Sidney Reconsidered', *English Literary Renaissance* 2 (1972), pp. 5-18.

'Fulke Greville the Courtier as Philosophic Poet', *Modern Language Quarterly* 33 (1972), pp. 433-48.

'Francis Bacon and the Style of Politics', *English Literary Renaissance* 16 (1986), pp. 101-22.

'Hayward, Daniel and the Beginning of Politic History', *HLQ* 50 (1987), pp. 1-34.

'The Theatre and the Court in the 1590s', in John Guy ed. *The Reign of Elizabeth I,* pp.274-300.

J. L. Lievsay, *Stefano Guazzo and the English Renaissance 1575-1675* (Chapel Hill, 1961).

Peter Lindenbaum, 'Sidney and the Active Life', in M. J. B. Allen et al eds. *Sir Philip Sidney's Achievements* (New York, 1990), pp. 176-93.

Roger Lockyer, *Buckingham: The Life and Political Career of George Villiers, First Duke of Buckingham 1592-1628* (London, 1981).

Vincent Luciani, 'Bacon and Machiavelli', *Italica* 24 (1947), pp. 26-40.

'Bacon and Guicciardini', *Publications of Modern Language Association of America* 62(1947), pp. 96-113.

Wallace MacCaffrey, 'Place and Patronage in Elizabethan Politics', in S. T. Bindoff, J. Hurstfield and C. H. Williams eds. *Elizabethan Government and Society* (London, 1961), pp. 95-126.

'Patronage and Politics under the Tudors' in Peck ed. *The Mental World*, pp. 21-35.

Paul Marshall, *A Kind of Life imposed on Man: Vocation and Social Order from Tyndale to Locke* (Toronto, 1996).

Julian Martin, *Francis Bacon, the State, and the Reform of Natural Philosophy* (Cambridge, 1992).

Jonathan Marwil, *The Trials of Counsel: Francis Bacon in 1621* (Detroit, 1976).

J. E. Mason, *Gentlefolk in the Making: Studies in the History of English Courtesy Literature and Related Topics from 1531-1774* (1935; New York, 1971).

R. A. Mason, 'Scotching the Brut: Politics, History and National Myth in Sixteenth-Century Britain', in idem ed. *Scotland and England 1286-1815* (Edinburgh, 1987), pp. 60-84.

ed. *Scots and Britons: Scottish Political Thought and the Union of 1603*

(Cambridge, 1994).
'Imaging Scotland: Scottish Political Thought and the Problem of Britain', in *Scots and Britons*, pp. 3-16.
'The Scottish Reformation and the Origins of Anglo-British Imperialism', in *Scots and Britons*, pp. 161-186.
Nieves Mathews, *Francis Bacon: The History of a Character Assassination* (New Heaven, 1996).
T. F. Mayer, *Thomas Starkey and the Commonweal: Humanist Politics and Religion in the Reign of Henry VIII* (Cambridge, 1989).
'Tournai and Tyranny: Imperial Kingship and Critical Humanism', *HJ* 34 (1991), pp. 257-77.
R. C. McCoy, 'A Dangerous Image: The Earl of Essex and Elizabethan Chivalry', *The Journal of Medieval and Renaissance Studies* 13 (1983), pp. 313-29; idem, *The Rites of Knighthood,* pp. 79-102.
The Rites of Knighthood: The Literature and Politics of Elizabethan Chivalry (Berkeley, 1989).
A. N. McLaren, *Political Culture in the Reign of Elizabeth I: Queen and Commonwealth 1558-1585* (Cambridge, 1999).
Natalie Mears, 'Regnum Cecilianum? A Cecilian Perspective of the Court', in Guy ed. *The Reign of Elizabeth I,* pp. 46-64.
P. E. Medine, *Thomas Wilson* (Boston,1986).
R. S. Michaelsen, 'Changes in the Puritan Concept of Calling or Vocation', *New England Quarterly* 26 (1953), pp. 315-36.
T. L. Moir, *The Addled Parliament of 1614* (Oxford, 1958).
John Morgan, *Godly Learning: Puritan Attitudes towards Reason, Learning, and Education, 1560-1640* (Cambridge, 1986).
Christopher Morris, *Political Thought in England: Tyndal to Hooker* (Oxford, 1953)（平井正樹訳『宗教改革時代のイギリス政治思想』刀水書房，1981年）.
G. L. Mosse, *The Struggle for Sovereignty in England: From the Reign of Queen Elizabeth to the Petition of Right* (1950; New York, 1968).
J. R. Mulryne and Margaret Shewring eds. *Theatre and Government under the Early Stuarts* (Cambridge, 1993).
C. J. Nederman, 'Humanism and Empire: Aeneas Sylvius Piccolomini, Cicero and the Imperial Ideal', *HJ* 36 (1993), pp. 499-515.
J. E. Neale, *Queen Elizabeth I* (London, 1934)（大野眞弓，大野美樹訳『エリザベス女王』みすず書房，1975年）.
Elizabeth I and Her Parliaments 1584-1601 (London, 1957).
'The Elizabethan Political Scene', in idem, *Essays in Elizabethan History* (London, 1958), pp. 59-84.
M. S. Neustadt, 'The Making of the Instauration: Science, Politics, and Law in the Career of Francis Bacon', unpublished Ph. D diss., the John Hopkins University (1987).

Graham Nicholson, 'The Act of Appeals and the English Reformation', in C. Cross, D. Loades, and J. J. Scarisbrick eds. *Law and Government under the Tudors* (Cambridge, 1988), pp. 19-30.

David Norbrook, *Poetry and Politics in the English Renaissance* (London, 1984).
'Rhetoric, Ideology and the Elizabethan World Picture', in Peter Mack ed. *Renaissance Rhetoric* (New York, 1994), pp.140-64.

Michelle O'Callaghan, '"Talking Politics": Tyranny, Parliament, and Christopher Brooke's *The Ghost of Richard the Third* (1614)', *HJ* 41 (1998), pp. 97-120.

Gerhard Oestreich, *Neostoicism and the Early Modern State*, eds. B. Oestreich and H. G. Koenigsberger, trans. D. McLintock (Cambridge, 1982).

Napoleone Orsini, 'Policy or the Language of Elizabethan Machiavellism', *Journal of the Warburg and Courtauld Institutes* 9 (1946), pp.122-34.

Anthony Pagden, *Lords of All the World: Ideologies of Empire in Spain, Britain and France c. 1500-c. 1800* (New Heaven, 1995).

Graham Parry, *The Golden Age Restor'd: The Culture of the Stuart Court, 1603-42* (Manchester, 1981).

Annabel Patterson, 'All Donne', in E. D. Harvey and K. E. Maus eds. *Soliciting Interpretation: Literary Theory and Seventeenth-Century English Poetry* (Chicago, 1990), pp. 37-67.

H. S. Pawlisch, 'Sir John Davies, the Ancient Constitution, and Civil Law', *HJ* 23 (1980), pp. 689-702.
Sir John Davies and the Conquest of Ireland: A Study in Legal Imperialism (Cambridge, 1985).

L. L. Peck, 'Court Patronage and Government Policy: The Jacobean Dilemma', in G. F. Lytle and Stephen Orgel eds. *Patronage in the Renaissance* (Princeton, 1981), pp. 27-46.
Northampton: Patronage and Policy at the Court of James I (London, 1982).
Court Patronage and Corruption in Early Stuart England (London, 1990).
ed. *The Mental World in Jacobean Court* (Cambridge, 1991).
'The Mentality of a Jacobean Grandee', in idem ed. *Mental World*, pp.148-168.
'Kingship, Counsel and Law in Early Stuart Britain', in Pocock ed. *Varieties* (1993), pp. 80-115.

Markku Peltonen, 'Politics and Science: Francis Bacon and the True Greatness of States', *HJ* 35 (1992), pp. 279-305.
Classical Humanism and Republicanism in English Political Thought 1570-1640 (Cambridge, 1995).
'Bacon's Political Philosophy', in idem ed. *Cambridge Companion to Bacon* (Cambridge, 1996), pp. 283-310.

J. G. A. Pocock, 'Civic Humanism and Its Role in Anglo-American Thought', in idem *Politics Language and Time: Essays on Political Thought and History* (New York, 1971; Chicago, 1989), pp. 80-103.

'Burke and the Ancient Constitution: A Problem in the History of Ideas', in idem, *Politics, Language, and Time*, pp. 202-32.

The Machiavellian Moment: Florentine Political Thought and the Atlantic Republican Tradition (Princeton, 1975).

'Virtue, Rights and Manners: A Model for Historians of Political Thought', in idem, *Virtue, Commerce, and History* (Cambridge, 1985), pp. 37-50（田中秀夫訳「徳，権利，作法－政治思想史家のための一つのモデル」同訳『徳・商業・歴史』みすず書房，1993年所収，71-98頁）.

'The Sense of History in Renaissance England', in J. F. Andrews ed. *William Shakespeare: His World · His Work His Influence*, vol. 1 (New York, 1985), pp. 143-57.

The Ancient Constitution and the Feudal Law: A Study of English Historical Thought in the Seventeenth Century: A Reissue with a Retrospect (Cambridge, 1987).

'States, Republics, and Empires: The American Founding in Early Modern Perspective', in Terence Ball and J. G. A. Pocock eds. *Conceptual Change and the Constitution* (Kansas, 1988), pp. 55-77.

ed. *The Varieties of British Political Thought, 1500-1800* (Cambridge, 1993).

'Two Kingdoms and Three Histories? Political Thought in British Contexts', in Mason ed. *Scots and Britons*, pp. 293-312.

'Empire, State and Confederation: The War of American Independence as a Crisis in Multiple Monarchy', in Robertson ed. *A Union for Empire*, pp. 318-48.

'The Atlantic Archipelago and the War of the Three Kingdoms', in Bradshaw ed. *The British Problem* (Houndmills, 1996).

A. W. Pollard, *A Short-Title Catalogue of Books printed in England, Scotland, and Ireland and of English Books printed in Abroad 1475-1640*, 2 vols., first compiled by A. W. Pollard and G. R. Redgrave (2nd. ed. London, 1986).

W. R. Prest, *The Inns of Court under Elizabeth I and the Early Stuarts 1590-1640* (London, 1972).

M. B. Pulman, *The Elizabethan Privy Council in the Fifteen-Seventies* (Berkeley, 1971).

Felix Rabb, *The English Face of Machiavelli: A Changing Interpretation* (London, 1964).

Albert Ravil, Jr., 'The Significance of "Civic Humanism" in the Interpretation of the Italian Renaissance', in idem ed. *Renaissance Humanism: Foundations, Forms and Legacy*, vol. 1 (Philadelphia, 1988), pp. 141-74.

R. A. Rebholz, *The Life of Fulke Greville First Lord Brooke* (Oxford, 1971).

E. F. Rice Jr., *The Renaissance Idea of Wisdom* (Cambridge, Mass, 1958).

John Robertson, ed. *A Union for Empire: Political Thought and the British Union of 1707* (Cambridge, 1995).

'Empire and Union: Two Concepts of the Early Modern European Political Order', in idem ed. *A Union for Empire*, pp. 3-36.

Paolo Rossi, *Francesco Bacone; Dalla magia alla scienza* (Bari, 1957; Torino, 1974)（ロッシ『魔術から科学へ』前田達郎訳，サイマル出版会，1970 年）.

Conrad Russell, 'Divine Rights in the Early Seventeenth Century', in J. Morrill, P. Slack, D. Woolf eds. *Public Duty and Private Conscience in Seventeenth-Century England: Essays presented to G. E. Aylmer* (Oxford, 1993), pp. 101-20.

J. H. M. Salmon, *The French Religious Wars in English Political Thought* (Oxford, 1959).

'Stoicism and Roman Example: Seneca and Tacitus in Jacobean England', *JHI* 50 (1989), pp. 199-225.

'Seneca and Tacitus in Jacobean England', in Peck ed. *Mental World* (1991), pp. 169-88.

A. J. Schmidt, 'Thomas Wilson, Tudor Scholar-Statesman', *HLQ* 20 (1957), pp. 205-18.

'Thomas Wilson and the Tudor Commonwealth: An Essay in Civic Humanism', *HLQ* 23 (1959), pp. 49-60.

R. E. Schreiber, *The Political Career of Sir Robert Naunton 1589-1635* (London, 1981).

P. R. Seddon, 'Robert Carr, Earl of Somerset', *Renaissance and Modern Studies* 14 (1970), pp. 48-68.

William Sessions, *Francis Bacon Revisited* (New York, 1996).

I. A. Shapiro, '"The Mermaid Club"', *Modern Language Review* 45 (1950), pp. 6-17.

Barbara Shapio, 'Codification of the Law in Seventeenth-Century England', *Wisconsin Law Review* 2 (1974), pp. 428-65.

'Law Reform in Seventeenth Century England', *American Journal of Legal History* 19 (1975), pp. 280-312.

'Sir Francis Bacon and the Mid-Seventeenth Century Movement for Law Reform', *American Journal of Legal History* 24 (1980), pp. 331-62.

Kevin Sharpe, 'Introduction: Parliamentary History 1603-1629: In or out of Perspective?', in idem ed. *Faction and Parliament: Essays on Early Stuart History* (Oxford, 1978), pp. 1-42.

Sir Robert Cotton 1586-1631: History and Politics in Early Modern England (Oxford, 1979).

'Faction at the Early Stuart Court', *History Today* 33 (Oct. 1983), pp. 39-46.

'Private Conscience and Public Duty in the Writings of James VI and I', in J. Morrill, P. Slack, D. Woolf eds. *Public Duty and Private Conscience in Seventeenth-Century England: Essays presented to G. E. Aylmer* (Oxford, 1993), pp. 77-100.

Kevin Sharpe and Peter Lake, eds. *Culture and Politics in Early Stuart England* (Houndmills, 1994).

R. P. Shephard, 'Royal Favorites in the Political Discourse of Tudor and Stuart

England', Ph. D. thesis, Claremont Graduate School (1985).
Judith Shklar, 'The Political Theory of Utopia: From Melancholy to Nostalgia', in F. E. Manuel ed. *Utopias and Utopian Thought* (Boston, 1966), pp. 101-15.
Quentin Skinner, *The Foundations of Modern Political Thought*, 2 vols (Cambridge, 1978).
'Sir Thomas More's Utopia and the Language of Renaissance Humanism', in Anthony Pagden ed. *The Language of Political Theory in Early-modern Europe* (Cambridge, 1987), p. 123-57.
'Meaning and Understanding in the History of Ideas', in *Meaning and Context: Quentin Skinner and His Critics*, ed. and intro. James Tully (Oxford, 1988), pp. 29-67（半澤孝麿，加藤節編訳『思想史とは何か』岩波書店，1990年，45-140頁）.
'The State', in Terence Ball, James Farr, and R. L. Hanson eds. *Political Innovation and Conceptual Change* (Cambridge, 1989), pp. 90-131.
Reason and Rhetoric in the Philosophy of Hobbes (Cambridge, 1996).
Liberty before Liberalism (Cambridge, 1998).
P. M. Smith, *The Anti-Courtier Trend in Sixteenth Century French Literature* (Geneva, 1966).
R. M. Smuts, *Court Culture and the Origins Royalist Tradition in Early Stuart England* (Philadelphia, 1987).
'Court-centred Politics and the Uses of Roman Historians, c. 1590-1630', in Sharpe and Lake eds. *Culture and Politics*, pp. 21-43.
Culture and Power in England 1585-1685 (New York, 1999).
V. F. Snow, 'Francis Bacon's Advice to Fulke Greville on Research Techniques', *HLQ* 23 (1960), pp. 369-78.
J. P. Sommerville, *Politics and Ideology in England, 1603-1640* (London, 1986; 2nd. ed. 1999).
'History and Theory: The Norman Conquest in Early Stuart Political Thought', *Political Studies* 34 (1986), pp. 249-61.
'Ideology, Property and the Constitution', in Richard Cust and Ann Hughes eds. *Conflict in Early Stuart England: Studies in Religion and Politics 1603-1642* (London, 1989).
'Absolutism and Royalism', in Burns ed. *The Cambridge History of Political Thought*, pp. 347-73.
'James I and the Divine Right of Kings: English Politics and Continental Theory', in Peck ed. *Mental World* (1991), pp. 55-70
'The Ancient Constitution Reassessed: the Common Law, the Court and the Language of Politics in Early Modern England', in Malcolm Smuts ed. *The Stuart Court and Europe: Essays in Politics and Political Culture* (Cambridge, 1996), pp. 39-64.
David Starkey, 'The Court: Castiglione's Ideal and Tudor Reality', *Journal of the Warburg and Courtauld Institutes* 45 (1982), pp. 232-9.
'From Feud to Faction: English Politics circa 1450-1550', *History Today* 32

(Nov.1982), pp. 16-22.

'Which Age of Reform?', in Christopher Coleman and David Starkey eds. *Revolution Reassessed: Revisions in History of Tudor Government and Administration* (Oxford, 1986), pp. 13-27.

ed. *The English Court: From the Wars of the Roses to the Civil War* (London, 1987).

'Introduction: Court History in Perspective', in idem ed. *The English Court*, pp. 1-24.

James Stephens, 'Bacon's Fable-Making: A Strategy of Style', *Studies in English Literature* 14 (1974), pp. 117-27.

T. B. Stroup, *Microcosmos: The Shape of the Elizabethan Play* (Lexington, 1965).

M. F. Tenny, 'Tacitus in the Politics of Early Stuart England', *The Classical Journal* 37 (1941), pp. 151-63.

E. M. W. Tillyard, *The Elizabethan World Picture* (London, 1943)（磯田光一，玉泉八州男，清水徹郎訳『エリザベス朝の世界像』平凡社，1992年）.

Margo Todd, *Christian Humanism and Puritan Social Order* (Cambridge, 1987).

'Seneca and the Protestant Mind: The Influence of Stoicism on Puritan Ethics', *Archiv für Reformationsgeschichte* 75 (1983), pp. 182-200.

S. E. Thorne, *Sir Edward Coke 1552-1952* (London, 1957).

Richard Tuck, *Philosophy and Government 1572-1651* (Cambridge, 1993).

Walter Ullmann, '"This Realm of England is an Empire"', *Journal of Ecclesiastical History* 30 (1979), pp. 175-203.

R. G. Usher, 'James I and Sir Edward Coke', *EHR* 18 (1903), pp. 664-75.

Martin van Gelderen and Quentin Skinner eds. *Republicanism: A Shared European Heritage,* 2 vols (Cambridge, 2002).

Brian Vickers, *Francis Bacon and Renaissance Prose* (Cambridge, 1968).

'Leisure and Idleness in the Renaissance: The Ambivalence of Otium', *Renaissance Studies* 4 (1990), pp. 1-37 (No. 1), 107-54 (No. 2).

'Bacon's Use of Theatrical Imagery', in *Francis Bacon's Legacy of Texts*, ed. W. A. Sessions (New York, 1990), pp. 171-213.

Michael Walzer, *The Revolution of the Saints: A Study in the Origins of Radical Politics* (London, 1966).

Frank Whigham, *Ambition and Privilege: The Social Tropes of Elizabethan Courtesy Theory* (Berkeley, 1984).

Jerry Weinberger, 'Science and Rule in Bacon's Utopia: An Introduction to the Reading of the New Atlantis', *The American Political Science Review* 70 (1976), pp. 865-85.

Science, Faith, and Politics: Francis Bacon and the Utopian Roots of the Modern Age (Ithaca, 1985).

H. B. White, 'Bacon's Imperialism', *The American Political Science Review* 52 (1958), pp. 470-89.

Peace among the Willows: The Political Philosophy of Francis Bacon (The

Hague, 1968).
S. D. White, *Sir Edward Coke and "The Grievances of the Commonwealth", 1621-1628* (Chapel Hill, 1979).
Charles Whitney, 'Some Allegorical Contexts for Bacon's Science', *Studia Neophilologia* 52 (1980), pp. 69-78.
Francis Bacon and Modernity (New Heaven, 1986).
A. H. Williamson, 'Scotland, Antichrist and the Invention of Great Britain', in John Dwyer, R. A. Mason, and Alexander Murdoch eds. *New Perspectives on the Politics and Culture of Early Modern Scotland* (Edinburgh, 1982), pp. 34-58.
D. H. Willson, *The Privy Councillors in the House of Commons 1604-1629* (Minneapolis, 1940).
David Womersley, 'Sir Henry Savil's Translation of Tacitus and Political Interpretation of Elizabethan Texts', *Review of English Studies New Series* 42 (1991), pp. 313-42.
D. R. Woolf, *The Idea of History in Early Stuart England: Erudition, Ideology, and 'the Light of Truth' from the Accession of James 1 to the Civil War* (Toronto, 1990).
Blair Worden, 'Milton's Republicanism and the Tyranny of Heaven', in G. Bock, Q. Skinner and M. Viroli eds. *Machiavelli and Republicanism* (Cambridge, 1990), pp. 225-45.
'English Republicanism', in Burns ed. *The Cambridge History of Political Thought*, pp. 443-75.
'Ben Jonson among the Historians', in Sharpe and Lake eds. *Culture and Politics*, pp. 67-89.
The Sound of Virtue: Philip Sidney's Arcadia and Elizabethan Politics (New Heaven, 1996).
B. H. G. Wormald, *Francis Bacon: History, Politics and Science, 1561-1626* (Cambridge, 1993).
Jenny Wormald, 'James VI and I: Two Kings or One?', *History* 68 (1983), pp. 187-209.
'James VI and I, Basilikon Doron and The True Law of Free Monarchies: The Scottish Context and the English Translation', in Peck ed. *Mental World*, pp. 36-54.
'The Creation of Britain: Multiple Kingdoms or Core and Colonies?', *TRHS*, 6th ser.,11 (1992), pp. 175-94.
'The Union of 1603', in Mason ed. *Scots and Britons*, pp. 17-40.
'James 6, James 1 and the Identitiy of Britain', in Bradshaw ed. *The British Problem*, pp. 148-71.
F. A. Yates, *Theatre of the World* (1969)（藤田実訳『世界劇場』晶文社，1978年）.
The Occult Philosophy in the Elizabethan Age (London, 1979)（内藤健二訳『魔術的ルネサンス』晶文社，1984年）.

Astraea: The Imperial Theme in the Sixteenth Century (1975; London, 1985)（イエイツ『星の処女神　エリザベス女王』東海大学出版会，西澤龍生，正木晃訳，1982年）.

Perez Zagorin, *The Court and the Country* (London, 1969).

Francis Bacon (Princeton, 1998).

S・ウォリン『政治学批判』千葉眞，中村孝文，斉藤眞編訳（みすず書房，1988年）。

N・エリアス『文明化の過程』赤井慧爾，中村元保，吉田正勝訳（上巻），波田節夫，溝辺敬一，羽田洋，藤平浩之訳（下巻），全二巻（法政大学出版会，1977，8年）。

『宮廷社会』波田節夫，中埜芳之，吉田正勝訳（法政大学出版会，1981年）。

M・オークショット『政治における合理主義』嶋津格，森村進他訳（勁草書房，1988年）。

J・ブルクハルト『イタリア・ルネサンスの文化』柴田治三郎訳，全二巻（中公文庫，1974年）。

M・ホルクハイマー，T・W・アドルノ『啓蒙の弁証法』徳永恂訳（岩波書店，1990年）。

安藤高行『近代イギリス憲法思想史研究－ベーコンからロックへ－』御茶の水書房，1983年。

越智武臣『近代英国の起源』ミネルヴァ書房，1966年。

菊池理夫『ユートピアの政治学：レトリック・トピカ・魔術』新曜社，1987年。

「メティスの知－顧問官としてのF・ベーコンの思想」『松阪政経研究』第7巻第1号（1989年）77-90頁。

「『ニュー・アトランティス』とルネサンス・ユートピア」花田圭介編『フランシス・ベイコン研究』御茶の水書房，1993年所収，227-54頁。

「ユートピアの終焉？－ユートピアの再定義に向けて-」『法学研究』第67巻第12号（1994年）181-202頁。

木村俊道「フランシス・ベイコン研究の現在」『イギリス哲学研究』第21号，1998年，96-9頁。

「宮廷から文明社会へ－初期近代ブリテンにおける「文明」と「作法」－」『政治研究』第50号（2003年3月）。

小山貞夫「シェイクスピア時代のインズ・オヴ・コート－貴紳子弟教育機関としての－」同『絶対王制期イングランド法制史抄説』創文社，1993年所収，333－51頁。

佐々木毅『近代政治思想の誕生－一六世紀における「政治」－』岩波新書，1981年。

「政治的思慮についての一考察－J．リプシウスを中心にして－」有賀弘・佐々木毅編『民主主義思想の源流』東大出版会，1986年所収，3-32頁。

三枝幸夫「ヘンリー・ピーチャム『完全なるジェントルマン』－イギリス・ルネサンスにおけるコンダクト・ブックの一断面－」中央大学人文

科学研究所編『イギリス・ルネサンスの諸相：演劇・文化・思想の展開』中央大学出版部，1989年所収，241-79頁。

高橋真司「ベイコン『エッセイズ』の読み方」花田圭介編『フランシス・ベイコン研究』御茶の水書房，1993年所収，45-73頁。

塚田富治『トマス・モアの政治思想－イギリス・ルネッサンス期政治思想研究序説』木鐸社，1978年。

「権力なき改革者－コモンウェルスの政治家モアとベーコン」『言語文化』21号（1984年）85-91頁。

「ベーコンにおける『政治』の発見」『一橋論叢』第93巻（1985年）88-106頁。

『カメレオン精神の誕生－徳の政治からマキャヴェリズムへ－』平凡社，1991年。

「ベイコンにおける政治と宗教－同時代人ホッブズとの比較をとおして－」花田圭介編『フランシス・ベイコン研究』御茶の水書房，1993年所収，121-46頁。

『ベイコン』研究社，1996年。

「初期『市民社会』考－ civil society の言語・社会的分析－」『一橋論叢』第116巻第3号（1996年）497-510頁。

『近代イギリス政治家列伝』みすず書房，2001年。

花田圭介『ベイコン』勁草書房，1982年。

半澤孝麿「西洋政治思想史における『非政治的なるもの』について－東京都立大学最終講義－」『東京都立大学法学会雑誌』第38巻第1号（1997年）13-76頁。

「ヨーロッパ保守主義政治思想の三類型（上）（下）」『思想』889号（1998年7月）4-33頁，891号（1998年9月）116-36頁。

平石直昭「知者・鳩・建築家－F・ベーコンの人と思想」『千葉大学法経研究』第9号（1980年）19-52頁。

福田歓一『近代の政治思想』岩波新書，1970年。

『政治学史』東大出版会，1985年。

藤田省三「体制の構想」『藤田省三著作集四　維新の精神』みすず書房，1997年所収，132-200頁。

丸山眞男「科学としての政治学」『丸山眞男集』第3巻，岩波書店，1995年所収，133-52頁。

山内進『新ストア主義の国家哲学』千倉書房，1985年。

著者略歴

木村俊道（きむら　としみち）
1970年　埼玉県に生まれる
1992年　東京都立大学法学部卒業
1998年　同大学大学院社会科学研究科博士課程退学
1998-2000年　同大学法学部助手
現在　九州大学大学院法学研究院助教授，博士（政治学）

顧問官の政治学■フランシス・ベイコンとルネサンス期イングランド

2003年2月25日第一版印刷発行　©

著者との了解により検印省略

著者　木村俊道
発行者　坂口節子
発行所　(有)木《ぼく》鐸《たく》社《しゃ》

印刷　(株)アテネ社　製本　関山製本社

〒112-0002　東京都文京区小石川5-11-15-302
電話（03）3814-4195番　郵便振替　00100-5-126746番
ファクス（03）3814-4195番　http://www.bokutakusha.com/

乱丁・落丁本はお取替致します

ISBN4-8332-2333-3　C3023

文士と官僚 ■ドイツ教養官僚の淵源

西村稔著（岡山大学法学部）

A5判・466頁・5000円（2002年2刷）ISBN4-8332-2256-6

中世から現代に至るドイツ官僚の類型的性格変化（教養人型から専門人型へ）を概念史的視角から論証するもの。第一部で学識と官僚の関係から説き起こし，文学や哲学の学識に染み通る市民性と「世間的知恵」を見通し，第二部では文芸の持つ公共性から官僚像を探り，第三部で官の側からする啓蒙とエリートの輩出を，第四部で法律専門家としての官僚が持つ専門知と教養知に考察は及ぶ

知の社会史

西村稔著（岡山大学法学部）

A5判・390頁・4500円（1990年2刷）ISBN4-8332-2111-X

■近代ドイツの法学と知識社会

干からびた法律学の堆積の中に煌く知の断層。科学史・知識社会学的手法を駆使することによって，孤立化した法学史の枠を突き破り，諸科学・諸思想への通路を切り開く。「19世紀法学者の意識や法学界周辺の知識潮流を捉える眼は，鋭く冴えており，法学ばかりか，むしろ現代社会科学一般に向けられている」（読売新聞評）

言語慣習と政治

高濱俊幸著（恵泉女学園大学）

A5判・360頁・5000円（1996年）ISBN4-8332-2216-7

■ボーリングブルックの時代

著者はボーリングブルックがその政治的著作で持続的課題とした反対活動に際して採用した政治的言語の戦略を分析する。ある時は，同時代の政治的言語慣習によって訴え，ある時は，意図的修正を行う。それがどこまで成功しているかを，同時代の政治的言語慣習を検討して明らかにする。1730年代英国の政治思想状況を叙述。

主権・神法・自由

鈴木朝生著（二松学舎大学国際政治経済学部）

A5判・430頁・6000円（1994年）ISBN4-8332-2188-8

■ホッブス政治思想と17世紀イングランド

本書は，17世紀の哲学者ホッブスについてのコンテクスト主義による研究書である。本書の独自性は，ホッブスの時代の政治状況と，『リヴァイアサン』や『ビヒモス』の内容との関連を追求する著者の醒めた眼である。これによって我が国のホッブス研究は明らかに一歩前進した（『読書人』掲載，澁谷浩氏評）